Les Français
Réflexions sur le destin d'un peuple

Du même auteur

Démocratie française, Fayard (1976).

L'État de la France, Fayard (1981).

Deux Français sur trois, Flammarion (1984).

Le Pouvoir et la Vie, vol. 1. *La Rencontre*, Cie 12 (1988).
vol. 2. *L'Affrontement*, Cie 12 (1991).
vol. 3. *L'Éloignement* (à paraître).

Le Passage (roman), Robert Laffont (1994).

Dans cinq ans, l'an 2000, Cie 12 (1995).

Valéry Giscard d'Estaing

Les Français
Réflexions sur le destin d'un peuple

PLON/

Crédit photo couverture : photos12.com.

ISBN : 2.259.19184.3

« Jugez l'œuvre,
ne jugez pas l'artiste. »

Aristote.

REFLECTIONS

ON THE

REVOLUTION IN FRANCE,

AND ON THE

PROCEEDINGS IN CERTAIN SOCIETIES
IN LONDON

RELATIVE TO THAT EVENT.

IN A

LETTER

INTENDED TO HAVE BEEN SENT TO A GENTLEMAN
IN PARIS.

BY THE RIGHT HONOURABLE

EDMUND BURKE.

LONDON:
PRINTED FOR J. DODSLEY, IN PALL-MALL.

M.DCC.XC.

Fac-similé de la page de titre
de la première édition.

Écrire ce livre me pose toutes sortes de problèmes. Il se télescope avec un autre, puisque j'avais commencé de rédiger le troisième tome du *Pouvoir et la Vie,* que j'avais promis à mon éditrice habituelle. J'avais également en tête le sujet d'un récit romanesque, que j'étais impatient d'entamer. Mais la représentante de la maison d'édition a été habile : « Aujourd'hui, les Français sont perdus. Ils voudraient savoir vers quel avenir ils se dirigent. Vous êtes le seul homme d'État vivant en France. Vous avez le devoir de les éclairer. » Bien que la ficelle soit grosse, j'ai mordu aussitôt à l'hameçon.

Il y avait une raison à cela.

Il y a trois ans, le très sympathique et distingué ambassadeur de la république d'Irlande en France (pour être plus précis, c'est lui qui est distingué, et son épouse qui possède le charme irlandais) m'a transmis une invitation de la célèbre université « Trinity College » de Dublin, à venir prononcer une conférence pour célébrer le deux centième anniversaire de la mort d'Edmund Burke, décédé, comme nul ne l'ignore, en 1797.

Notre ambassadeur en Irlande est entré à son tour dans la danse. « L'Irlande va présider le Conseil européen, a-t-il insisté auprès de moi, les ministres français se rendent trop rarement dans ce pays, sauf l'un d'entre eux qui y passe régulièrement une semaine à l'automne pour chasser la bécasse. Et pourtant l'Irlande est francophile, son économie se développe à un rythme rapide. La commémoration de la mort de Burke sera un événement considérable à Dublin ! Il serait très utile d'y affirmer la présence de la France ! »

Comme souvent, comme trop souvent, j'ai accepté sans réfléchir. C'est une de mes faiblesses que d'accepter des invitations qui me sont faites pour une date éloignée, afin d'éviter de contrarier la personne qui m'invite — car j'ai horreur d'infliger de petites déceptions — sans prendre en compte les contraintes que ces invitations m'imposeront, et en conservant l'espoir vague qu'une circonstance inattendue viendra m'en débarrasser. Quand l'échéance se rapproche, je prends conscience du guêpier où je me suis laissé enfermer. Mais il est trop tard pour m'en échapper.

Qui pouvait être Edmund Burke ? Je n'en avais pas la moindre idée. Son nom évoquait un philosophe anglais du siècle des Lumières, plutôt tourné vers la politique. L'ambassadeur d'Irlande, aussitôt après mon acceptation de principe — lui, distingué, elle avec le charme des Irlandaises —, a volé à mon secours. Il m'a fait parvenir un ouvrage consacré aux caricatures d'époque sur Edmund Burke. On se souvient de ce type de dessins qui décoraient les couloirs, et souvent les lieux plus retirés, des demeures du XIXe siècle : des personnages portant des gilets fleuris sur de gros ventres blancs, des visages bouffis et contorsionnés par les grimaces, et une bouche d'où s'échappe une énorme bulle — déjà ! — dont le texte nous prouve généralement notre faible capacité à saisir l'humour britannique. J'ai retenu de ces caricatures, par comparaison avec les autres sujets qu'elles illustraient, que Burke était plutôt grand, agité, et qu'il portait des rouflaquettes rousses.

L'envoi contenait également un autre livre, plus petit et d'aspect austère. J'en ai lu le titre : *Reflections on the Revolution in France.* J'ai commencé à le feuilleter, puis je me suis mis à le dévorer.

C'est un pamphlet singulier, écrit par Edmund Burke dans les premiers mois de 1790, alors que la France vivait encore sous la monarchie, que la fièvre révolutionnaire paraissait s'être apaisée, et que l'Assemblée constituante, animée d'une ardeur réformatrice, avait déjà adopté la première Déclaration des droits de l'homme et du citoyen. Dans ce texte, Edmund Burke, pourtant « whig », et appartenant au clan libéral, annonce les « malheurs » futurs de la Révolution, l'élimination du roi, l'instauration de la Terreur, puis l'échec de la tentative réformiste. Ce n'est pas la précision de la prophétie qui m'a frappé, mais l'analyse qu'il entreprend des raisons pour lesquelles la France n'a aucune chance de réussir une transformation raisonnable de sa société et de ses structures. Edmund Burke répondait, avec deux cents ans d'avance, à la question centrale que je me suis souvent posée, ou plutôt, il lui apportait sa propre réponse.

J'affirme tout de suite, pour éviter de me faire brocarder par certains critiques, que je n'ai nullement été converti à l'exaltation antirévolutionnaire de Burke. Sa flamme polémique apparaît surtout dans ses écrits postérieurs aux *Reflections,* notamment les *Lettres sur une paix régicide,* et elle gagne en intensité jusqu'à sa mort. Elle est sans doute alimentée par ses contradictions intérieures : fils d'une catholique irlandaise, il détecte dans la société de son pays natal la menace d'un potentiel révolutionnaire sous-jacent, alors que les dirigeants britanniques, enfermés dans leurs certitudes confortables de l'époque, n'en soupçonnent même pas l'existence ; et il défend avec passion l'ordre établi, bien qu'il ressente, enfouie au fond de lui-même, l'aspiration d'en voir délivrée sa communauté d'origine.

Outre son diagnostic, d'autres éléments m'ont attiré, et touché, chez lui. Son éloge de la prudence, rappelant les formules des sages de la Grèce : « La prudence, vertu en toutes choses, est en politique la première des vertus. Croyez-moi, écrit-il, dans tous les changements de l'État, la modération est une vertu. » Nous voici loin des « changements de société », si fascinants pour nos compatriotes.

Il définit la liberté comme une vertu « sociale » : un ordre de choses dans lequel aucun individu ou groupe d'individus ne peut trouver les moyens d'enfreindre le droit à la liberté d'une autre personne. Et il exprime une profonde méfiance, celle-ci de tonalité confucéenne, « pour tous les raisonnements qui ne sont pas inspirés par un attachement, une affection, pour ce qui est proche et cher ».

En le lisant, j'ai retrouvé plusieurs de mes réactions intimes auxquelles je n'avais pas apporté d'analyse précise, et qu'il revêtait d'une formulation brillante.

Passons sur la suite. J'ai eu la chance de rencontrer Philippe Raynaud, qui avait rédigé l'introduction de la dernière édition en langue française des *Reflections.* Il m'a aidé à démêler la pensée de Burke, et je suis venu prononcer ma conférence dans le hall de Trinity College, en novembre 1997, devant un public en tenue de soirée, rempli dès le départ de bienveillance, et qui s'attendait seulement à être régalé à la fin du repas de quelques remarques plaisantes sur l'originalité d'Edmund Burke, mises en valeur par un accent français. Pris à contre-pied par le torrent d'érudition que je venais lui assener, et dont il ne pouvait pas deviner l'origine récente, ce public a bien reçu ma performance, et s'il se produisait que ce livre trouve des lecteurs parmi les assistants à ma conférence, je les remercie chaleureusement pour l'attention avec laquelle ils m'ont écouté.

Cette rencontre inattendue avec l'œuvre de Burke m'a donné l'envie irrésistible d'entreprendre une démarche parallèle à la sienne, avec deux siècles de retard. Le sujet en est différent. Il ne s'agit plus de la Révolution française, bien que je continue de m'interroger, avec François Furet, sur le point de savoir si elle aurait pu prendre un autre cours, mais du spectacle auquel j'assiste depuis que j'ai l'occasion de l'observer : celui du déclin politique de la France. Peut-on appliquer à ce thème la méthode analytique de Burke ? Est-il possible de combiner l'observation proche, qui permet de connaître les faits, et la prise d'une distance suffisante pour analyser les tendances qui façonneront l'évolution de notre pays à longue échéance ?

Comme pour la ballade de Cyrano de Bergerac, c'est le titre qui m'est venu en premier : « Reflections sur le déclin politique de la France ». J'ai eu envie d'emprunter l'orthographe utilisée par Edmund Burke dans le titre de son livre, « Reflections », orthographe que je trouvais plus chatoyante, et moins refermée sur elle-même, que l'écriture classique de « réflexions ». Bien que j'aie joué avec l'idée du titre, j'ai laissé le projet sommeiller, jusqu'à ce que l'assistante de l'éditeur vienne le réveiller, avec sa remarque chatouilleuse sur la rareté des hommes d'État disponibles sur le marché.

Et me voici pris au piège, comme pour la conférence de Trinity College, mais un piège dans lequel je suis heureux d'être tombé, car je souhaite identifier, si cela est possible, les causes du déclin politique de la France, avec l'arrière-pensée, presque inavouable tant elle est ambitieuse, que l'identification de ces causes pourrait servir à ralentir ce déclin, voire même, rêve impossible, à l'inverser.

1

Le déclin politique et la puissance

Lorsqu'on pense au déclin politique de notre pays, comme le font beaucoup de Français aujourd'hui, on s'interroge aussi sur la puissance, et on a tendance à confondre les deux notions.

La puissance est quelque chose de mesurable. Elle s'exprime par l'étendue du territoire, le chiffre de la population, la capacité économique, la quantité et la qualité des moyens militaires. La puissance se juge surtout par comparaison, car son rôle essentiel est de conquérir ou de dominer les autres, ou de se protéger contre eux. L'opinion publique arrive facilement à classer les puissances : les superpuissances, les grandes puissances, les puissances moyennes, et les autres.

Pendant longtemps la puissance a été exclusivement militaire. Les grands empires de l'Histoire, d'Alexandre à Napoléon, étaient le fruit de conquêtes militaires. Récemment, on a vu apparaître le concept de puissance économique, venant souvent prendre la place d'une force militaire détruite, comme dans le cas du Japon. Dans le mélange nouveau de la puissance économique et de la puissance militaire, c'est encore cette dernière qui paraît rester décisive. Si les États-Unis d'Amérique sont reconnus aujourd'hui comme la seule superpuissance, c'est en raison de leur capacité d'intervenir partout dans le monde, et même, selon leur concept stratégique en vigueur, de pouvoir agir simultanément sur deux théâtres d'opérations. Une telle puissance s'appuie inévitablement sur une formidable machine économique et technologique.

Quand on s'interroge sur le progrès, ou, à l'inverse, sur le déclin politique, la première idée qui vient à l'esprit est que le progrès consiste à grimper le long de l'échelle de la puissance, et que le déclin politique revient à la descendre. Le déclin politique ne serait pas autre chose que l'abaissement d'un pays sur l'échelle de la puissance.

C'est ce que croient beaucoup de Français. Comme ils prennent conscience, bien que cette constatation leur soit pénible à accepter en raison de leurs souvenirs historiques, que la France « compte » de moins en moins en termes de puissance, ils assimilent ce résultat au déclin politique de notre pays.

Pourtant les deux notions sont distinctes, même s'il existe, évidemment, une relation entre elles. Le niveau de puissance dépend principalement de comparaisons extérieures, et donc de facteurs externes. Le déclin ou le progrès politique d'une nation, lui, s'observe à partir de facteurs internes, c'est-à-dire de la capacité de sa population à s'organiser et à conduire une évolution innovante et créatrice. La Grèce du ve siècle avant notre ère, le siècle de la victoire de Marathon, était une toute petite puissance comparée à celle de la Perse, mais elle traversait une phase d'extraordinaire progrès politique.

La morosité de la population française devant la perte de puissance de notre pays, due à certains facteurs objectifs, est parfaitement compréhensible, et chacun de nous la ressent. Mais elle ne doit pas nous conduire à nous tromper sur sa nature, et à croire qu'elle suffit à expliquer notre déclin politique.

Le déclin politique de la France existe. Il a une réalité propre, distincte de la diminution de notre puissance par rapport aux autres pays. Il est dû à des causes internes, liées à notre manière de penser, de décider et d'évoluer, que je vais m'efforcer d'identifier.

La révolution démographique

Le bouleversement de l'échelle des puissances dans le monde a été provoqué par l'extraordinaire explosion démographique en cours depuis le commencement de la révolution industrielle, et surtout depuis le début du XXe siècle.

Cette augmentation de la population de la planète, qui a été multipliée par quatre au cours du siècle qui s'achève en passant en cent ans d'un milliard cinq cent millions à six milliards d'habitants, est un phénomène sans précédent dans l'histoire de notre espèce. Elle a bouleversé la plupart des données — l'alimentation, le niveau de vie, la santé, le peuplement des villes —, mais elle était si éloignée de nos habitudes de pensée que nous lui réservons une place réduite dans nos raisonnements. Bien que cet accroissement de la population soit le trait dominant de l'histoire du XXe siècle, nos manuels scolaires lui réservent peu d'espace lorsqu'ils décrivent l'évolution de notre temps, un espace moindre que l'importance donnée à un changement de république, ou au dénouement d'un conflit régional.

Il est vrai que les conséquences de cette explosion démographique ont été partiellement compensées par les effets de l'industrialisation et par le développement d'armements nouveaux, qui ont joué en faveur des pays les plus avancés de l'époque. Cette supériorité de l'efficacité industrielle et de la production des industries d'armement a permis aux États de l'Europe de l'Ouest, l'Angleterre en premier, suivie de la France et de plusieurs autres, d'étendre dans la deuxième moitié du XIXe siècle leurs conquêtes coloniales, à contre-courant de la vague démographique. Ces conquêtes ont fini par recouvrir une grande partie de la surface de notre planète, principalement en Afrique et en Asie. Le résultat de cette expansion coloniale était une forme de domination mondiale, où l'Angleterre surpassait tous les autres pays, et où les États les moins peuplés imposaient leur autorité aux peuples les plus nombreux. Je me souviens encore de la révélation qu'a constituée pour moi un vol que j'ai effectué en 1973 de Kuala Lumpur à Paris, et où presque tous les pays survolés — la Birmanie, l'Inde, le Pakistan, l'Iran, les Emirats du Golfe, l'Irak, la Palestine, l'Égypte, Chypre — avaient fait partie, sous une forme ou sous une autre, de l'Empire britannique. Puis la démographie a repris le dessus. La force de sa vague a largement contribué à la décolonisation de l'après-guerre, en Inde, en Indonésie, et aussi en Afrique et au Maghreb. C'est elle qui dessine lentement la configuration des puissances de la fin du XXIe siècle.

Entre l'année 1970 et l'an 2000, la population de la seule Asie a augmenté d'un nombre d'habitants qui équivaut à la totalité de la population du monde en 1970 ! C'est pour nous, et même pour la génération la plus récente, un phénomène éminemment contemporain. Entre 1950 et l'an 2000, la part de la population de l'Europe dans la population mondiale est passée de 21,6 % à 12 %. Et cette évolution est appelée à se poursuivre, puisque, en 2050, la population de l'Europe ne représentera plus que 7 % de la population du monde[1] ! En cent ans, notre part se sera réduite des deux tiers.

1. Source : statistiques des Nations unies (révision 1998).

Ces changements d'échelle ont affecté la puissance de la France. Celle-ci s'était longtemps appuyée sur sa supériorité démographique en Europe. Au début du XIXe siècle, lors des campagnes de l'Empire, la population de la France, avec 29 millions d'habitants, dépassait celle de l'Allemagne qui comptait, dans ses frontières actuelles, 25 millions d'habitants, et distançait de loin celle de la Grande-Bretagne, avec ses 18 millions d'habitants. Cette situation était complètement inversée en 1939, au déclenchement de la Deuxième Guerre mondiale, période où la population de la France atteignait 41 millions d'habitants, et où elle était surpassée par celle de l'Allemagne, avec ses 78,6 millions d'habitants, et même celle de la Grande-Bretagne, qui comptait alors 47,5 millions d'habitants.

On peut faire les mêmes observations dans le domaine économique. La révolution industrielle a d'abord profité en commun aux États de l'Europe de l'Ouest, et aux États-Unis d'Amérique. Leur production industrielle, qu'ils déversaient largement sur les marchés extérieurs, représentait une proportion considérable de la production mondiale. Et le revenu par tête de leurs habitants atteignait un multiple élevé, plus de dix fois, et parfois plus de cent fois, dans le cas de la Chine et de l'Inde, de celui du reste du monde.

Cette situation s'est maintenue jusqu'à ce que s'amorce, dans les années 1920, la montée en puissance des États-Unis d'Amérique, devenus, à partir de la Deuxième Guerre mondiale, la puissance économique dominante. Puis on a assisté, à la fin des années 1960, au réveil économique de l'Asie, ou plutôt à son *éveil* économique, car celui-ci n'avait pas connu de précédent. Les anciens pays industrialisés ont commencé à sentir la morsure de cette forme nouvelle de concurrence sur leurs industries, notamment leurs industries de main-d'œuvre, dont des pans entiers ont été mis en péril, puis ont fini par disparaître.

Ces évolutions ont affecté le sentiment que les Français avaient de la puissance de la France. Ils ont d'abord essayé de croire que les malheurs de l'Histoire étaient des accidents temporaires, et que le cours des choses pourrait reprendre la trajectoire à laquelle ils s'étaient habitués durant les périodes antérieures.

La victoire de 1918 a été la dernière victoire militaire propre à la France. Même si la décision finale a été arrachée par l'arrivée sur les champs de bataille de Lorraine des contingents américains à partir de 1917, et même si la contribution britannique a été d'un ordre de grandeur voisin de la nôtre, la coalition était placée sous un commandement français, et le style de la guerre, s'il est possible de s'exprimer ainsi, restait marqué par la culture militaire de la France. Notre pays a accompli un effort extraordinaire, mais terriblement coûteux, en termes humains, pour s'accrocher aux barreaux de l'échelle de la puissance. On peut remarquer que cette ultime victoire portait la marque des origines paysannes de la France, car seul un peuple de paysans pouvait trouver l'énergie de survivre à son enfouissement pendant quatre ans dans la terre boueuse et le clapotis glacé des tranchées.

L'humiliante défaite de 1940, sur laquelle nos hommes politiques et nos historiens, à de rares exceptions près, restent extraordinairement discrets, alors qu'elle comporte un certain nombre d'enseignements importants pour nous, a marqué le moment où la main a lâché prise, et où les Français ont pris conscience que leur pays était en train de glisser le long de l'échelle de l'Histoire.

Ce reflux de la puissance, provoqué pour l'essentiel par des événements extérieurs, a fortement marqué le subconscient politique des Français. Ils se sont refusés à l'accepter, et, lorsqu'ils y étaient contraints par l'évidence des faits, ils ont cherché à l'expliquer par les défaillances de leurs dirigeants. « Nous avons été trahis ! » répétaient les hommes des unités militaires éparpillées en plein désarroi sur les routes de l'exode, au printemps de 1940.

Le sens authentique du gaullisme, c'est-à-dire de l'action personnelle et quasi solitaire du général de Gaulle, a été de rétablir le rang de la France dans le groupe des grands États du monde, en dépit de sa défaite militaire et de l'occupation de son territoire. C'est un prodige qu'il y ait réussi, car il se heurtait à l'hostilité affichée du président Roosevelt, et à la faiblesse des moyens dont il disposait. Il est rare que l'action d'un individu puisse inverser une tendance lourde de l'Histoire. Si le général de Gaulle y est parvenu, une première fois en 1944, et une seconde fois dans le cadre de sa politique étrangère de 1958 à 1968, c'est qu'il s'était fixé un seul objectif, en phase avec une aspiration profonde des Français, qui était de rendre à la France son rang par rapport aux autres pays, en termes de dignité et d'indépendance. Se servant de cet objectif comme levier, il a réussi à interrompre, à suspendre plutôt durant une certaine période, le déclin politique de la France. Le culte qui lui est rendu aujourd'hui, et qui surprend lorsqu'il s'agit d'hommes qui n'ont pas cessé de combattre ou de dénigrer à l'époque ses efforts, exprime en réalité une nostalgie du rang et de la dignité passés de la France, auxquels on identifie désormais son action.

La simple référence à la modification objective des données extérieures est considérée comme injurieuse pour la France. Comme président de la République, j'ai pensé qu'il était nécessaire de nous adapter aux nouvelles références du monde, et que nous nous sentirions plus à l'aise avec nous-mêmes si nous acceptions de prendre en compte les faits que nous n'avions pas le pouvoir de modifier. J'ai pris le risque d'indiquer, au cours d'une rencontre avec la presse en 1997, « qu'en l'an 2000, la population de la France ne représenterait que 1 % de la population du monde, et qu'un citoyen du monde sur cent serait français ». En le disant, j'imaginais ces longues files d'hommes et de femmes de la planète sur lesquelles on dénombrerait, après chaque centaine, une seule Française ou un seul Français.

Cette évidence statistique, pratiquement incontournable comme le sont les calculs de la démographie, pour lesquels nous disposons d'un des meilleurs instruments de recherche au monde avec notre Institut national d'études démographiques, a déclenché un torrent d'indignation. « Le président de la République cherche délibérément à abaisser la France », s'est exclamé vertueusement Claude Labbé, le président d'un des groupes parlementaires de l'Assemblée nationale. Quelle que fût l'exploitation démagogique de mes propos, il était manifeste que j'avais touché une corde sensible, rouvert même une blessure, dans cette partie de l'opinion française, ou plutôt dans ce segment de la conscience française, profondément respectable, qui n'accepte pas de reconnaître le monde tel qu'il est devenu, ni de consentir à y occuper la place qui est objectivement la nôtre.

Pendant toute l'année 1998, on pouvait voir affiché sur le fronton du musée de l'Homme, place du Trocadéro, sous les strophes sculptées en lettres dorées de Paul Valéry, un calicot qui proclamait : « La terre compte six milliards d'habitants. » Je me suis demandé combien de ceux qui regardaient cette affiche à travers les vitres des autobus se disaient en eux-mêmes : désormais, seulement un citoyen du monde sur cent est français.

*

L'accroissement de population des cinquante prochaines années se produira exclusivement dans les pays en développement, alors que la population des pays développés stagnera. Les chiffres sont éloquents : entre 1998 et 2050, la population des pays en développement devrait approximativement doubler, passant de 4,7 milliards d'habitants à 8,2 milliards, tandis que celle des pays développés baisserait de 1,18 milliard à 1,16 milliard.

Il en résultera d'inévitables tensions, politiques et sociales.

Puissance et déclin politique

Cette évolution de la France sur l'échelle de la puissance a conduit beaucoup d'entre nous, frustrés dans leur soif de considération pour leur pays, à conclure qu'elle était le pénible résultat de son déclin politique.

Or, je ne crois pas que cette explication soit exacte : le progrès ou le déclin politique d'un État n'est pas lié seulement à sa place dans le classement des puissances. Il exprime une réalité propre, indépendante des facteurs extérieurs, tels que la comparaison des tendances démographiques ou l'apparition d'éléments économiques plus ou moins favorables.

Le progrès ou le déclin politique est le résultat d'éléments intérieurs à la communauté nationale, tels que le dynamisme, la créativité, le niveau de civilisation et de culture, la qualité du système éducatif, et surtout la faculté d'adaptation de la société en cause.

Pensons aux périodes les plus brillantes de l'Histoire. Les XVe et XVIe siècles ont été en Italie des périodes d'un rayonnement exceptionnel, dont nous recevons encore aujourd'hui l'éblouissante lumière. Or, l'Italie était en pleine confusion politique. Les Français venaient y faire des promenades militaires périodiques — qui tournaient court, il est vrai, en raison de l'inconstance de leurs chefs. La papauté offrait un spectacle extravagant de débauche, d'appétit de conquêtes territoriales, et d'esthétisme tourné vers les satisfactions terrestres ! Les républiques et les cités se battaient entre elles, nouant et dénouant leurs alliances, et faisant appel à des mercenaires étrangers. Les murs de Rome, bâtis pour protéger une population de deux millions d'habitants, n'en accueillaient plus que cinquante mille. Et pourtant l'Italie connaissait une floraison de talents artistiques, architecturaux et culturels, comme aucun territoire du monde n'en a rassemblé depuis. Et l'on voyait agir, à Florence ou à Venise, des hommes d'État et des théoriciens politiques dont les œuvres servent toujours de référence.

Si nous prenons le cas de la France, les époques qui mettent en valeur dans le monde d'aujourd'hui l'image de la culture et de la civilisation françaises sont celle de la deuxième moitié du XVIIIe siècle, avec le triomphe du goût français et la domination des écrivains philosophes du siècle des Lumières, et celle des dernières décennies du XIXe siècle, dont les peintures et les sculptures garnissent tous les musées du monde, et qui a produit la grande éclosion du roman et de la littérature sociale.

Ni l'une ni l'autre de ces époques ne peut être considérée comme brillante sous l'angle de la puissance. Dans le premier cas, la France additionnait les déceptions militaires, qu'elle laissait sanctionner par des traités sévères, dont le pitoyable traité de Paris de février 1763, qui a mis fin à l'œuvre indienne et nord-américaine de la France. Dans le second cas, la France se remettait difficilement de la défaite de 1870, et de l'occupation prussienne.

Ces développements, trop longs sans doute, visent à dissiper la croyance selon laquelle, pour un pays, l'affirmation de son rang de puissance et la qualité de son évolution politique marchent nécessairement en parallèle. Nous ne pouvons pas expliquer de nos jours, ou tenter de justifier, notre déclin politique, par la seule référence aux critères objectifs qui ont modifié notre rang dans le classement des grands États du monde.

La vie politique d'un peuple peut être créatrice ou destructrice, riche ou pauvre en idées, elle peut projeter de lui à l'extérieur une image forte ou négative, quel que soit son rang dans le classement instantané des puissances.

C'est pourquoi il existe objectivement aujourd'hui, en dehors de toute référence aux bouleversements démographiques et économiques du monde, une interrogation sur le déclin politique de la France.

Peut-on définir le déclin politique d'une société ?

C'est d'abord un fait que, si la puissance se mesure, le déclin se ressent. Il envahit peu à peu le conscient et le subconscient. Il conduit à une attitude, une posture dirait-on aujourd'hui, d'indifférence croissante, de scepticisme, puis de renoncement. Les grandes ambitions collectives ne sont plus ressenties, à peine proposées, et leur perception s'efface devant celle des satisfactions, ou plutôt des insatisfactions, des individus et des groupes.

Certes, on assiste encore aujourd'hui à des manifestations où l'opinion cherche à faire entendre sa voix. Mais ce ne sont plus les vagues de fond venues des profondeurs de l'humiliation nationale, ou portées par les grandes injustices collectives. Elles expriment des irritations sectorielles, qui se déclenchent à propos d'un sujet d'insatisfaction, et à l'intérieur d'un groupe généralement restreint. L'importance de ce groupe ne dépasse que rarement le millième, et jamais le centième, de la population totale. Les remous ainsi créés ne se propagent pas dans le reste de la société, sauf par les incommodités qu'elles infligent à d'autres parties de la population.

Ce déclin est perçu par l'opinion comme étant le résultat de l'insuffisante qualité, voire de l'incapacité, des dirigeants politiques. La première réaction de défense des citoyens consiste à imaginer que si l'on changeait ces dirigeants, les choses s'arrangeraient d'elles-mêmes. Après quelques tentatives manquées, l'opinion finit par s'en prendre au système lui-même. C'est le système, dit-on, qu'il faudrait changer ! Mais nos régimes démocratiques sont bâtis en posture d'autodéfense, c'est-à-dire que les décisions nécessaires pour en éliminer les défauts, ou en corriger les abus, devraient être prises par ceux qui en sont, consciemment ou non, les bénéficiaires.

Il faut se souvenir des tentatives désespérées de la IVe République pour se réformer. Rejetée par l'opinion publique, prise à la gorge par les événements d'Algérie qu'elle avait perdu tout espoir de contrôler, elle trouvait encore la force d'écarter successivement les propositions faites en son sein, même les plus timides, pour lui rendre la capacité d'agir.

Je me souviens de l'impression que m'avait faite, en mai 1958, la traversée, cours la Reine, d'un groupe de gendarmes mobiles qui cantonnaient sur place, pour protéger contre les assauts subversifs l'Assemblée nationale qui siégeait alors jour et nuit. Je m'y rendais pour participer à une séance de la Commission des Lois, à laquelle on m'avait affecté d'office, en tant que nouveau parlementaire, bien que je sois inspecteur des Finances et que mes connaissances juridiques ne fussent pas des plus étendues.

« Qu'est-ce qu'on attend, s'est exclamé un de ces gardiens de la République en s'adressant à l'un de ses collègues, enfoncé dans son pardessus noir, et en désignant du doigt la colonnade du Palais-Bourbon, qu'est-ce qu'on attend pour les foutre dehors ? »

Désormais assuré d'être bien protégé, j'ai gagné la salle de la Commission des Lois, au premier étage du Palais. À la lumière d'ampoules jaunes, les membres de la Commission discutaient, sous la présidence d'un notaire, fluet et subtil, élu dans l'Ariège, de la réforme de la Constitution. Le tohu-bohu était digne des grandes heures de la Révolution française, mais tous les amendements mis au vote, aussi modestes fussent-ils, étaient successivement rejetés après d'interminables digressions, dans lesquelles le député Roger Garaudy exprimait brillamment les arguments négatifs du parti communiste. Puis l'on passait à la discussion de l'amendement suivant. A 1 heure du matin, j'ai quitté cette réunion déprimante, et j'ai traversé, sous les marronniers lourdement fleuris des quais de la rive droite, le groupe des gardiens de la République qui bougonnaient encore, dans l'ombre de leurs véhicules.

Dix jours plus tard, le président Coty faisait appel au général de Gaulle. Celui-ci venait s'asseoir, en costume gris croisé, au premier rang de l'hémicycle — celui qu'on appelle le banc des ministres —, et prononçait sa phrase célèbre : « Je mesure, Mesdames et Messieurs les députés, le plaisir et l'honneur de me trouver parmi vous », en attendant que l'Assemblée lui confie le soin de réformer la Constitution de la IVe République, et de passer à la Ve !

Et il n'y a qu'à observer aujourd'hui les combats menés, avec l'opiniâtreté désespérée des intérêts en péril, contre une réforme raisonnable de la loi électorale régionale, contre la limitation du cumul des mandats, et contre la fixation à cinq ans de la durée du mandat présidentiel, longtemps attendue par la majorité de l'opinion et conforme aux exigences évidentes de la modernité, pour mesurer la difficulté que rencontrent nos institutions pour se réformer elles-mêmes.

Pourtant, le mal ne se réduit pas à un fonctionnement défectueux du dispositif institutionnel. Le déclin politique exprime un mauvais état de la société, un état clinique dans lequel la plupart des organes sont détériorés.

C'est pourquoi on ne peut pas se contenter de l'attitude de défausse par laquelle chacun cherche à rejeter sur les autres, dirigeants ou institutions, la responsabilité du déclin politique qu'il ressent autour de lui. Le déclin politique est une dialectique globale de la société, mais il est constitué de composants individuels. Chacun de nous en porte en lui une fraction.

S'il fallait tenter d'en donner une définition, je dirais que le déclin politique d'une société se marque par le fait que la créativité du groupe cesse d'appliquer ses efforts à l'amélioration des conditions de son fonctionnement futur, et qu'elle se replie dans la protection, la conservation passive des privilèges et des structures hérités du passé. La mesure du déclin politique, c'est celle de l'adaptabilité de la société aux changements intérieurs et extérieurs, d'une manière qui lui permette — ou non — d'en tirer profit.

La perception du déclin

Si la puissance d'un État est susceptible d'être mesurée par des chiffres, le déclin politique ne peut pas, malheureusement, faire l'objet d'une évaluation précise. On en est réduit à se contenter d'indices.

J'en relèverai quelques-uns.

Les initiatives de la France ont largement inspiré la vie internationale dans les années de l'après-guerre, et jusqu'à la décennie 1970. Beaucoup des institutions contemporaines lui doivent leur existence : la Déclaration des droits de l'homme des Nations unies ; la Communauté européenne du charbon et de l'acier, devenue le Marché commun ; la Conférence des Sept à Rambouillet, devenue le G7 ; le Dialogue Nord-Sud, institutionnalisé par l'Onu ; le Conseil européen des chefs d'État et de gouvernement ; l'Accord monétaire européen qui a permis la naissance de l'écu, devenu l'euro. Chacune de ces initiatives a été prise par la France, même si elle avait été concertée et mise au point avec ses partenaires.

Si on épingle sur un calendrier les dates de ces initiatives, on les voit peu à peu se raréfier. A partir des années 1990, il est impossible de citer une initiative politique ou diplomatique de la France qui soit restée en mémoire.

Un autre indice utilisable est celui des grands postes internationaux dont la responsabilité a été confiée à des Français : la direction générale de l'Unesco ; celle du Fonds monétaire international ; le Secrétariat général adjoint des Nations unies chargé des questions économiques ; et, sur le plan européen, la première présidence de la Haute Autorité du charbon et de l'acier, exercée par Jean Monnet, plusieurs présidences de la Commission européenne et du Parlement européen, des responsabilités exécutives importantes, telles que le poste de commissaire chargé des Affaires économiques et financières, occupé par Raymond Barre, puis par Yves-Thibault de Silguy, et le poste de directeur général de l'agriculture à la Commission européenne, tenu sans interruption par un Français depuis 1958 jusqu'à 1999.

Aujourd'hui, sur l'ensemble de ces postes, la France n'en conservait que deux jusqu'à une date récente : la direction générale du FMI, et la présidence du Parlement européen pour deux ans et demi, conquise grâce à la démarche patiente et déterminée de Nicole Fontaine. Et voici que le poste du Fonds monétaire international vient d'être perdu à son tour.

Le signe le plus préoccupant est de constater que la France, à la différence de la Grande-Bretagne et de l'Espagne, paraît n'avoir plus de stratégie à long terme, et n'être plus à même de faire accepter ses candidats, comme cela a été le cas pour la Banque centrale européenne, dont la présidence lui revenait d'une manière naturelle, en raison du rôle décisif qu'elle avait joué dans la création de l'euro. L'idée disparaît même d'imaginer des candidats français, pour des fonctions où notre tradition culturelle constituerait la meilleure des qualifications, comme à l'Unesco, et pour des fonctions dont la création a été suscitée par la France, tel le nouveau haut-représentant européen pour les Affaires étrangères et la Défense.

Ce lent recul de la marée s'effectue dans l'indifférence, au moins apparente, des responsables politiques de notre pays. Il constitue pourtant un des repères du déclin politique de la France.

Peut-on imaginer que nous vivions dans une situation différente ? Peut-on identifier les domaines dans lesquels une action, ou des initiatives coordonnées, permettraient de rendre à notre vie collective ses dimensions de dynamisme, de créativité et d'adaptabilité ?

C'est bien l'objet de ces « Reflections », et je vous invite à avoir la bienveillance de m'y accompagner, car rien, de toute façon, ne pourrait s'accomplir sans chacun de nous !

Mais il faut rester attentif à un risque ! Quand on parle de déclin politique, et qu'on a exercé des fonctions importantes, il est à craindre qu'on soit porté à penser que les périodes de progrès sont celles où l'on gouvernait soi-même, et que les périodes de déclin sont celles où on a été écarté du pouvoir ! Un autre péril existe, celui-ci d'origine biologique : il consiste à imaginer que, dans la deuxième moitié de sa vie, on assiste à « la fin d'un monde ». On croit entrer dans un univers qui se décompose, livré au jeu de forces égoïstes, ingrates et brutales, sans doute parce qu'on sent s'affaiblir en soi la poussée des forces créatrices, et qu'on assiste à la remise en cause et à la dislocation de l'œuvre à laquelle on s'était attaché de son temps.

Il serait illusoire de vouloir éliminer ce travail du temps sur la substance de l'individu, mais il faut essayer de le relativiser, en prenant du recul vis-à-vis des perceptions personnelles.

Le problème n'est pas nouveau. Pétrarque, gagné par le découragement, écrivait dans une lettre de 1371 : « Si je regarde la jeune génération, je la vois corrompue d'âme et de corps, au point qu'il ne me reste plus un brin d'espoir. Le commencement de notre siècle n'était pas satisfaisant, mais il était tel qu'on pouvait lui être indulgent. Au milieu de son cours, nous l'avons vu se jeter dans toutes sortes d'injustices et de crimes. Nous avons touché le fond du mal et de la misère. Je voudrais être né en d'autres temps, ou être mort depuis trente ans, ou avoir vécu chez les Indiens, ou chez les Chinois. »

C'était en 1371. Quelques dizaines d'années plus tard s'ouvrait le grand atelier de la Renaissance !

Restons modestes, c'est-à-dire prudents dans notre jugement. Nous n'apercevons qu'un tout petit bout de la courbe de l'Histoire. L'esprit humain est ainsi fait qu'il est tenté de prolonger d'un trait continu la trajectoire des faits qu'il observe autour de lui : si l'été est ensoleillé, c'est que la terre se réchauffe ; si l'économie est en expansion, la croissance va se poursuivre ! Or la plupart des phénomènes naturels sont cycliques, et nous-mêmes, espèce vivante de notre planète, n'échappons pas à cette loi. C'est pourquoi nous ne devrions pas appeler « déclin politique » une simple inflexion de notre vie publique, si celle-ci était appelée à rester passagère. Mais nous ne devons pas non plus nous refuser à rechercher les tendances lourdes de notre évolution, même si elles devaient nous être défavorables.

Je voudrais me montrer aussi scrupuleux que possible dans mes observations, et ne pas les faire dépendre de mes préférences, ou surtout de mes déceptions.

L'étude du déclin politique de la France doit être conduite avec le même soin, la même minutie et, si possible, la même objectivité que celle de tout autre fait historique.

Aussi, je commencerai par m'interroger sur la nature de notre relation fondamentale, à nous autres Français, avec le temps.

2

La relation conflictuelle avec le temps

La révolution française est un événement si extraordinaire que c'est par elle qu'il faut ouvrir toute série de considérations sur les affaires de notre temps. Rien d'important n'arrive en France qui ne soit la conséquence directe de ce fait capital.

Ernest RENAN, cité par François FURET[1].

Pour en finir avec la révolution marxiste-léniniste en Russie, il fallait une autre révolution qui, au nom d'une autre idéologie, ferait à son tour table rase du passé.

François MITTERRAND[2].

L'argument central d'Edmund Burke concernant l'échec prévisible de la réforme en France consiste en ceci : les Français prétendent faire « table rase » du passé ; pour eux, écrit-il, la réforme passe d'abord par la destruction complète de l'ordre antérieur — cet ordre étant effacé, on peut entreprendre la construction d'un monde nouveau.

1. Ernest Renan, « Monarchie constitutionnelle en France », *Revue des Deux Mondes*, 1er novembre 1869.
2. François Mitterrand, *De l'Allemagne, de la France*, Éditions Odile Jacob, 1996.

Cette attitude contraste avec celle des Britanniques. Pour nous autres Anglais, poursuit-il, le but de la réforme est d'améliorer ce qui existe, en conservant ce qu'il y a de satisfaisant dans l'ordre antérieur. Nous ne raisonnons pas en termes de rupture, mais de continuité. La « glorieuse révolution » anglaise de 1688 — dont la trace est à peine visible dans nos livres d'histoire — n'a pas remis en question le régime monarchique ni son principe héréditaire, qui sont, au contraire, solennellement réaffirmés, mais elle s'est interrogée sur les limites à apporter à l'exercice du pouvoir royal et sur la dévolution de compétences nouvelles au Parlement.

Cette prétention française de la « table rase« et de la mise en place d'institutions entièrement nouvelles, politiques et sociales, à partir d'une évaluation rationnelle, sans lien avec le passé, lui paraît contraire à l'évolution naturelle. Coupant toutes les racines historiques et tous les apports de l'organisation sociale, elle ne peut générer que des structures instables, condamnées elles-mêmes à la fuite en avant ou à leur disparition rapide par l'effet d'une nouvelle « table rase ».

Or, il est singulier de voir que cette disposition d'esprit subsiste encore de nos jours. La France est le seul grand pays dans lequel on ait pu espérer gagner une élection, comme en 1981, par la proposition d'un « changement de société ». Chacun sait que nous vivons désormais dans un monde où les quatre cinquièmes des structures économiques et sociales sont déterminées par des facteurs objectifs, et où le seul enjeu réaliste est de savoir comment guider l'évolution du dernier cinquième pour obtenir de meilleures performances économiques, et perfectionner la justice sociale.

Le recours au slogan de la « table rase » lors de l'élection de 1981 était peut-être un artifice pour les responsables politiques qui en mesuraient sans doute l'irréalisme, et voulaient tirer avantage de ses effets électoraux, mais c'est un fait qu'il a éveillé un écho puissant dans l'opinion publique, et qu'il a été tenu comme acceptable par beaucoup d'analystes politiques. D'où les étonnantes oscillations de notre vie publique : les nationalisations à outrance des années 1981 suivies, à la fin des années 1990, de la privatisation de tout ce qui venait d'être nationalisé, privatisation qui va même au-delà des secteurs qui figuraient avant 1980 dans le domaine public, tels que les télécommunications, Air France, ou l'industrie aérospatiale. La même observation s'applique au slogan conquérant de la retraite à soixante ans (au diable la démographie !), sur lequel, dix-huit ans après, on décide de mettre en route une procédure laborieuse pour revenir sur ses conséquences.

Détruire avant de réformer

Je me suis interrogé sur cette préférence singulière pour la « table rase ». Elle est propre à la France, et au caractère des Français. Elle est singulière en ce sens qu'elle est contraire à l'inspiration de plusieurs grands courants de la pensée politique : l'inspiration confucéenne, qui situe le modèle de nos modes de gouvernement dans le passé, et qui nous invite à aller en rechercher les exemples, et aussi, sur le plan contemporain, les démarches « transformistes » de la plupart de nos partenaires européens. On n'imagine aucun dirigeant allemand, britannique, espagnol, ou même italien, allant faire campagne sur le thème de la « table rase ». Ceux qui s'y sont timidement exercés, comme les travaillistes de gauche des années 1980 en Grande-Bretagne, ont été sèchement écartés de la scène politique.

Deux grandes révolutions dans le monde se sont inspirées de ce principe : la révolution bolchevique de 1917[1], et la révolution culturelle chinoise de Mao Ze-dong. Elles visaient effectivement, l'une à éradiquer toutes les structures sociales intermédiaires de la société russe, l'autre à arracher de l'esprit des Chinois les références et les modes de pensée de la culture traditionnelle. Elles s'appliquaient, toutes deux, à des sociétés restées beaucoup plus primitives que la société française, et elles ont débouché, selon le schéma burkien, sur des convulsions violentes et non sur l'ordre universel nouveau qu'elles prétendaient établir.

Le trait particulier de la France est que cette tentative de réforme par élimination des structures du passé ait été répétitive : notre pays l'a vécu entre 1792 et 1795, puis à nouveau en 1848, et, à Paris, dans le tragique hiver de 1871.

Même si le contenu du concept a évolué, on retrouve sa trace dans l'enthousiasme qui a salué l'arrivée au pouvoir du Front populaire en 1936, perçue comme annonçant l'arrivée d'un « monde nouveau », et aussi, à titre anecdotique, dans l'indication que m'a donnée François Mitterrand sur le contenu de ses intentions, lors de l'entretien que nous avons eu après sa prise de fonctions, à l'occasion de la première visite qu'il rendait à Clermont-Ferrand le 6 juillet 1984, et où il avait souhaité me rencontrer.

Il m'avait fait proposer de venir me voir à mon domicile de Chanonat. J'ai pensé qu'il était plus convenable de le recevoir dans mon ancien bureau de maire de Chamalières, que le maire en fonction avait mis à ma disposition. La pièce était encombrée de piles de mon dernier

1. Il est significatif que l'auteur français des paroles de *l'Internationale* l'ouvrier poète Eugène Pottier, ait introduit dans la première strophe de l'hymne la célèbre formule : « du passé, faisons table rase ».

livre, *Deux Français sur trois*, en attente de dédicaces. La porte s'est refermée sur la ruée des photographes de presse, et nous nous sommes retrouvés en tête à tête, assis dans des fauteuils de velours rouge, de chaque côté d'une table ronde, sur laquelle Claude Wolff avait fait disposer deux tasses de café et un vase rempli d'un bouquet d'anémones. François Mitterrand a pris la parole et, après que nous eûmes échangé, sur un ton détendu, les banalités d'usage, il a marqué un temps d'arrêt, comme pour aller rechercher en lui-même une vérité forte. Il m'a déclaré brusquement :

« Mon objectif, c'est de détruire la bourgeoisie française ! »

J'eus le souffle coupé devant une proposition aussi inattendue. Je devais paraître éberlué. Aussi a-t-il repris :

« Oui, c'est nécessaire de la détruire. J'ai abouti à cette conclusion en observant notre histoire. C'est la bourgeoisie qui bloque toute possibilité de réforme. Tant qu'elle restera en place, il sera impossible d'avancer ! »

Cette attitude fondamentale de vouloir détruire avant de réformer, ou même de détruire pour pouvoir réformer, tient peut-être à certains traits de notre caractère, et j'y reviendrai. Pourtant, rien dans notre double héritage gallo-romain et franc ne la faisait pressentir. Et on ne la voit pas apparaître dans les écrits politiques — ceux des fameux « légistes » — avant le XVIIIe siècle. Aussi je me demande si elle n'est pas en partie le produit de notre histoire récente, et de la relation défectueuse que la France entretient avec le temps passé, ou plutôt le temps de son passé.

*

Il est singulier de penser que notre pays, qui a l'obsession de la commémoration poussée jusqu'à la manie, ne célèbre aucun événement antérieur à 1789, à l'exception des fêtes religieuses. Je ne crois pas me tromper en écrivant que, pendant les quatorze années de ses deux septennats, François Mitterrand n'a jamais fêté aucun événement national remontant à plus de deux siècles.

Ainsi la France, pays dont la structure du pouvoir est la plus ancienne en Europe, vit-elle confinée sur deux siècles d'histoire. Nous avons même réussi à faire partager cette conviction à la presse internationale. C'est ainsi que le *National Geographic Magazine* titrait sur la couverture de son numéro de juillet 1989 : « La France célèbre son bicentenaire ! » Adieu Louis XIV, Henri IV, François Ier, Richelieu, Jeanne d'Arc, et Du Guesclin !

Après tout, on pourrait s'en satisfaire, en pensant que dans notre vie d'aujourd'hui tout ce qui nous entoure et tout ce qui compte s'est formé au cours des deux derniers siècles.

Or, j'ai découvert, en cheminant dans mes fonctions successives, que nous étions encore entourés d'habitudes, d'institutions, de pratiques, et même de textes remontant à l'Ancien Régime. Ce ne serait une surprise pour personne en Grande-Bretagne, en Bavière ou en Catalogne, mais c'est un sujet de stupéfaction pour nous.

Lorsque j'ai cherché, comme ministre des Finances, à réformer les lois inhumaines de la saisie, où, en cas de faillite d'un commerçant ou d'un artisan, on s'emparait de tous ses objets personnels, de tout son mobilier et celui de sa famille, à la seule exception de son lit, pour les mettre en vente publique, j'ai constaté que nous appliquions les dispositions d'une ordonnance remontant à l'Ancien Régime, et restée inchangée depuis, y compris dans sa terminologie.

De même, j'ai toujours été surpris par la considération révérencieuse dont on entoure les préfets. Ceux-ci ne m'en voudront pas si je dis que je la trouve excessive.

Aucune manifestation locale ne peut se dérouler sans la présence de celui qu'on appelle Monsieur le Préfet. On guette l'arrivée au loin du poudroiement de sa voiture, et lorsqu'il en descend, un silence s'établit. Chacun rectifie sa position et fait un demi-pas en avant pour avoir le privilège de lui serrer la main. Souvent les intéressés arborent sur le visage cette variété de sourires obséquieux qu'on ne voit paraître que dans les cérémonies officielles : une fine ride qui s'étire en largeur à la place de la bouche, et qui se relève aux extrémités.

Ce comportement me paraissait étrange de la part d'un peuple gouailleur et volontiers irrespectueux, jusqu'à ce que j'en trouve l'explication possible dans la lecture d'un ouvrage de l'historien Michel Antoine sur le pouvoir au XVIIIe siècle. Le royaume était alors administré par des Intendants, souvent fort capables — et dont l'Auvergne, en particulier, garde le souvenir —, dotés de larges compétences. Comme le souverain se déplaçait rarement dans le pays, et uniquement pour se rendre d'une résidence à une autre — à l'exception des visites qu'il rendait aux armées en campagne, dans le Nord et dans l'Est —, le peuple avait peu d'occasions de l'apercevoir. Aussi, lorsqu'il rencontrait l'Intendant, représentant personnel du souverain dans la province, ressentait-il exactement la même émotion que s'il s'était agi du roi lui-même, et il reportait sur celui-là son émotion et sa timidité bouleversée.

Souvent, dans nos manifestations républicaines locales, je me pose la question de savoir si le public, enthousiaste et déférent, connaît l'origine lointaine de son comportement.

De même l'importance donnée aux arrêts et aux avis du Conseil d'État a été longtemps pour moi un sujet d'étonnement. Qu'il tranche en dernier ressort les débats contentieux entre les particuliers et l'État me paraissait naturel. Mais comment comprendre le fait que lorsque le Gouvernement légifère par décret-loi, ainsi qu'il l'a fait souvent à la fin de la IVe République, ses textes ne puissent être adoptés « qu'après avis du Conseil d'État » ? Avis simple ou avis conforme, selon le cas. D'où vient sa légitimité que personne ne remet en cause ? J'ai consulté la Constitution de 1958, sans trouver trace de son existence. Rien n'est dit sur sa place dans l'État, à la différence des deux Assemblées, du Conseil économique et social, et du Conseil constitutionnel. La seule référence à son rôle figure dans deux articles où il est précisé que les ordonnances et les projets de loi ne peuvent être adoptés par le Conseil des ministres « qu'après avis du Conseil d'État ». Ses membres ne sont pas élus, mais recrutés par concours. Ils portent des titres dont le public ignore la signification : auditeur, maître des requêtes. Et, lorsqu'ils atteignent les niveaux élevés de la hiérarchie, ils accèdent à l'appellation imposante de conseiller d'État.

En relisant des ouvrages sur l'organisation politique de la France avant la Révolution, j'ai découvert que tout le dispositif du Conseil d'État, son rituel et ses appellations, nous venaient tout droit de la fin du XVIIe siècle et du XVIIIe siècle. C'est le vestige presque intact du système des Conseils, tel qu'il fonctionnait sous l'Ancien Régime, et qui enserrait le pouvoir monarchique dans un réseau de contraintes juridiques et administratives. On y trouvait déjà l'appellation de maîtres des requêtes.

Ce même Conseil d'État est passé au travers de la Révolution, et se retrouve au nombre des quatre institutions napoléoniennes de la Constitution de l'an VIII. Le Conseil d'État fut chargé de « porter la loi au Corps législatif, et de l'y défendre au nom du Gouvernement ». Comme Bonaparte confinait de plus en plus le Corps législatif dans un rôle passif et muet, le Conseil d'État devint la seule assemblée délibérante. Le Premier consul, devenu empereur, en choisissait avec soin tous les membres, et il aimait venir participer lui-même à ses séances, où son arrivée était annoncée par un roulement de tambour.

Le Conseil d'État siégeait dans une salle du palais impérial, tantôt aux Tuileries, tantôt à Saint-Cloud. Le fauteuil de Napoléon trônait à une extrémité de la pièce, sur une marche surélevée. Les séances étaient rendues plus longues par les digressions de l'Empereur, et il s'est produit qu'elles se prolongent depuis 9 heures du matin jusqu'à 5 heures du soir, avec une suspension d'un quart d'heure. Napoléon ne paraissait guère plus fatigué à la fin de la séance qu'au commencement, et il s'installait confortablement dans son fauteuil, en repliant parfois sa jambe gauche sous son derrière.

Malheur à celui qui arrivait après la séance commencée ! Le verrou était tiré, et personne, prince ou sujet, n'était autorisé à entrer sans une permission spéciale de l'Empereur. Il est amusant de penser que le général de Gaulle avait adopté la même pratique concernant le Conseil des ministres, qui débutait avec une exactitude militaire. Je me souviens de sa grimace réprobatrice, le jour où le ministre de l'Agriculture, Edgard Pisani, est arrivé en retard, en prétextant une excuse fondée sur une grippe dont il était frappé. De Gaulle, sans lui répondre, s'est contenté d'un signe de tête muet pour l'inviter à gagner sa place.

Laissez-moi vous raconter, en passant, que le comportement de Napoléon était surprenant, pendant ces séances du Conseil d'État. Les affaires avançaient peu sous la présidence de Napoléon, a relaté un témoin[1], « parce qu'il

1. *Opinion de Napoléon, sur divers sujets de politique et d'administration, recueillis par un membre de son Conseil d'État,* ouvrage publié par le baron Pelet (de la Lozère), chez Firmin-Didot en 1833.

tombait quelquefois dans une profonde rêverie, pendant laquelle la discussion traînait, ou parce qu'il se livrait à des divagations politiques, extérieures au sujet. Ces divagations étaient pleines d'intérêt, comme symptômes de l'état de son âme, ou comme révélation de sa politique et de ses projets ».

Sur ce point aussi, l'analogie avec la pratique du général de Gaulle est révélatrice. Au cours de l'entretien hebdomadaire qu'il accordait à certains de ses ministres, dont celui des Finances, il commençait par s'intéresser aux sujets sur lesquels on venait lui faire rapport. Puis, au bout d'une demi-heure, il se lançait dans de tout autres considérations, où il vous donnait l'impression de jouer à développer ses raisonnements et ses analyses, et à en tester l'effet sur son petit auditoire, pris comme un échantillon de l'opinion.

Pour en revenir au Conseil d'État, devenu au XIXe siècle la clé de voûte de l'État centralisé, il a été supprimé par le gouvernement républicain dès le 15 septembre 1870. En février 1875, l'Assemblée nationale, à majorité monarchiste, le rétablit, et confie au président de la République le droit d'en nommer les membres.

Dans un autre domaine, un pan entier de nos institutions et de nos pratiques s'est formé dans une période antérieure à la Révolution. C'est celui de la justice. Beaucoup de gens croient de bonne foi que la forme moderne de notre justice est entièrement l'œuvre de Napoléon, lorsqu'il a fait rédiger son fameux code, assisté du Comité Portalis, et que les principes de cette justice remontent ainsi aux années 1800.

En fait, Napoléon s'est largement inspiré de l'œuvre réformatrice conduite par le chancelier d'Aguesseau, entre 1727 et 1750, pour faire passer le système judiciaire français de sa forme médiévale, caractérisée par la multiplicité des cours et par la vénalité des charges, à une organisation plus rationnelle et moins coûteuse pour le justiciable. Ce n'est pas forcer la note que d'affirmer que le travail remarquable de Napoléon n'est, sur beaucoup de points, qu'une reprise de l'œuvre entamée par d'Aguesseau.

Dans le même domaine, la Cour de cassation, organe suprême de la justice française, a utilisé jusqu'en 1947 un règlement de procédure élaboré par d'Aguesseau[1].

On retrouve cette présence du passé dans l'usage que nos contemporains font encore, inconsciemment, du vocabulaire politique — concernant l'État, la République, et la démocratie.

L'emploi du mot « État » est, paradoxalement, une survivance de l'Ancien Régime. La « raison d'État » remonte à Richelieu, et chacun connaît l'interjection du jeune Louis XIV, proclamant « l'État, c'est moi ! ». Ainsi, quand beaucoup de nos jeunes postulants aux fonctions administratives se déclarent « attirés par le service de l'État », ils utilisent une sémantique antérieure à la Révolution, et qui a transité par l'Empire.

De même, l'usage du mot « républicain » conserve de nos jours une définition a contrario : il désigne ceux qui s'opposent aux adversaires présumés de la République.

Notre vocabulaire, et ce qu'il décrit de notre mentalité, reste ainsi passéiste, et lié à des coupures historiquement dépassées.

1. Lors de sa mort en 1750, à l'âge de quatre-vingts ans, le chancelier d'Aguesseau avait laissé une note testamentaire demandant à ce que ses cendres fussent mêlées à celles des pauvres. Cette proposition fit scandale, au point que Louis XV invita sa famille à le faire enterrer au cimetière d'Auteuil, où il fit élever une pyramide de porphyre sur sa tombe.

A la différence des temps révolutionnaires, il n'apporte aucun souffle nouveau et aucun élan vers l'avenir.

C'est ce qui explique que le succès des mouvements étudiants de Mai 1968 se soit bâti, en partie, sur des inventions de vocabulaire, souvent brillantes : l'imagination au pouvoir.

Et c'est ce qui m'a poussé à décrire mes tentatives politiques en termes renouvelés : le libéralisme « avancé », la décrispation, etc.

*

Ces exemples n'ont qu'un objet : vous faire admettre que la réalité française dans laquelle nous vivons n'est pas conforme aux vœux des partisans de la « table rase ». L'éradication de toutes les structures antérieures pour les remplacer par des institutions nouvelles, issues du seul rationalisme critique, n'a pas été réalisée en France, en tout cas pas d'une manière complète, ce qui explique la frustration persistante, tout au long du XIXe siècle, de la partie de la population qui attendait et espérait une société entièrement restructurée.

C'est là, sans doute, que gît la cause de la relation trouble et conflictuelle que les Français entretiennent avec leur histoire ou, plus simplement, avec leur passé.

Et c'est aussi, me semble-t-il, l'origine des multiples convulsions politiques que la France a connues au XIXe siècle (deux empires, deux monarchies, et deux républiques) et qui se sont poursuivies jusqu'à nos jours, avec encore deux changements de république. Ces convulsions tiennent à la poursuite d'un affrontement entre le camp — ou la sensibilité — du rationalisme hérité des Lumières, exaspéré de constater que la table rase n'est toujours pas réalisée et qui essaie périodiquement, si je puis dire, de remettre l'ouvrage sur la table, et le camp de ceux qui croient à l'existence de structures politiques et sociales formées par le temps, au foisonnement continu du vivant, et qui s'efforcent d'adapter les institutions existantes aux exigences de la modernité.

Enfin, je crois que la persistance de cet affrontement explique de manière indirecte la compréhension bienveillante que manifeste l'opinion française vis-à-vis des situations de cohabitation entre un président de la République issu d'une tendance, et un Gouvernement choisi par la tendance opposée. Cette compréhension paraît d'autant plus paradoxale que cette pratique de la cohabitation, vécue trois fois par la France au cours des quatorze dernières années, est manifestement contraire à l'esprit de nos institutions, auxquelles les Français se disent, par ailleurs, attachés, et aux exigences de l'efficacité politique qu'ils ne cessent de réclamer. Peut-être, l'opinion française y voit-elle un moyen subtil pour poser un point de soudure entre les deux moitiés de la France.

*

Cet antagonisme acharné entre les partisans ou les nostalgiques de la « table rase » et ceux qui souhaitent faire évoluer l'existant continue de donner, aujourd'hui encore, son caractère particulier à la coupure entre la droite et la gauche en France. Il existe entre ces deux courants un fossé historique, et il est important de le comprendre, même si cette coupure ne se situe plus, de nos jours, que dans notre subconscient politique.

Ce n'est pas le cas ailleurs, que ce soit en Europe ou en Amérique. La différence entre la droite et la gauche y tient à des préférences idéologiques, à des approches différentes des problèmes économiques et sociaux, et parfois aux positions traditionnelles de certains groupes de la population, mais elle n'entraîne aucune remise en question du « régime » politique. On ne l'observe ni en Grande-Bretagne, où les discussions sur le régime gardent un caractère anecdotique — à l'exception, peut-être, de la tempête passionnelle déclenchée par la mort de la princesse Diana —, ni en Allemagne, où la forme des institutions n'est jamais discutée, bien que la Constitution soit récente, et fortement imprégnée des concepts introduits par les autorités d'occupation.

Il en va autrement en France, où la coupure entre la droite et la gauche conserve un arrière-goût culturel d'affrontement entre les partisans de la République et ses adversaires, plus ou moins camouflés. Cette perception confère au débat un caractère quasi irréductible, comme si les participants appartenaient à deux ensembles incompatibles. Les mots « droite » et « gauche » ne sont pas perçus comme les variantes d'une même attitude, mais contiennent au contraire un fort potentiel de rejet et d'exclusion.

Cette situation est d'autant plus étrange que la Révolution française, qui a représenté pour notre pays la forme convulsive du passage de l'ère féodale à l'ère démocratique, remonte à plus de deux siècles, et que la dernière tentative, à vrai dire larvée, d'établissement d'une monarchie constitutionnelle se situe dans les années 1870, il y a déjà cent trente ans.

Le vocabulaire politique contemporain garde la trace de cette coupure. Quand Jacques Chirac parle d'appliquer la loi républicaine ou fait appel aux principes républicains, alors qu'il pourrait se contenter de dire « appliquer la loi » et faire référence aux « principes démocratiques », il imagine, consciemment ou non, se donner une caution de gauche, en faisant remonter à la surface le débat, devenu aujourd'hui sans objet, sur la forme du régime.

La sémantique, c'est-à-dire l'étude de l'usage des mots,

est un exercice passionnant. Si vous voulez bien faire silence et écouter, derrière la sonorité des mots, l'écho assourdi qu'ils traînent dans leur sillage, comme un message venu de plus loin, vous entendrez que ce que nous qualifions de « républicain », c'est moins le fait d'approuver la forme républicaine de l'État, que celui de se compter au nombre de ceux qui combattent les ennemis de la République.

De même, lorsque Lionel Jospin, homme politique intègre, et respectable en raison de la sobriété de son comportement comme Premier ministre, s'adresse à la droite parlementaire de l'Assemblée nationale, il arrive que, la fatigue aidant, on entende resurgir d'étranges strates culturelles. Il invective les élus de la droite, c'est-à-dire à l'autre moitié de la France, comme si celle-ci restait marquée par l'anti-dreyfusisme et l'acceptation passive de l'esclavagisme. Ce raccourci historique coupe le souffle ! Il tente de faire appel au témoignage de Léon Gambetta, mort pourtant à la suite du coup de pistolet tiré pendant une dispute avec Léonie Léon, plus de douze ans avant le déclenchement de l'affaire Dreyfus ! Et il passe sous silence le fait que les libéraux de la Chambre des députés ont décidé, sous la monarchie de Juillet, la création de la Commission qui a conclu à l'abolition de l'esclavage dans les Antilles, réalisée peu de temps après par la IIe République.

En entendant Lionel Jospin prononcer sa diatribe, j'essayais d'imaginer la manière dont, dans sa tête, il se représentait notre moitié de l'hémicycle. Dans la brume de l'irritation et de la lassitude, il nous apercevait sans doute comme des personnages caricaturés par Daumier, flasques et avachis sur les banquettes de leurs intérêts, et tout prêts, si les circonstances leur permettaient de le faire de manière discrète, à s'accommoder d'un esclavagisme caché dans les départements antillais et à présumer la culpabilité d'espionnage de tout officier de carrière ayant dans son lignage des ascendants juifs !

Ces remontées à la surface de vieux antagonismes témoignent du malaise « burkien » qui pèse encore sur la vie politique de la France comme une escarmouche obstinée entre les arrière-gardes de l'Histoire.

On pourrait en sourire, en s'interrogeant sur la portée pratique de ces débats. Ceux-ci avaient leur sens quand on cherchait les modalités du passage de l'ère féodale à l'ère de l'organisation démocratique de notre société, ou encore au temps des premières étapes de la société industrielle. Mais aujourd'hui, chacun est conscient du fait que, dans nos sociétés postindustrielles, complexes, et largement dotées en dispositifs de protection sociale et de redistribution de revenus, la tentation de faire « table rase » est dépourvue de vraisemblance. Ceux qui prétendirent s'y essayer, comme en 1981, furent contraints peu après d'effectuer un piteux demi-tour.

Si j'ai insisté sur la persistance de ce débat, c'est qu'il constitue un handicap pour le progrès de la France, et que ses effets négatifs alimentent le déclin politique de notre pays.

Il y contribue de deux manières :

D'abord, il prive la France d'une grande partie de la richesse de son passé historique. Les Français seraient beaucoup plus confortables avec eux-mêmes, beaucoup plus assurés dans leurs relations avec le monde extérieur, s'ils avaient le sentiment de s'appuyer sur une histoire vigoureuse et ancienne, une histoire qui leur soit commune, comportant évidemment des phases successives commandées par les réalités de leur époque, mais une histoire qui a accumulé au total un patrimoine unique par sa richesse en événements, en personnages, et en monuments.

La persistance de ce débat entretient une coupure, une vraie coupure et non une ride de surface, dont la profondeur et la permanence sont dommageables à la France. C'est une coupure de type antagoniste, qui réduit les possibilités de travail en commun, et qui alimente des comportements hostiles, et parfois agressifs. Qui d'entre nous n'a pas été victime, au moins une fois dans sa vie, d'une réaction de rejet, parce qu'il était identifié comme faisant partie du clan politique opposé ?

Cette coupure de la France est d'autant plus irritante pour l'esprit qu'elle se manifeste, en quelque sorte, dans l'abstrait. Elle ne correspond plus à l'exercice d'une option réelle. Les Français ont mis en commun les trois quarts de leur vécu social et politique, depuis l'éducation, leur passage dans la vie active où il est vain de rechercher la ligne de confrontation entre la « table rase » et l'amélioration de l'acquis social, et la gestion psychologique de leur temps de retraite.

Burke n'aurait même plus besoin de prendre la plume pour demander la prise en compte des réalités politiques et sociales dans la conduite de notre évolution. La cause est entendue ! Les défenseurs des « droits acquis » ont déserté le camp des adeptes de la « table rase » !

Peut-être les circonstances se rapprochent-elles du moment où l'on pourra faire disparaître la substance d'une querelle qui a alimenté le déclin politique de la France par l'effet de sa force de division perverse. Il y faudrait un effort du système éducatif, pour aider la jeunesse à acquérir une mémoire historique ressoudée et pacifiée, mais aussi une contribution du milieu politico-médiatique, plus difficile sans doute à obtenir, car celui-ci s'arrachera avec peine à la répétition des thèmes qui lui fournissent son code d'expression, et qui le dispensent de l'effort, autrement ardu, de s'interroger sur notre avenir.

*

La véhémence qui caractérise le débat politique en France tient peut-être à un trait particulier qui marque le comportement des Français : le caractère quasi religieux qu'ils donnent à leur affrontement politique. Non pas religieux en raison du contenu théologique de leurs convictions, mais religieux en ce sens qu'ils attendent de la politique ce que beaucoup de gens cherchent dans la religion : le besoin d'un concept global, et la définition claire de leur place dans le monde.

Cette parenté qui existe en France entre politique et religion conduit à des attitudes curieusement semblables : le dogmatisme, le fanatisme, l'intolérance, l'excommunication ou l'exclusion. Je ne crois pas que le débat politique atteigne dans d'autres pays, en dehors de la lutte directe pour la conquête du pouvoir, le degré de violence et de rejet personnel qu'il connaît chez nous.

D'où provient cette attitude ? Je me souviens d'une conversation à ce sujet avec l'un de nos plus brillants diplomates — un ambassadeur encore ! — qui me tenait compagnie pendant que j'attendais dans un salon de l'aéroport de Beijing le départ de l'avion qui me ramènerait à Paris.

« Ce besoin d'une vue globale du monde, affirmait-il, a été imprimé dans nos mentalités de manière constante depuis Suger jusqu'à saint Bernard. Il a servi de fondement à la construction de l'État franc par les jeunes ecclésiastiques venus de la France gallo-romaine, et par les grandes abbayes. Cet effort s'est poursuivi sans interruption pendant les huit siècles de la période monarchique, jusqu'à s'intégrer dans nos instincts individuels : la connaissance du bien et du mal, ou, plus exactement, de ce qu'il est bien de faire et de ce qu'il est mal de faire, l'aboutissement dans l'au-delà de notre vie terrestre, l'acceptation d'un ordre politique et social voulu par la Providence.

« Ce dogmatisme a connu un nouveau rebondissement avec la Révolution. Pour remplacer l'ordre antérieur, il était indispensable d'apporter une nouvelle définition de l'homme, et de lui donner une prétention à l'universalité. D'où l'effort créatif des philosophes des Lumières, et de Jean-Jacques Rousseau.

« Le monde extérieur nous en a été reconnaissant, car il a aperçu que nous avions cherché à donner une portée universelle à notre message de liberté. La France a passé un pacte avec la liberté du monde ! comme s'est exclamé le général de Gaulle.

« D'ailleurs, cette tendance au dogmatisme, poursuivit-il, continue d'inspirer certaines de nos initiatives, même à l'époque contemporaine. C'est la France qui a cherché, par exemple, au cours des dernières années, à donner un fondement théorique au droit d'ingérence. »

En l'écoutant, je me suis dit qu'il avait sûrement mis le doigt sur un point sensible, que j'avais négligé. Nous avons effectivement l'habitude de nous affronter sur une conception de l'homme ; et d'en faire un sujet politique, même s'il reste sous-jacent. C'est ce qui donne son intérêt — parfois ! — à notre débat politique, mais c'est aussi ce qui lui confère son côté âpre, et son caractère d'opposition fondamentale. On ne transige pas sur sa conception de l'homme ! Dans les rues de nos petites villes et de nos villages, les voisins de toujours refusaient de se saluer, si leurs convictions les opposaient. On ne soulève pas son chapeau devant le diable, pas plus qu'on ne peut s'incliner devant la calotte.

En raison de cette place différente donnée à l'homme

dans le monde, les deux groupes restaient en position d'antagonisme structurel :

— Pour les Français de culture catholique, pratiquants ou non pratiquants, il y avait cohérence entre la cité de Dieu et la cité des hommes. Tout ce qui venait rompre cette harmonie constituait une action perverse.

— Pour les protestants, d'abord, et plus tard les esprits tournés vers la philosophie des Lumières et le positivisme, la remise en question des sources de l'autorité politique et religieuse devait nécessairement s'accompagner d'une transformation de la condition de l'homme. Il fallait, en quelque sorte, joindre le geste à la parole !

En ce sens, notre système éducatif, issu du deuxième concept, reste fondamentalement, par ses réflexes, un système libertaire : il lui faut défendre les « petits » contre les « gros », et protéger la liberté contre le pouvoir.

Ainsi, le débat politique français trouve sa violence dans le fait qu'il oppose deux concepts globaux de l'homme, deux « religions » de l'homme.

Qu'il oppose, ou qu'il opposait ?

Les remarques de l'ambassadeur sonnent très justes, expliquent beaucoup de nos comportements, mais restent-elles totalement actuelles ?

Le représentant du protocole chinois se rapprochait de nous, vêtu d'un costume bleu électrique. Il avançait le long d'une rangée de fauteuils de peluche rouge pour nous annoncer le prochain départ de l'avion.

Les idées que nous venions d'agiter tournaient dans ma tête.

J'aurais aimé les fixer, les clarifier, mais l'approche du départ entretenait un brouhaha de bruits et d'images qui me l'interdisait. Comment se fait-il que moi-même, dont l'éducation et la formation ont été fortement typées, je ne ressente pas ces affrontements conceptuels comme faisant partie de mon paysage personnel ? Il me semble plutôt que ces postures très tranchées, trop tranchées, appartiennent aux croyances et aux rites qui ont jalonné la longue période de transition, celle qui débute avec les guerres de religion, et qui s'achève, sans doute, avec la chute de l'idéologie communiste : un long glacis avant et après la Révolution française.

Peut-être ma propre équation fausse-t-elle mon jugement ? Je ne participe pas à ce fanatisme de l'explication globale, autoritaire et simplificatrice, qui a longtemps imprégné le débat politique français. Ce que j'ai reçu de formation scientifique m'a très vite appris la limite de mon savoir. Il me semble qu'on peut aller désormais vers des concepts plus apaisés, plus confucéens (est-ce l'aérogare qui m'inspire ?), liés à la sagesse du vivant et à l'équilibre modérateur de notre planète, sans se bloquer sur la recherche de la définition dogmatique, et agressive, de notre place dans le monde.

L'ambassadeur, qui observait mon embarras, restait prêt à me donner la réplique.

« Avez-vous lu la thèse publiée à Harvard, il y a une trentaine d'années, sous la direction de Stanley Hoffmann, et qui s'intitulait *A la recherche de la France*[1] ? Elle comprenait une série d'articles rédigés par des historiens et par des sociologues. Une de ses contributions, celle de

1. *A la recherche de la France*, Éditions du Seuil, 1963. Un chapitre remarquable, dû à Laurence Wylie, analyse la résistance de la société française au changement. L'auteur est allée vivre dans deux villages : l'un Chanzeaux, en Vendée, de culture catholique ; l'autre Roussillon, dans le Vaucluse, de tradition laïque et « républicaine ». « Comme je connais ces deux villages, écrit-elle, je sais tout ce qu'ils ont en commun. Je peux voir l'ironie de leur séparation, due à leurs deux séries de symboles, et à l'attitude de leurs représentants parisiens. Rien n'oppose réellement les habitants de Chanzeaux et ceux de Roussillon, mais les symboles dont ils ont hérité les maintiennent séparés. » Ce qui est la thèse de mon livre.

Jeffe R. Pitts, je crois, se terminait par la conclusion suivante : “Le modèle de la société française, c’est le chahut. Les Français ne se rassemblent, ne fusionnent entre eux que contre le pouvoir ! Ce chahut est une sorte d’exception au cours de laquelle s’opère, derrière les apparences du dérèglement, une forme de mise à jour, d’ajustement du fonds émotif, du sentiment « religieux », pour arriver à une nouvelle formulation des valeurs collectives et du pacte social.” »

Je sens remonter à la surface la culture de Mai 1968, avec le général de Gaulle désorienté, isolé et comme contourné dans son palais de l’Élysée. Mais l’avion n’attendra pas une minute de plus ! Je garderai pour moi mon ultime argument : celui de la croyance en la posture fondamentalement raisonnable, enfouie, enfoncée dans chacun de nous autres, Français, et venue de notre héritage grec, qui a lancé ce perpétuel va-et-vient entre la passion et la raison, et qui reste vivante sous les strates brûlantes des débats politiques successifs. Je me souviens de la tentative de Gaston Berger d’inventer un nouveau slogan pour la France : « Culture, qualité, liberté ! » Je serais tenté d’y ajouter le mot « promotion », pour exprimer la dynamique souhaitable de notre société.

L’avion a décollé. Il s’élève au-dessus de la plaine d’un vert frais et liquide, éclairée à l’horizontale par les rayons du soleil qui dessinent des ombres fines, et ourlée au nord par le tumulus ocre des montagnes qui vont se relayer jusqu’en Mongolie.

Ainsi cet avion va-t-il me ramener, dans le frémissement soyeux de l’air le long de sa carlingue, vers ce pays dont le modèle est le chahut, ou vers celui, le même, dont la fibre intime est raisonnable, et qui poursuit sa quête inlassable d’une harmonie compatible avec la plus grande diversité possible.

Rapprocher les deux France

Durant ma présidence, j'étais conscient du tort que faisait à la France la permanence de cette coupure. A vrai dire, j'avais peu réfléchi — trop peu — à son origine historique, et je n'avais qu'une perception imprécise de sa nature.

Cela suffisait cependant pour me donner la volonté de m'attaquer au mal, c'est-à-dire à l'antagonisme politique qui dressait les Français les uns contre les autres. Pour indiquer la direction, j'ai proposé le mot de « décrispation », qui désignait celui d'un changement de comportement.

Comme j'avais eu fréquemment l'occasion, en tant que ministre des Finances, de participer à des rencontres internationales et de me rendre à Washington, j'avais été frappé par l'anomalie de notre comportement politique, c'est-à-dire de la quasi-impossibilité d'établir les relations détendues et confiantes entre des hommes de droite et de gauche, qui sont la pratique courante dans les grands pays occidentaux. Pour essayer d'améliorer les choses, j'ai tenté de faire venir des dirigeants du camp adverse à l'Élysée, qu'ils avaient déserté, ou dont ils avaient été exclus, depuis dix-huit ans. Ils se sont rendus à mes invitations, d'abord précautionneusement et à petits pas. J'ai commencé à les interroger, en avril 1978, sur les enseignements à tirer des dernières élections législatives, puis, en mai 1978, j'ai sollicité leurs avis sur les initiatives que la France pourrait prendre lors de la Conférence des Nations unies sur le désarmement, conférence à laquelle j'avais décidé de participer, rompant avec l'attitude d'absence pratiquée jusque-là par notre pays, et que je jugeais contraire à la recherche des avancées possibles en matière de désarmement, et à la contribution que la

France avait traditionnellement apportée à la politique de la paix.

Georges Marchais a décliné l'invitation, estimant qu'il s'agissait d'un « bavardage inutile ». François Mitterrand a accepté de se rendre à l'Élysée, où il n'était jamais venu du temps de mes deux prédécesseurs. Je l'ai reçu au salon des Aides de camp, au rez-de-chaussée, dont les boiseries blanc et or brillaient au soleil du printemps. Il avait demandé à être accompagné par son collaborateur spécialisé dans les affaires internationales, Lionel Jospin, car il se méfiait de l'usage qui pourrait être fait d'un entretien en tête à tête. Lionel Jospin était un homme d'allure juvénile, qui faisait penser à un étudiant attentif et contestataire. Ses yeux aux pupilles dilatées, derrière ses lunettes cerclées de métal, jetaient un regard étonné, comme égaré, sur cet environnement peu familier. Sa tête était surmontée d'une étrange broussaille de cheveux, dont jaillissaient des boucles couleur paille. Il est vrai que, sur ce point, je ne risquais pas de tenter la comparaison !

J'étais assisté de mon côté par mon conseiller diplomatique, Gabriel Robin, esprit fin et rigoureux, avec lequel j'avais préparé mon dossier, et qui devait m'accompagner aux Nations unies. La discussion est restée prudente, marquée par le désir visible de François Mitterrand de ne pas s'engager sur un sujet qui ne lui était pas familier, et dont il ne mesurait pas exactement les conséquences. Mais, enfin, les choses commençaient à bouger.

François Mitterrand me racontera plus tard, trois semaines avant sa mort, qu'il n'avait rencontré à titre personnel le général de Gaulle que dans une seule circonstance, et pas une seule fois Georges Pompidou, alors qu'ils ont été tous les trois présidents de la République. Cet exemple illustre l'état de tension, ou de délabrement, du système relationnel du milieu politique français.

L'évolution s'est accélérée en mai 1980, à l'occasion de la première visite du pape Jean-Paul II. J'avais invité à l'Élysée tous les grands dirigeants politiques de la majorité et de l'opposition. Ils y sont venus au complet, et chacun se pressait pour figurer au premier rang. Georges Marchais était accompagné de son épouse. François Mitterrand et Jacques Chirac se retrouvaient côte à côte. Il est vrai que la proximité de l'élection présidentielle, moins d'un an plus tard, donnait une saveur particulière à l'électorat catholique.

Le pape a eu un mot personnel pour tous les invités de cette grande messe républicaine. La chaleur était étouffante. A travers les fenêtres, qu'il avait fallu ouvrir pour aérer la salle des fêtes, on entendait la rumeur de la foule immense qui remplissait les Champs-Élysées, de l'Étoile jusqu'à la Concorde.

Ces progrès ne portaient que sur la forme, direz-vous. Sans doute, mais ils marquaient un changement de tonalité dans l'affrontement politique, et ils ouvraient un premier cheminement en direction d'un comportement plus détendu, qui permettrait de gérer, le moment venu, une alternance paisible, au lieu de ce fameux « chaos » que les dirigeants politiques avaient jusque-là l'habitude d'évoquer.

*

J'avais imaginé aussi prendre des initiatives symboliques pour rapprocher les Français de leur histoire. Un reste de prudence ou une lueur de bon sens, je ne sais, m'en ont empêché, car ces initiatives auraient fait s'effondrer sur ma tête le plafond des indignations et des sarcasmes de la société politico-médiatique.

Voici l'idée que je ruminais le soir, dans ma chambre de l'Élysée, avant de m'endormir : je proposerais au comte de Paris, héritier des Orléans, de m'accueillir à la grille bleu et or de Versailles pour que nous visitions ensemble le célèbre palais du Grand Siècle, en négligeant le fait qu'il avait exprimé sa préférence pour mon concurrent, François Mitterrand. Un peu plus tard, j'aurais demandé au prince Napoléon, successeur de Bonaparte, de m'accompagner à la Malmaison, résidence du Premier consul, ce qu'il aurait, je le sais, fait très volontiers. Puis je me serais rendu à Nolay, en Bourgogne, dans la maison natale, merveilleusement conservée, de Lazare Carnot, le « grand » Carnot, organisateur de la victoire des armées révolutionnaires. Et ce pèlerinage historique se serait achevé dans la Meuse, en Lorraine, par la visite de la demeure bourgeoise construite par Raymond Poincaré, où il aimait venir se retirer.

J'ai échappé au déluge des critiques et aux feux d'artifice des chansonniers en abandonnant mon projet, mais l'impossibilité de conduire une pareille démarche en France me faisait toucher du doigt les aspérités de la coupure historique de notre pays.

L'absolutisme du pouvoir

Pour apaiser le conflit entre les partisans de la « table rase » et les défenseurs de l'évolution continue de la France, je me suis dit qu'il fallait établir entre eux un équilibre de relations, tel que l'abus de pouvoir des uns n'entraîne pas le sentiment d'exclusion, ou d'exil intérieur, chez les autres.

D'où mes deux initiatives visant à tempérer les excès de pouvoir.

J'ai annoncé la première dans un message au Parlement, qui a été lu selon l'usage par le président de l'Assemblée nationale, Edgar Faure, le 30 mai 1974. La coïncidence était émouvante pour moi, car c'était précisément auprès d'Edgar Faure que j'avais fait mes premières classes, en tant que jeune inspecteur des Finances, appelé à collaborer à son cabinet de secrétaire d'État au Budget. Ainsi revenait-il au maître de lire solennellement la prose de l'élève !

J'y proposais d'instaurer à l'Assemblée nationale une séance hebdomadaire de questions d'actualité, où la majorité et l'opposition disposeraient d'un temps de parole égal, séance à laquelle devraient obligatoirement assister le Premier ministre et les membres du Gouvernement. Dès la rentrée parlementaire, l'Assemblée nationale modifiait son règlement pour adopter cette disposition, devenue désormais classique et familière aux spectateurs de la télévision.

Pour limiter le risque d'une législation abusive, imposée par la majorité à l'opposition, je proposai ensuite que, désormais, un certain nombre de députés et de sénateurs — soixante députés ou soixante sénateurs qui, dans la plupart des cas, appartiendraient évidemment à l'opposition — aient le droit de saisir le Conseil constitutionnel de tout texte qui leur paraîtrait contraire à la Constitution. Ce droit a été très largement exercé, sous les majorités successives, de droite comme de gauche. Il a eu pour effet de civiliser quelque peu le débat politique, en indiquant qu'il y avait des limites qui ne pouvaient pas être franchies, et en démontrant que la minorité n'était pas cantonnée dans une indignation muette devant les excès dont elle se jugeait victime.

Ce n'étaient que des jalons posés le long du chemin. Pour réussir à aller plus loin, il ne suffisait pas de réduire les antagonismes — ou de rétablir l'équilibre entre les adversaires du moment présent. Il fallait approfondir la recherche sur les circonstances qui avaient pu conduire un pays modéré et raisonnable, bon vivant et courtois, à s'enfoncer dans cette querelle désespérée entre ceux qui prétendaient vouloir tout changer, et ceux qui ne réussissaient pas à trouver le soutien nécessaire pour mener à bien leurs réformes.

3

Le positionnement dans l'espace ou la France centre du monde ?

J'avais une ignorance totale de ce pays nommé la France (j'avais quelquefois entendu le nom de Napoléon dans la bouche de mon père, et c'était tout).

Dai SIJIÉ, écrivain chinois.

La France est-elle du point de vue politique le centre du monde ? La plupart des Français le croient. Beaucoup de nos dirigeants politiques s'emploient à flatter cette illusion. Le résultat n'est pas neutre : il entretient chez les Français une fausse perception de leurs relations avec l'univers qui les entoure, et il explique à la fois l'arrogance qu'on leur reproche, et les frustrations dont ils souffrent lorsqu'ils constatent que le monde ne se plie pas à leurs exigences.

Un autre pays s'est considéré pendant longtemps comme le centre du monde, c'est l'ancienne Chine. Le caractère qui le représente dans l'écriture chinoise signifie précisément « mi-lieu ». On le trace en deux mouvements : d'abord un trapèze qui décrit le monde : ▽ ; ensuite un axe vertical qui le partage en deux, et qui figure la position centrale de la Chine : ⍒. Cette perception d'être situés au centre du monde s'expliquait, je crois, pour les Chinois, par trois éléments : l'importance relative de leur population, qui leur permettait de ne pas trop se soucier des autres peuples, le fait que leur pays soit bordé exclusivement par des mers, des déserts et des montagnes infranchissables, ce qui les conduisait à ignorer l'existence même de leurs voisins, collectivement qualifiés de barbares, et, enfin, par la supériorité affirmée de leur civilisation, qui nourrissait leur conviction qu'ils n'avaient rien à apprendre de l'extérieur.

Une tentative d'établir une analogie entre ces deux manières de se percevoir au centre du monde ne pourrait pas être poussée très loin, en raison des différences évidentes de situations, mais on peut relever, dans le cas de la France du XVIIe au XIXe siècle, certains ingrédients comparables à ceux de la Chine.

D'abord, la supériorité démographique de la France en Europe, jusqu'au milieu du XIXe siècle.

Ensuite, le fait que, sur les six côtés de notre hexagone, trois soient constitués par des mers ou des océans, et un et demi par de hautes montagnes. Un seul côté, le nord-est, est ouvert sur les pays voisins. Cette situation n'assure pas à la France une posture d'indifférence vis-à-vis de tous ses voisins, mais elle alimente chez les Français le sentiment de se sentir « bien dans leurs frontières », comme d'autres se disent « bien dans leur peau ». C'est un fait que les frontières de la France n'ont pratiquement pas bougé depuis trois siècles et demi, à l'exception de la parenthèse de 1870-1918 pour l'Alsace-Lorraine, du rattachement de la Corse en 1764, et de la Savoie et du comté de Nice sous le Second Empire, qui sanctionnaient en fait une intimité déjà ancienne.

Mais c'est le troisième ingrédient qui alimente le sentiment « central » qu'éprouvent les Français, et qui entretient chez eux le souvenir obsédant du moment où ils suscitaient l'intérêt et l'admiration du reste du monde, je veux dire le rayonnement éclatant, et effectivement dominant, de la civilisation et de la culture françaises pendant la presque totalité des XVIIe, XVIIIe et XIXe siècles.

Quand je parle du reste du monde, je pense évidemment à la partie du globe qui participait activement à la vie internationale. Elle s'étendait alors de l'océan Pacifique à l'Oural, avec un prolongement en Amérique latine.

La suprématie française s'affirmait dans la plupart des matières de la civilisation. L'art du mobilier et de la décoration était presque exclusivement français, et on en trouve toujours la trace dans les catalogues des grandes ventes publiques. Les responsables d'une des maisons de ventes internationales me confiaient que, dans les années récentes, 85 % de leurs ventes portaient sur des œuvres, des meubles, ou des objets de provenance française. L'architecture de nos palais était copiée, avec plus ou moins de bonheur, dans les capitales étrangères, à Madrid, Potsdam ou Vienne. La cuisine était déjà un raffinement typiquement français. Mais c'est surtout dans le domaine intellectuel, et par l'usage de la langue, que s'affirmait la supériorité de notre pays.

La pratique du latin se confinait peu à peu à l'activité religieuse et à des travaux d'érudition ; l'anglais n'était encore parlé que par les Britanniques, les cadres administratifs de leur Empire et les quelques millions de colons américains ; les élites allemandes, russes, et latino-américaines s'exprimaient et écrivaient exclusivement en français. Il a fallu attendre Pouchkine pour qu'à partir des années 1820 les écrivains russes commencent à abandonner le français pour composer leurs œuvres en langue populaire russe. Dans les romans plus tardifs de Tolstoï, les héros s'expriment souvent en français, sans une seule faute de vocabulaire ou de grammaire.

Cet usage de la langue française était prépondérant dans la politique et la diplomatie. Au XVIIIe siècle, la plupart des chancelleries, dont le ministère russe des Affaires étrangères, rédigeaient leur correspondance diplomatique en français.

Le trait le plus intéressant de cette domination de la langue française consiste en ceci : ce n'était pas seulement l'*usage* de la langue qui était dominant, à la manière d'un esperanto qui se serait imposé, pour des raisons pratiques, dans les relations internationales, mais le fait que la langue véhiculait avec elle une forme de culture, un certain raffinement de la politesse et un ensemble de formules et de principes, qui étaient à la fois typiquement français et à dimension internationale. Le résultat en était que les grands hommes de lettres ou les philosophes français étaient considérés comme des personnages mondiaux, dont le message intéressait toute l'humanité de leur temps. Cela a été vrai de Voltaire à Victor Hugo. Ils n'étaient pas les seuls de leur temps, car Goethe ou les philosophes allemands et anglais atteignaient le même niveau de réputation, mais le groupe des Français, « l'école française » si je puis dire, jouissait d'une prédominance incontestable.

Cet état de fait a progressivement instillé dans notre jugement et dans notre comportement l'idée que notre pays constituait une sorte de noyau central du débat historique et politique du monde. D'où cette tentation de croire que la France constitue bien le centre du monde.

A y regarder de près, cette conviction, disons même cette prétention, a été justifiée. Depuis quand et jusqu'à quand ? Les dates ne sont évidemment pas nettes. On peut en situer le début dans ce que nous appelons le Grand Siècle, et qui commence, en réalité, vers 1630, avec le principe de l'« intérêt national », énoncé par le cardinal de Richelieu. C'est ce qu'établit Henry Kissinger dans son remarquable ouvrage : *Diplomatie.* Quant au déclin de cette position, il a été progressif, et s'étend sans doute depuis les défaites de Napoléon et le Congrès de Vienne, jusqu'à l'armistice de 1918, où la France a réussi encore à faire briller les feux de son rayonnement mondial.

L'évolution a été graduelle, et tient à des facteurs dont la plupart nous échappent. Les Français acceptent mal cette situation, et, au lieu de la traiter comme une donnée objective de l'état de notre pays, dont on analyse les conséquences, ils préfèrent se fermer les yeux sur elle, ce qui les place dans une position de porte-à-faux, pénible à supporter.

Ils aiment à croire que le français reste la langue mondiale. Mais dans les vols intérieurs de leurs compagnies aériennes, de Paris à Marseille ou à Clermont-Ferrand, dans les trains à grande vitesse, ils peuvent entendre de leurs propres oreilles les annonces de départ et d'arrivée faites successivement en français et en anglais, alors qu'il ne leur arrive jamais de faire la même expérience avec la langue française au cours de leurs trajets dans aucun des grands pays du monde, et même d'Europe. Je me souviens encore de l'impression désagréable que m'a faite cette forme d'annonce lorsque je l'ai entendue pour la première fois. Mais il n'y avait rien à y redire, car cette mesure était justifiée.

L'anglais est devenu la langue commerciale internationale. Le tournant a été pris lors de la Deuxième Guerre mondiale. La tendance a été accentuée par le développement des technologies nouvelles de la communication et de l'information, dont la langue d'usage est l'anglais.

Lorsque le président de l'Assemblée nationale a pris l'heureuse initiative de mettre un moniteur d'informatique à la disposition des députés pour les initier à l'accès à Internet, la plupart des indications portées sur l'écran de mon ordinateur étaient exprimées en anglais. Nos chercheurs scientifiques savent qu'il leur faut désormais, pour communiquer les résultats de leurs travaux, rédiger leurs mémoires en anglais, à l'exception de quelques rares disciplines.

En 1945, il était encore relativement facile de faire reconnaître le français au nombre des trois langues de travail des Nations unies. Aujourd'hui, ce résultat serait impossible à atteindre.

Si l'on se rend dans les librairies de New York, métropole mondiale culturelle, ou de Berlin, là où les maisons d'édition ont longtemps été françaises du fait de l'influence huguenote, il est vain de chercher sur les rayons un seul livre publié en français, et quasi impossible de dénicher des traductions. Seules exceptions à cette règle, les guides de voyage, les livres de cuisine, et les rééditions périodiques de certaines œuvres des grands classiques, de Balzac et Alexandre Dumas jusqu'à Victor Hugo. Les derniers écrivains français qui conservent une réputation mondiale sont sans doute Albert Camus et André Malraux, et leur célébrité tient autant à leur personnalité qu'à leur œuvre.

Peut-être touchons-nous ici un point central de cette évolution. L'immense intérêt suscité par l'œuvre philosophique et littéraire française pendant trois siècles tenait au fait qu'elle s'adressait à l'objet même des grands débats du moment. Chacun se sentait directement concerné.

Les écrits du siècle des Lumières, comme ceux du début du XIXe siècle, abordaient d'une façon nouvelle un problème auquel avaient à faire face la plupart des États du monde : comment passer d'un régime autoritaire ou féodal à un mode de gouvernement démocratique ?

Or la singularité de la France, et la chance pour ses écrivains, est d'avoir parcouru deux fois en cent ans le cycle historique complet : la première fois entre 1789 et 1815, avec la monarchie absolue de Louis XVI, la monarchie constitutionnelle de 1790, la dictature jacobine, le Directoire parlementaire, et l'Empire bonapartiste ; et une deuxième fois, d'une manière quasi identique, entre 1824 et 1876, avec la monarchie restaurée de Charles X, la monarchie constitutionnelle de Louis-Philippe, la révolution républicaine de 1848, le Second Empire de Napoléon III, pour aboutir à l'installation, cette fois définitive, de la IIIe République en 1879. Ainsi les écrivains politiques français pouvaient-ils présenter en vraie grandeur, commenter et critiquer la palette complète des changements de régime possibles. D'où la réputation mondiale de Montesquieu, Voltaire, Diderot et Tocqueville, et, plus tard, d'Auguste Comte, de Renan ou de Taine. De ce fait, leurs observations atteignaient une valeur universelle.

Sur le plan des bouleversements sociaux, les écrivains politiques français ont été parmi les premiers à apercevoir les conséquences de l'industrialisation naissante sur le fonctionnement de notre société et sur les structures de sa population. Ils ont imaginé des systèmes alternatifs, tels Saint-Simon ou Proudhon, et ils ont cherché à éveiller la conscience sociale des dirigeants en décrivant, avec des traits appuyés et émouvants, les conditions de vie inhumaines des travailleurs de la première ère industrielle. D'où la réputation à la fois intellectuelle et affective, française et internationale, de Victor Hugo et d'Émile Zola, comparable à celle de Tolstoï et de Gorki.

La pensée des intellectuels et des écrivains français s'est impliquée dans les grands problèmes de leur temps :

la transition politique du despotisme à la démocratie, et la transformation de la société entraînée par l'industrialisation. Leur originalité tient au fait que la plupart d'entre eux ont été capables de mener de front des activités purement littéraires et des réflexions sur les grands problèmes de leur temps, ce qui leur assurait une double réputation, une sorte de double auréole, composée à la fois de leur talent littéraire et de l'importance des causes qu'ils défendaient.

Aujourd'hui, la pensée française déborde difficilement sur l'extérieur. En dehors des écrits de certains théoriciens de la philosophie, les prises de position des auteurs français ont peu d'impact sur les débats d'idées internationaux. Cela s'explique, je crois, par le fait que les deux sujets d'intérêt qui ont monopolisé leur attention pendant deux siècles, celui de la transition politique et celui de la transformation sociale des pays industrialisés, sont perçus comme étant plus ou moins résolus, et appartenant déjà au passé. En même temps des problèmes nouveaux sont apparus, et les centres d'intérêt se sont déplacés. L'œuvre littéraire et philosophique française retrouvera son influence le jour où elle se dégagera, d'un vigoureux coup d'épaule, des thèmes de débat du début du siècle, ravivés, il est vrai, par les circonstances de l'immédiat après-guerre, et où elle s'intéressera davantage au contenu mystérieux de l'avenir. Les grands intellectuels français, de Voltaire à André Malraux, étaient des théoriciens du futur, ou, si l'on veut, des rêveurs de l'avenir. Dans le monde actuel, cette place reste disponible, même si nous devons la partager avec d'autres. Elle est à prendre.

La réduction de la place de la langue et la perte d'influence de la pensée française dans les débats contemporains sont deux phénomènes qui jouent dans le même sens, même si leurs causes sont distinctes. Elles devraient nous inviter à davantage de sobriété dans l'approche de notre rôle au sein du monde d'aujourd'hui. Ce rôle a changé de contenu, mais pas nécessairement d'importance.

Le refus persistant du réel

Vis-à-vis de cet effacement du rôle central de la France, la première réaction des dirigeants politiques est de le nier, les uns par simple démagogie pour flatter la vanité des Français, les autres d'une manière plus sincère en imaginant qu'en affirmant la suprématie de la France ils contribuent peut-être à en rétablir les conditions.

Il faut mettre à part le rôle du général de Gaulle. Pour lui, qui avait été témoin du désastre militaire de 1940 et de l'occupation du territoire national qui a suivi — la plus complète et la plus durable depuis la période des grandes invasions des peuplades germaniques et asiatiques (car même la guerre de Cent Ans avait épargné le centre et le sud-est de la France !) —, son objectif était de rétablir la France au niveau qu'elle tenait parmi les puissances victorieuses de la Première Guerre mondiale. Ses appels à la grandeur française visaient une pédagogie précise : rendre à la France la place que sa défaite lui avait fait perdre. Et son contentieux avec les États-Unis et la Grande-Bretagne avait pour but de regagner la parité d'influence que nous connaissions avec ces pays dans l'avant-guerre. Le général de Gaulle ne cherchait pas à entretenir une illusion : il visait à rétablir une situation.

Les dirigeants politiques qui travestissent aux yeux de l'opinion la place réelle de la France dans le monde utilisent deux artifices : l'un est risible, l'autre est pervers.

Le premier — le risible — consiste à entretenir les Français dans l'illusion qu'il existe un « exemple français », que les autres pays nous envient et qu'ils s'efforcent d'imiter. Cela me fait de la peine de blesser ceux de mes compatriotes qui se sont laissé griser par cette chimère — ou qui l'ont applaudie sur les bancs de l'Assemblée nationale ! —, mais j'ai le devoir de leur dire que, pendant toutes ces dernières années où ma liberté retrouvée — bien contre mon gré d'ailleurs ! — m'a permis de parcourir le monde, je n'ai vu ni entendu nulle part, dans aucun éditorial ni dans aucune conférence, de référence à ce fameux exemple français, et je n'ai rencontré aucun de ces imitateurs qui s'emploieraient ardemment à le reproduire. Je fais appel, pour confirmer ce témoignage, à tous nos compatriotes, jeunes ou moins jeunes, qui exercent leur activité à l'extérieur de nos frontières.

Précisons bien un point : le fameux « exemple français » dont ont parlé nos anciens Premiers ministres se situe dans le domaine politique. Et c'est lui qui rencontre un scepticisme, ou plutôt une indifférence, quasi universels. En revanche, il subsiste une opinion largement répandue à l'extérieur, selon laquelle la manière de vivre des Français serait une des plus agréables du monde, et qu'elle vaut la peine d'être découverte. Ce bien-vivre de la France ne se limite pas à ses aspects matériels, mais comporte des traits de civilisation, tels que la tolérance et la discrétion dans l'exercice des libertés individuelles. Il constitue un atout fort pour notre pays, sur lequel j'aurai l'occasion de revenir.

L'artifice pervers est celui qui voudrait faire croire à l'existence d'une « exception française ». Si je qualifie cet artifice de pervers, bien qu'il soit largement utilisé, c'est qu'il engage l'esprit des Français sur une fausse piste, selon laquelle nous aurions le pouvoir de nous soustraire aux contraintes qu'acceptent ou que subissent les autres. Par un effet mystérieux de notre alchimie psychologique et sociale, les lois quasi scientifiques qui régissent la plupart des activités économiques — compétitivité, concurrence, coût du travail, mode de formation des prix — ne s'appliqueraient pas à la France, du moins pas dans des conditions identiques à celles des autres. D'où l'exception française.

On cherche vainement l'explication rationnelle de cette exception. Elle me fait penser à cette observation d'un scientifique anglais, qu'un de nos professeurs de physique de l'École polytechnique nous avait citée dans un moment de détente, aussi délicieux que rare dans son enseignement :

« Ce qu'on appelle les violations des lois de la nature ne sont généralement que leur vérification. Si quelqu'un qui conteste la loi de Newton se penche par la fenêtre et qu'il tombe, sa chute s'effectue selon la loi de la gravitation universelle. »

L'inconvénient de pousser les Français dans la direction de l'« exception française », c'est de les éloigner encore davantage de l'acceptation du réel. Ce *refus du réel*, c'est-à-dire ce manque de goût pour un recensement méthodique des données et pour leur étude attentive, avant toute prise de position et toute formulation de conclusion, est le second courant qui alimente, je crois, le déclin politique de la France.

*

La perception entretenue par les dirigeants français que la France occupe le centre du monde a des conséquences négatives sur notre politique extérieure, et sur l'action de notre diplomatie.

Dans ce domaine très particulier, l'idée que nous nous faisons de notre attitude, ou de nos initiatives, vis-à-vis des autres doit se comparer aux jugements que portent les autres sur notre conduite. Ils se révèlent très différents. Malheureusement chacun de nos compatriotes ne peut lire que la presse de notre propre pays ou regarder que les médias nationaux. Il lui est plus difficile d'être informé des réactions qui s'expriment à l'extérieur, dont l'accès est moins aisé, bien que les nouveaux moyens de communication tendent à modifier cette situation.

La politique extérieure de la France paraît souvent inspirée par l'obsession de jouer un rôle. Il n'y a pas d'événement qui se déroule quelque part dans le monde où nous ne nous posions la question : quel doit être le rôle de la France ? Il y a de cela quelques années par exemple, nous avons déployé d'intenses efforts diplomatiques pour nous faire admettre au sein de la nouvelle « Conférence du Sud-Est asiatique », où notre présence n'était pas souhaitée et où la géographie ne l'imposait guère.

Comme président de la Commission des Affaires étrangères, après le triomphe électoral de la droite et du centre en 1993, j'ai essayé d'ouvrir ce débat. Ma démarche consistait à faire établir par cette Commission un rapport sur les conditions d'intervention militaire de la France à l'extérieur, en cherchant à définir avec davantage de précision la notion d'« intérêt national de la France ».

On assistait en effet à une multiplication des actions militaires, tantôt décidées conjointement, tantôt engagées isolément, souvent sous la pression des émotions suscitées par les images des médias, et sans qu'une ligne nette soit tracée entre les circonstances qui justifiaient une réaction militaire de notre part et celles où il était préférable de s'en tenir à une opération conduite par la communauté internationale.

Ce rapport a été confié à l'ancien ministre des Affaires étrangères, Jean-Bernard Raymond. C'est un homme sage, posé, qui a une expérience diplomatique complète, et qui a travaillé auprès du président Pompidou sur les dossiers de politique extérieure. Sa mission d'étude était composée de parlementaires des différents groupes de la majorité et de l'opposition.

J'ai demandé au rapporteur de venir me faire part de ses conclusions. Je m'attendais à ce qu'elles contiennent une première définition de l'intérêt national de la France : le cas où notre territoire national serait directement menacé. Et ensuite, deux niveaux possibles : d'abord celui où la sécurité des personnes ou de nos intérêts économiques vitaux seraient en danger, ou encore le cas de la mise en jeu d'un traité d'alliance que nous aurions contracté ; et, ensuite, celui où les événements internationaux en question, en raison de leur éloignement ou de leur nature, ne mettraient pas en jeu l'intérêt national de la France, et ne justifieraient pas une intervention militaire de notre part.

Son évaluation était différente : toute situation dans le monde, où qu'elle se produise, pouvait éventuellement mettre en jeu l'intérêt national de notre pays.

Malgré mon insistance, je n'ai pas réussi à modifier sa position. Il n'acceptait pas de définir les cas, ou les zones du monde, dans lesquels l'intérêt national de la France ne risquait pas d'être menacé. Cet homme doux, et cet esprit honnête, défendait avec un entêtement inébranlable la conviction qu'il pouvait se produire, partout dans le monde, des situations où notre intérêt national justifierait l'action de nos forces militaires.

J'ai renoncé à le persuader, et ce rapport est resté sans suite, mais cette expérience a confirmé chez moi le sentiment qu'il existait dans les meilleurs esprits une impossibilité de cerner les intérêts vitaux de notre pays, qui ne se confondent pourtant pas avec la multitude des situations politiques, ethniques, sociales, ou religieuses qui peuvent se rencontrer dans l'ensemble du monde.

Une logique dépassée

Un deuxième exemple de cette perception déformée de la réalité internationale est la manière dont le milieu politique réagit devant les problèmes hérités de l'ère coloniale. Un cas typique est celui de l'île de Mayotte.

Comme président de la République, j'ai souhaité mettre fin à des situations où la présence politique de la France ne répondait à aucune réalité historique ou culturelle. Cela a été le cas du territoire français des Afars et des Issas. Cette ancienne « Côte française des Somalis » est peuplée à 96 % de musulmans chaféites, et a été acquise dans les années 1880, pour des raisons stratégiques, propres à l'époque. Ce territoire a pu devenir en 1977, après une dure bataille politique, la république de Djibouti, dont l'indépendance a été approuvée par 98,7 % des votants. Ainsi la France s'est-elle mise à l'écart des déchirements qui ont affecté depuis la corne de l'Afrique.

La situation était analogue pour l'archipel des Comores, situé dans le canal du Mozambique, entre Madagascar et l'Afrique. Cet archipel est constitué de quatre îles, islamisées depuis le XIIe siècle, et constituant des émirats séparés. Après l'achat de Mayotte en 1841, la France a occupé, puis finalement annexé les trois autres îles, parallèlement à la colonisation tourmentée de Madagascar. Suivant une période de rattachement à Madagascar, les Comores acquièrent leur autonomie en 1947, et la confirment en 1958.

En 1972, l'Assemblée locale demande l'indépendance. La France n'ayant aucun motif de s'y opposer, un référendum sur l'indépendance est organisé en décembre 1974. 95 % des Comoriens se prononcent pour l'indépendance, mais, dans l'île de Mayotte, la troisième par l'importance de sa population, les « non » l'emportent sur les « oui ». L'Assemblée des Comores proclame en 1975 l'indépendance des quatre îles, mais Mayotte refuse de reconnaître cette décision. Le Parlement français entérine l'indépendance des Comores, et laisse à Mayotte le choix de son statut : dans un nouveau référendum, les habitants de Mayotte confirment massivement leur désir de rester dans la République française. Il faut dire que, dans le nouvel État comorien, le Président a été déposé par un Comité révolutionnaire qui adopte des mesures extrêmes. L'ONU admet les Comores comme membre des Nations unies, en insistant sur la nécessité de respecter l'unité de l'archipel, composé de quatre îles, dont Mayotte. Puis, en 1976, l'Assemblée générale condamne les référendums organisés à Mayotte, et demande à la France de se retirer immédiatement de l'île.

A partir des années 1980, les résolutions annuelles de l'Assemblée générale, adoptées à une large majorité, invitent le gouvernement français à « accélérer la négociation en vue de rendre effectif le retour de Mayotte dans l'ensemble comorien ».

Pendant ce temps, la France fait le gros dos, entraînée par cette partie du milieu politique qui affirme que « nous n'avons pas le droit d'abandonner une population qui demande à rester française ».

Nous touchons du doigt notre perception inexacte de la réalité mondiale. Cette population ne demande pas à « rester française » ! Le fait est qu'elle refuse de se placer sous le joug du reste des Comores. Et on la comprend ! Cet archipel, dont Mayotte a jadis été la capitale, a été le théâtre, depuis son indépendance, de secousses successives. Un Comité national révolutionnaire prend le pouvoir, brûle les archives, abaisse l'âge électoral à quatorze ans. Les deux premiers présidents sont déposés, puis assassinés. On comprend que les habitants de Mayotte préfèrent la sécurité de la présence française.

Au lieu de maintenir une position défendable, mais qui ne resterait valable que pour une période limitée, position consistant à laisser le choix à Mayotte entre un retour immédiat dans l'ensemble comorien ou le maintien d'une posture d'attente, durant laquelle le rôle de la France se limiterait à la protéger contre les aventures extérieures, la France s'enferme peu à peu dans une logique irréaliste. Elle dote Mayotte d'un député, puis d'un sénateur, si bien que les cinquante mille habitants de Mayotte sont davantage représentés au Parlement que tout autre segment de la population française ! Et certains poussent l'absurdité jusqu'à proposer d'en faire un département, ce que ni la territorialité, ni la culture, ni la durée de la présence française, ne justifient. Et cette décision entraînerait une condamnation sévère et répétitive de notre pays par l'Assemblée générale des Nations unies, sans que l'intérêt national de la France et son image internationale n'aient rien à y gagner.

Ceci n'est qu'un exemple de portée réduite, sans doute, mais qui illustre bien la manière dont une partie du milieu politique, utilisant une rhétorique nationale déformée, tient en otage l'opinion en l'empêchant de tirer les conséquences de l'évolution en cours dans le monde.

*

Cette obsession du « rôle à jouer » nous conduit à un hyperactivisme verbal, et à l'obsession des « initiatives ».

Il n'y a guère de situation dans le monde sur laquelle nos dirigeants — et je me suis compté parmi eux ! — ne se croient pas qualifiés pour exprimer une « réaction », pieusement recueillie par les micros des médias, ou pour formuler des recommandations — qui ont peu de chance d'être entendues.

Le catalogue des « initiatives » françaises mériterait d'être établi. Il suffirait à remplir une des tours, ou un des pieds de commode, de la Grande Bibliothèque. L'habitude en était déjà prise sous la IVe République. A chaque Assemblée générale des Nations unies, et généralement avec un gouvernement différent, on assistait à la présentation d'un « plan français ». Certains de ces plans étaient extraordinairement généreux, notamment pour l'aide aux pays en développement, et le plus cocasse était d'assister aux efforts déployés ensuite par la délégation française, en raison des difficultés financières de notre pays, pour retarder ou diluer l'application de ce plan, auquel nous serions hors d'état de participer, bien qu'il ait été présenté dans une session précédente comme une initiative française !

Je n'ai pas échappé à cette tentation, car je pensais, et je pense toujours, que la France a une aptitude particulière, au sein de la communauté internationale, pour concevoir et pour proposer des initiatives de portée générale qui répondent aux nécessités du moment. Mais je m'étais imposé une règle rigoureuse : ne jamais prendre d'initiatives qui n'aient de chances réalistes d'aboutir ! Autrement ces initiatives, qui résonnent comme un coup de bâton sur le creux d'un bidon, se retournent contre nous en donnant l'impression que nous n'avons pas une perception réaliste de la situation internationale, et que nous cherchons à tout prix à nous donner l'apparence d'un rôle qui excède nos moyens.

Au moment de lancer la Conférence de Rambouillet, en novembre 1975, conférence qui devait donner naissance au G7 (groupe des sept pays les plus industrialisés) — qui poursuit toujours ses « sommets » annuels —, je m'étais assuré que ce projet recevrait le soutien de l'Allemagne et celui des États-Unis, grâce à Helmut Schmidt et à Henry Kissinger. Dès lors, les risques d'échec étaient réduits.

De même l'initiative du dialogue Nord-Sud, pour atténuer les effets dévastateurs du premier choc pétrolier, avait fait l'objet d'une préparation diplomatique soigneuse, menée par le ministre des Affaires étrangères, Jean Sauvagnargues, et notre représentant permanent aux Nations unies, Louis de Guiringaud. Quatorze mois plus tard, j'ai fait la proposition de réunir trois groupes de pays, les États producteurs de pétrole, les pays consommateurs industrialisés, et les pays consommateurs en voie de développement ; la Conférence Nord-Sud s'est réunie le 16 décembre 1975, dans le salon de l'hôtel Majestic, avenue Kléber, à Paris. Je garde encore en mémoire le déroulement de cette rencontre. Les efforts de notre diplomatie, auxquels s'étaient joints ceux des dirigeants saoudiens entraînés par le prince Fahd, aujourd'hui roi d'Arabie Saoudite, avaient abouti à la désignation de deux coprésidents, nommés l'un par les pays industrialisés membres de l'OCDE, et l'autre par les pays en développement, membres du « Groupe des 77 ».

Les pays en développement étaient au nombre de dix-neuf, dont les sept pays producteurs de pétrole membres de l'Opep ; quant aux pays industrialisés, ils comptaient neuf États, dont les États-Unis, le Japon, le Canada, et la Communauté européenne. Celle-ci venait de décider pour la première fois de constituer une seule délégation.

Seuls absents de marque : les pays du groupe soviétique. Guerre froide oblige ! Lors de ma visite en Algérie, au mois d'avril, j'avais obtenu du président Boumedienne qu'il surmonte ses réticences et celles de son ministre des Affaires étrangères, Abdelaziz Bouteflika, et que l'Algérie participe à la réunion. La Conférence a décidé la création de quatre commissions. La Commission de l'Énergie était coprésidée par les États-Unis et l'Arabie Saoudite, celle du Développement par l'Algérie et la Communauté européenne. Désignations hautement symboliques ! Le dialogue Nord-Sud était bien lancé. Il se poursuivra jusqu'à la fin des années 1970.

Si j'ai insisté sur cet exemple, c'est peut-être par l'effet d'une nostalgie personnelle, mais c'est aussi pour souligner les conditions qui permettent à une initiative française d'aboutir. La France n'est plus en situation d'imposer, mais elle peut proposer. Elle doit prouver que sa démarche n'est pas isolée, et qu'elle peut réunir un nombre suffisant de partenaires, qu'elle souhaite sincèrement y associer. Enfin elle doit veiller, je crois, à éviter deux périls : celui que sa propre situation, politique ou budgétaire, vienne contredire la solution qu'elle avance, et celui de voir sa proposition tomber dans le vide, faute de préparation suffisante.

Deux exemples illustreront ces dangers : celui de la proposition d'aide massive au développement, faite à Cancun en 1982, par François Mitterrand, proposition généreuse mais suivie, dans les deux ans, par deux dévaluations du franc ; et l'initiative de réunir une nouvelle conférence internationale pour la paix au Proche-Orient, avancée en 1997 au Caire par le président de la République et par le président Moubarak, à laquelle les États-Unis et Israël n'ont répondu que par une indifférence narquoise.

L'emplacement de la France dans le monde

Pourtant la configuration du monde actuel ne devrait pas nous pousser à la mélancolie. Si elle met un terme à l'illusion, trop longtemps flattée, que nous en occupons le centre, elle ouvre un espace intéressant et novateur pour l'action d'un pays tel qu'est devenu aujourd'hui le nôtre.

Que voit-on, en effet ? Une seule superpuissance, dominante dans tous les domaines : militaire, financier, technologique, et même, quoique ce soit un usage étrange du mot, culturel, du moins pour ce qui est de la culture de grande consommation. Cette situation est apparue depuis la dislocation de l'Empire soviétique, seule autre superpuissance militaire. Elle existait sans doute déjà auparavant, mais elle était en quelque sorte masquée par l'extraordinaire décor en trompe l'œil de la puissance militaire soviétique. Lorsque celui-ci s'est effondré, dans un fracas qui a laissé le monde pantois, on a découvert un nouveau paysage : face aux décombres de la deuxième superpuissance, il ne s'en dressait plus qu'une seule : les États-Unis d'Amérique.

Cette situation est appelée à se prolonger, car derrière cette unique superpuissance, figurent deux ensembles à population massive, en route vers le milliard et demi d'habitants, la Chine et l'Inde, mais qui restent encore, malgré des performances brillantes, à un stade intermédiaire de leur développement. Elles ne pourront exercer leur pleine responsabilité que dans plusieurs décennies — cinquante ans, diraient les Chinois — et à condition qu'elles ne connaissent pas dans l'intervalle des remous qui en retarderaient l'échéance.

A côté de ces deux ensembles du futur, ou plutôt légèrement devant, on trouve le groupe constitué par les pays les plus industrialisés à population moyenne, entre 120 et 60 millions d'habitants. Ce sont dans l'ordre le Japon, l'Allemagne, et la France. La France occupe le troisième rang dans ce peloton, avec une population inférieure de moitié à celle du Japon, et une puissance économique inférieure d'un tiers à celle de l'Allemagne.

Et c'est ensuite, mais à courte distance, que figure le groupe des pays industrialisés tels que la Grande-Bretagne, l'Italie, et l'Espagne, puis celui des grands pays émergents dont le Brésil et le Mexique.

Cette énumération appelle tout de suite quelques remarques. Le problème essentiel pour la France est de continuer à figurer dans le « Groupe des trois », ce qui nous impose un effort déterminé de rattrapage. Ce n'est pas dans ce groupe, soyons réalistes, que nous classe l'opinion mondiale. Si l'on parcourt la presse régionale américaine, ou celle du Sud-Est asiatique, on y trouve les cours du yen et du deutsche Mark ; jamais ceux du franc. Le consensus général est de nous placer, généralement en bon rang, dans le groupe des pays qui nous suivent.

Je me souviens du moment où j'ai proposé au général de Gaulle de nous donner pour objectif de dépasser le potentiel économique de la Grande-Bretagne, située alors nettement devant nous. De Gaulle m'a regardé avec le strabisme convergent de ses yeux, dont les photos rendent mal compte, et m'a répondu : « C'est une idée intéressante, vous pouvez toujours essayer ! »

Aujourd'hui, selon les statistiques européennes des années dernières, le produit intérieur brut de la France dépasse sensiblement celui de la Grande-Bretagne. Au cours des années 1999 et 2000, les facteurs purement monétaires, constitués par la baisse de 15 % de l'euro et la hausse de la livre, ont inversé apparemment ce résultat. Mais la tendance lourde reste la même.

Un objectif prioritaire de la politique économique de la France, pour les années à venir, devrait être de réduire notre écart de puissance économique par rapport au Japon et à l'Allemagne. Ce n'est pas celui que se donne la France aujourd'hui, même si notre taux de croissance actuel nous en rapproche. L'objectif collectif que nous poursuivons paraît être celui de prolonger, aussi longtemps que nous le pourrons, les avantages acquis par les secteurs protégés de notre économie. C'est un objectif compréhensible sur le plan des personnes concernées, mais qui est dépourvu de sens, c'est-à-dire de perspective durable, sur le plan de l'intérêt de la collectivité.

Une certaine réduction de notre écart de puissance économique par rapport aux deux pays qui nous précèdent se trouve à notre portée. Les facteurs démographiques jouent en leur défaveur. Ils vont peser d'un poids sévère sur le Japon. Les projections officielles du gouvernement japonais indiquent que la population va baisser fortement : de son niveau actuel de 126 millions, elle tomberait à 100 millions en 2050, et à 67 millions en 2100 ! De même la population active baisserait d'environ 650 000 personnes par an pendant les cinquante prochaines années. Ces mêmes facteurs auront un impact négatif sur l'Allemagne, dont le taux de fécondité des femmes se situe à un niveau nettement inférieur à celui qui serait nécessaire pour assurer le renouvellement de la population, et qui connaît dès maintenant un vieillissement de sa population qui sera celui de l'Europe dans vingt ans.

De son côté, la France dispose d'une marge de croissance qui pourrait être assez facilement mobilisée.

Je pense qu'au prix de quelques mesures appropriées, amorcées par une réduction des charges collectives répartie entre celles qui frappent les bas salaires et celles qui pénalisent l'épargne investie, et financée par un effort d'économies budgétaires — qui reste possible quand on pense au coût excessif des services administratifs accumulés et enchevêtrés sur le plan local —, nous pourrions assister à une véritable explosion de croissance. Nous nous situerions aisément au niveau de croissance de l'Espagne.

L'existence de cette marge de croissance tient en partie à la réserve accumulée pendant les cinq années, de 1992 à 1997, où la France a poursuivi imperturbablement une politique déflationniste, malgré mes mises en garde publiques et privées, qui n'ont pas réussi à ébranler les certitudes des hauts responsables politiques, politique caractérisée par un taux de change surévalué, heureusement corrigé depuis l'entrée en vigueur de l'euro. Elle peut aussi tirer parti d'un développement plus rapide des services et des technologies nouvelles, domaines dans lesquels on assiste à la naissance d'une nouvelle génération d'entrepreneurs, particulièrement créatifs et dynamiques.

*

Cette configuration internationale montre que l'intimité franco-allemande, telle qu'elle a fonctionné pendant une vingtaine d'années, depuis 1974, n'était pas une simple chimère, ou le résultat des penchants personnels de certains dirigeants. Elle visait, en fait, à créer le deuxième pôle de croissance économique du monde occidental, loin derrière les États-Unis, certes, mais devant tous les autres. Cela lui donnait vocation à peser sur les décisions, ou à prendre des initiatives. On l'a vérifié à propos de la création du G7. On l'avait déjà constaté dans le déroulement des événements monétaires qui ont mis fin, dans les années 1970, au système de Bretton Woods.

La dévaluation du dollar, le flottement concerté des monnaies, puis les décisions qui ont abouti à la création du Système monétaire européen, et à l'adoption de l'euro, ont été largement redevables de la contribution commune franco-allemande.

*

La France est encore prisonnière d'une tradition diplomatique à vocation tous azimuts, qui répugne à faire des choix — dans lesquels elle croit voir des renoncements.

Le résultat pratique en est une dispersion de ses moyens, forcément limités, qu'ils soient financiers ou politiques, et un manque de lisibilité de son action. Vouloir être présent partout, intervenir sur tous les sujets, conduit à exercer peu d'influence sur le cours réel des événements. La règle de l'égalité de l'action et de la réaction s'applique en diplomatie, comme en physique. La politique étrangère, lorsqu'elle est menée par des hommes politiques et non par des bureaux, consiste précisément à faire des choix : choix d'alliance lorsqu'il existe une menace militaire, choix de relations privilégiées, s'il s'agit de bâtir le socle de notre influence future. C'est ainsi que la France n'a pas su faire, dans la dernière décennie, des choix diplomatiques qui paraissaient pourtant évidents : établissement de liens serrés avec la Pologne dès le lendemain de la chute du mur de Berlin ; coopération politique et économique étroite avec l'Espagne, à partir du moment où son nouveau gouvernement prenait l'option de faire partie de la zone euro.

Trois sujets prioritaires devraient, me semble-t-il, retenir notre attention dans les décennies à venir. Il s'agit de nos relations avec les États-Unis, de notre participation à l'Union de l'Europe, et de notre attitude de disponibilité vis-à-vis des changements en cours dans le monde, qui affecteront successivement l'Asie et l'Afrique. Notre manière d'analyser et d'agir doit s'appuyer sur une évaluation juste de notre situation et de nos moyens, menée sans complaisance, mais avec le confort que donne le sentiment d'appartenir à une nation sûre de son identité, bien ancrée sur son territoire, et riche d'un patrimoine historique et culturel exceptionnel.

L'indépendance partenariale

Les États-Unis d'Amérique sont devenus, et pour longtemps encore — jusqu'à l'entrée en scène ultérieure de la Chine —, la seule superpuissance mondiale. Je pense que l'appellation de mégapuissance serait plus appropriée, car elle constate l'existence d'une dimension objective, alors que le terme de superpuissance évoque une notion de supériorité, c'est-à-dire de domination.

C'est une mégapuissance amie. Au risque de radoter, rappelons que nous avons contribué à son indépendance. Je me suis rendu sur place, en 1976, pour célébrer au nom de la France le bicentenaire de l'indépendance des États-Unis. Les États-Unis eux-mêmes sont venus deux fois à notre secours : en 1917, où l'arrivée de leur contingent en Lorraine a fait s'évanouir le dernier espoir de victoire militaire allemande, et en 1944, vingt-sept ans plus tard, lorsque le débarquement en Normandie, meurtrier pour leurs forces, a engagé la libération de notre territoire. Les images superbes du film *Il faut sauver le soldat Ryan*, de Steven Spielberg, illustrent le caractère dramatique et héroïque de l'intervention américaine.

Nos convictions démocratiques sont semblables, et se sont d'ailleurs inspirées les unes des autres. Nous partageons le même attachement aux libertés fondamentales et au respect des Droits de l'homme.

Tout ceci devrait nous conduire à des relations sans nuages. Malheureusement, il existe l'inégalité de puissance, et l'usage que les États-Unis feront de la leur.

Un trait surprenant de la situation actuelle tient au fait que les États-Unis disposent de la mégapuissance, mais qu'ils n'ont pas de mode d'emploi connu pour en codifier l'usage.

Dans le passé, les États-Unis ont formulé à plusieurs

reprises les principes de leur politique étrangère. On a connu la doctrine Monroe, par laquelle le président James Monroe indiquait en 1823 « que les États-Unis s'opposeraient, au besoin par la force, à toute ingérence extérieure dans l'hémisphère des Amériques ». Puis la doctrine Wilson, à la fin de la Première Guerre mondiale, qui se fixait pour objectif la sécurité collective mondiale [1]. La pensée wilsonienne a été résumée par Henry Kissinger dans les termes suivants : « Le wilsonisme considère que l'Amérique est dotée d'une nature exceptionnelle, sous la forme d'une vertu et d'un pouvoir sans égal. Les États-Unis ont une telle confiance dans leur puissance et dans la valeur morale de leurs objectifs, qu'ils peuvent envisager de se battre pour leurs valeurs à une échelle mondiale. »

En février 1946, face à la menace soviétique, le théoricien George Kennan proposait, dans un document connu sous le nom de *Long Télégramme*, ce qui allait devenir la fameuse doctrine du *containment* [2].

La fin de la guerre froide a pris la diplomatie américaine de court. Le président George Bush a parlé d'un « nouvel ordre international ». Mais ce concept n'a toujours pas été défini, et les relations avec l'Organisation des Nations unies sont passées par des phases contradictoires. Récemment, la secrétaire d'État, Madeleine Albright, a introduit la référence à un nouvel élément, celui de « l'intérêt national des États-Unis ».

Quand on interroge les responsables américains sur

1. Le président Woodrow Wilson obtint notamment que la création de la Société des Nations fût inscrite dans le traité de Versailles qui mettait fin à la Première Guerre mondiale.

2. Elle développait l'idée selon laquelle les États-Unis devaient exercer de fortes pressions, par tous les moyens appropriés, chaque fois que l'URSS tenterait d'étendre son influence politique.

cette absence de formulation de la politique étrangère de leur pays, ils ne s'en montrent ni surpris, ni troublés. Ils ne proposent pas de réponse, même les plus inventifs d'entre eux.

Un ministre des Affaires étrangères européen m'a fait ce commentaire : « Mais si ! les États-Unis ont bien une doctrine diplomatique : c'est la perception de leur puissance. Ils n'éprouvent pas le besoin de s'en donner une autre. »

A cette remarque, de ton cynique, j'apporterai une retouche. Si, en effet, la situation de puissance paraît suffisante aux États-Unis pour guider leur politique extérieure, c'est qu'ils continuent de baigner dans le concept wilsonien, selon lequel il existe un bien et un mal dans les relations internationales, que les États-Unis sont particulièrement aptes à distinguer. Le bien se caractérise aujourd'hui, selon eux, par la tenue d'élections démocratiques, le respect des Droits de l'homme, et le libre accès aux marchés commerciaux. La puissance américaine se met spontanément au service du bien et s'oppose à l'action des forces mauvaises, qui cherchent à empêcher d'atteindre ces objectifs.

Vis-à-vis de cette attitude, que peut être le comportement de la France ?

Les dirigeants français, à la différence d'autres, s'interrogent sur la ligne à suivre, et il faut leur en reconnaître le mérite. Ils le font parfois à partir de réminiscences inadaptées : le rappel de l'affirmation d'indépendance du général de Gaulle, par rapport à la tutelle que souhaitait lui imposer le président Roosevelt, ou le préjugé hostile au capitalisme américain, jugé brutal et antisocial. Le résultat de leurs réflexions les conduit vers une attitude, non formulée explicitement, qui vise à contenir la puissance américaine par le recours aux institutions internationales. L'Onu serait l'instrument approprié pour contrecarrer les excès de puissance des États-Unis. Il en irait de même, mais avec un doute sur son degré d'indépendance, de l'Organisation mondiale du commerce. Dans cette démarche, la France s'efforce d'obtenir le soutien, souvent hésitant, de ses partenaires européens.

Je ne suis pas persuadé de la justesse de cette attitude. Il s'agit fondamentalement d'une posture d'opposition, même si on cherche à l'enrober du sucre des mondanités internationales, ou du recours à l'inepte expression médiatique selon laquelle, lors des rencontres entre les dirigeants des deux pays, « le courant est passé ».

Cette opposition, si elle flatte certains de nos instincts, présente plusieurs inconvénients. D'abord elle est usante, car elle est obligatoirement répétitive. Ensuite, elle nous enferme dans une image négative que nous attribue déjà l'opinion internationale, et qui est désormais largement partagée, comme j'ai pu le constater, par l'opinion publique américaine. Celle-ci s'interroge sur les motifs de notre attitude sans réussir à les apercevoir. Enfin, elle soumet à tension nos relations avec nos partenaires européens, souvent réticents à nous suivre, et décidés à éviter, en tout état de cause, de pousser trop loin la confrontation.

Il me semble qu'une autre voie mériterait d'être explorée : celle de la gestion partenariale de notre indépendance. La démarche partirait d'un rapport à établir d'une part entre notre indépendance, fondée sur la force de notre identité, le fonctionnement équilibré de notre société et de notre économie (à conforter !), et, d'autre part, le positionnement sans équivoque de notre politique étrangère en faveur des valeurs démocratiques. Vis-à-vis de la mégapuissance, nous n'avons à ressentir ni préjugé, ni hostilité, puisque nos principes politiques sont identiques, mais il doit être entendu que nous restons maîtres de notre ligne de conduite. Nous ne pratiquons pas un suivisme automatique, et nous examinons au cas par cas, dans un esprit partenarial, le contenu et les limites de nos actions. Nous nous réjouissons lorsqu'elles convergent avec celles conduites par notre partenaire américain. Quand elles divergent, nous recherchons la possibilité d'un compromis raisonnable. S'il est impossible à trouver, nous maintenons notre position, avec d'autres pays s'ils partagent notre point de vue, mais sans chercher à organiser une « ligue » adverse.

Cette politique impliquerait une certaine distanciation dans la forme et dans le fond, pour rendre plus visible l'autonomie de la démarche française, mais elle éviterait l'agressivité, qui déforme le message.

Sans vouloir avancer trop loin dans des débats diplomatiques, qui n'entrent pas dans le champ de cette réflexion « burkienne », je me contenterai de dire, à titre d'exemple, que je juge peu compréhensible la démarche discrète de réintégration de nos forces dans l'Alliance atlantique, qui me paraît aller à contre-courant de la ligne de fond de la politique étrangère française. Cette approche réduit inutilement notre autonomie, et donne lieu à des débats sans grandeur sur les compensations que nous cherchons — sans succès — à obtenir. La justification avancée selon laquelle cette réintégration serait un préalable à l'acceptation par nos partenaires d'un progrès en direction d'une défense européenne commune n'est guère convaincante, car le changement « spectaculaire » d'attitude de la Grande-Bretagne sur ce sujet, changement d'ailleurs positif, paraît être sans lien avec l'attitude française concernant l'Otan.

Je souhaiterais que l'opinion internationale puisse déchiffrer peu à peu comme une « indépendance partenariale » la ligne d'action suivie par la France vis-à-vis de la mégapuissance américaine.

La France en Europe

Le deuxième thème important pour la France est son positionnement vis-à-vis de l'Union de l'Europe.

Nous ne rendrons jamais assez justice au courage, à l'imagination et à la clairvoyance de ceux qui ont lancé, sur les cendres encore fumantes des ruines de la guerre, le double message de la réconciliation franco-allemande et de l'Union de l'Europe.

J'ai participé en 1978 à la cérémonie de célébration du trentième anniversaire de l'initiative de Robert Schuman, dans le salon de l'Horloge du Quai d'Orsay. L'émotion des participants n'a été altérée que par l'intervention d'un léger sifflement, dans lequel les services de sécurité, aussitôt en alerte, ont vu l'amorce de l'explosion d'une bombe, et qui s'est révélé n'être que le ronflement d'un Premier ministre européen assoupi par la longueur des discours !

Le projet d'Union de l'Europe des années 1950 à 1980 était brillant et cohérent. Il portait fortement l'empreinte de la France, dont les dirigeants multipliaient les initiatives, et se montraient capables de les conduire à leur terme. Ce projet visait à unir ce qui était semblable en Europe, c'est-à-dire, en fait, les peuples qui avaient fait partie de l'empire de Charlemagne et du Saint Empire romain germanique, et qui s'étaient retrouvés, bon gré, mal gré, dans l'Empire napoléonien. Le rideau de fer de l'occupation soviétique traçait, à l'est, la limite de ce territoire. Évidemment, les flux et les reflux de l'Histoire étaient passés sur ces structures, mais il en subsistait une forte imprégnation identique de civilisation et de culture. L'objectif était de mettre progressivement en commun toutes les formes de participation à la vie internationale, mais en imaginant une formule nouvelle d'organisation politique qui préserve l'identité historique des États.

La France se sentait à l'aise dans ce projet, dont elle assumait largement l'impulsion. L'Allemagne, encore divisée, y voyait un moyen d'effacer les souillures de son histoire récente, et de rejoindre la communauté internationale. L'objectif de cette Union était moderne, convaincant, et même porteur d'enthousiasme pour une grande partie de la jeunesse.

Ce projet a failli réussir ! La sagesse conventionnelle répétait qu'il fallait achever l'ouvrage avant la réunification future de l'Allemagne. Mais, dans les années 1980, les derniers progrès de l'Union, et notamment le contenu à donner à l'Union politique, ont été bloqués par l'opposition inébranlable de Margaret Thatcher. Le chancelier Kohl et le président Mitterrand n'ont pas voulu forcer la décision, et passer outre. Et la réunification de l'Allemagne est intervenue, alors que l'Union de l'Europe restait inachevée.

La situation à laquelle la France et ses partenaires ont désormais à faire face est une situation nouvelle. Il est inutile de vouloir la cacher en répétant des rites anciens.

Cette situation appellera des initiatives stratégiques, c'est-à-dire des projets à long terme. Il ne s'agira plus, en raison des élargissements à venir, d'unir ce qui est semblable, mais ce qui va rester dissemblable. Le degré d'intégration possible sera évidemment plus réduit, par l'effet d'une loi mathématique simple : I x E = Constante. I étant le degré d'intégration, et E le nombre d'États participants. I (niveau d'intégration) x E (nombre d'élargissements) = Constante ! Faute de décisions appropriées, le système risque d'évoluer vers une Conférence des États d'Europe, gérant un large marché, pratiquant une coopération intergouvernementale, mais dotée d'un pouvoir décisionnel faible. Ou encore, ce qui serait pire, vers un enchevêtrement inextricable et coûteux de compétences communes et de compétences nationales, conduisant à son rejet par l'opinion publique, qui passerait progressivement de l'indifférence à l'hostilité.

Le sujet de ces « Reflections » n'est pas d'analyser les chances et les risques de l'Union européenne, mais de voir si les années récentes de vie de l'Union ont un enseignement à nous apporter sur le déclin politique de la France.

*

C'est une réalité, d'abord, que la capacité de proposition et d'innovation de la France s'est affaiblie.

Les premiers projets — le Pool charbon/acier, l'Euratom — ont été le fruit d'initiatives purement françaises. Ils avaient fait l'objet de sondages d'intention auprès de nos futurs partenaires, mais l'équipe qui conduisait la prospection, composée de Jean Monnet, Robert Schuman, Bernard Clappier et de quelques autres, était essentiellement française.

Lorsque le projet s'est élargi à six, il a bénéficié des concours que chacun connaît : le chancelier Adenauer, le président du Conseil Gasperi, le ministre Paul-Henri Spaak. L'action est devenue plus collective, mais les grandes impulsions, positives ou négatives, provenaient de la France.

C'est de la France qu'est venu, hélas, le rejet de la Communauté européenne de défense, le 30 août 1954, sous le gouvernement de Pierre Mendès France. On peut néanmoins estimer que ce projet était alors prématuré.

Les négociateurs français ont joué un rôle déterminant dans la rédaction du traité de Rome, dont le texte résiste toujours à l'usure du temps. De même c'est le général de Gaulle qui a lancé l'idée du traité de l'Élysée, signé en

1962 entre la France et l'Allemagne, traité dont la qualité mérite la relecture, et qui a jeté les bases institutionnelles de l'intimité franco-allemande.

Et c'est également le général de Gaulle qui s'est opposé, contre l'avis de nos cinq partenaires, à l'entrée de la Grande-Bretagne dans la Communauté européenne.

Bref, la France se trouvait au centre du débat européen, et l'alimentait de ses propositions, ou de ses refus.

Cette situation s'est prolongée pendant la décennie 1970, puisque la France s'est fortement impliquée dans les deux avancées ultérieures : le Conseil européen, devenu l'organe central de décision de l'Union, a été créé à l'Élysée en décembre 1974, et l'idée d'instaurer un Système monétaire européen, comportant la création de l'écu, a été avancée et défendue conjointement par la France et l'Allemagne en 1978 et 1979.

La période suivante marque un certain essoufflement de l'impulsion française. Deux occasions ont été manquées, ou, plus exactement, on a laissé passer ces occasions sans prendre d'initiative française pour les saisir.

Dans les années 1983-1984, le débat était noué sur le contenu institutionnel à donner à l'Union européenne. Les États membres s'interrogeaient sur la possibilité d'aboutir à un traité fondateur de l'Union politique, une sorte de Constitution, si le mot ne devait pas trop effrayer, de la nouvelle Europe. C'était en effet, après l'élection du Parlement européen au suffrage universel, en 1979, la pierre manquante de l'édifice. Le Parlement européen avait apporté une contribution positive en adoptant un projet de traité, élaboré avec beaucoup d'intelligence et de soin par le rapporteur italien de la Commission institutionnelle, Altiero Spinelli. Le texte était prudent, modéré, et restait, bien entendu, amendable. Il pouvait fournir une base de travail aux négociateurs des Gouvernements. Mme Thatcher s'est opposée en 1984 à ce qu'on aborde le sujet institutionnel, et le Conseil européen a finalement cédé devant son obstination. Il s'est contenté de se rabattre sur un document de portée plus restreinte, l'Acte unique, utile certes puisqu'il fixait l'objectif de l'espace économique unique pour 1992, mais qui constituait un abandon de la grande volonté d'organisation politique de l'Europe. La France s'est résignée à cet échec. Il existait pourtant une majorité d'États pour progresser : les six États fondateurs et l'Irlande, dans une Communauté européenne qui ne comptait encore que dix membres. Cette majorité était fragile, elle risquait d'éclater sous la pression britannique. Mais il y avait place, je crois, pour une manœuvre et pour une initiative, car l'enjeu était historique. La preuve en est qu'on n'a jamais réussi depuis, en dépit de deux Conférences intergouvernementales, à faire avancer le sujet. Les historiens diront que cette opportunité de finaliser l'union politique a été manquée.

L'autre circonstance est plus complexe. Elle a mis en jeu des forces politiques et psychologiques considérables qui risquaient à tout moment de devenir brutales : c'est celle de la réunification des deux Allemagnes. On doit se garder de tout jugement simpliste sur les attitudes à prendre face à un événement qui n'avait été anticipé par personne, et qui était porteur d'une force émotionnelle considérable. Notons seulement qu'aucune initiative à grand retentissement n'a été prise pour insérer cette unification dans le projet plus vaste d'Union de l'Europe. Il fallait examiner la possibilité de rendre parallèles, voire d'accélérer, les deux processus. On disposait de quelques mois pour l'accomplir. Seule la France était en situation politique de faire une proposition, car la Grande-

Bretagne de Mme Thatcher s'était mise hors du jeu en raison de son opposition au principe même de la réunification. Les difficultés étaient immenses, et elles ont été analysées dans l'ouvrage d'Hubert Védrine[1]. La réaction initiale négative de François Mitterrand devant la réunification de l'Allemagne avait affaibli notre capacité d'initiative. Il n'en reste pas moins que l'Histoire avait ouvert un extraordinaire créneau pour une proposition européenne, du même niveau que le Pool du charbon et de l'acier en septembre 1950, et que, cette fois, il ne s'est pas trouvé de dirigeant français en situation de l'avancer, chacun préférant en secret laisser l'Allemagne supporter seule les charges de sa réunification.

L'impulsion stratégique de la France pour conduire l'Union de l'Europe a continué de s'affaiblir dans les années 1990, en dépit de l'action déterminée menée par le président de la Commission européenne, Jacques Delors.

La négociation du traité de Maastricht, après le rejet de deux projets de texte plus ambitieux, présentés par les présidences luxembourgeoise et néerlandaise, s'est terminée par un accord sur un traité réduit à sa seule composante monétaire — l'introduction de l'euro —, entourée d'une garniture économique, mais pratiquement vidée de toute ambition politique.

Le traité suivant, celui d'Amsterdam, avait été imaginé pour combler cette lacune. Il n'a pas réussi davantage à déboucher sur des propositions politiques, et s'est contenté de proposer quelques avancées, utiles mais de portée réduite, concernant les droits du Parlement européen et l'approche d'une politique de défense commune. La négociation s'était révélée difficile, mais les protagonistes se sont donné une dernière chance

1. *Les Mondes de François Mitterrand*, Fayard, 1996.

d'aboutir. Ils ont décidé de se réunir pour un Conseil européen informel, le 23 mai 1997, à Noordwijk, aux Pays-Bas. Son ordre du jour portait exclusivement sur la préparation du volet politique du Conseil d'Amsterdam, prévu pour un mois plus tard. Les trois points en débat restaient les mêmes : la composition de la Commission, la pondération des droits de vote au Conseil, et la liste des sujets sur lesquels les décisions devraient être prises désormais à la majorité qualifiée, pour éviter le blocage qu'entraînait le droit de veto. L'un des ministres européens participant à cette rencontre m'a raconté que, devant les inconvénients sérieux d'un échec, il existait chez les participants soit la volonté, soit au moins la résignation d'aboutir. Ils imaginaient devoir se prononcer sur une proposition de compromis, qui serait avancée par la France. Chacun l'attendait. A la surprise générale, m'a-t-il dit, la délégation française est restée muette pendant toute la durée de la réunion.

Il est paradoxal, direz-vous, de constater cet affaiblissement de l'impulsion française en Europe au moment où, précisément, l'euro vient d'entrer en vigueur. L'euro est un projet déjà ancien, imaginé en 1978, et relancé en 1987-1988. Le traité de Maastricht, qui prévoit sa mise en place, remonte à 1991. Si la France a largement contribué à l'aboutissement du projet, elle a connu des hésitations sur son opportunité jusqu'à une date tardive. Pendant l'été de 1996, la presse faisait état de l'expression « se repasser la patate chaude », par laquelle les dirigeants français décrivaient, dans un style éloigné de l'élégance voltairienne, la situation dans laquelle les responsables de la France et de l'Allemagne cherchaient à se placer, pour faire en sorte qu'en cas d'échec du projet d'Union monétaire, dont ils acceptaient au fond d'eux-mêmes l'éventualité, ce soit l'autre pays qui en portât la responsabilité.

Quoi qu'il en soit, l'euro a été mis en place, et la France a pris les décisions de politique économique nécessaires. On doit s'en féliciter. Mais on s'aperçoit que, le long de son chemin, ce projet d'inspiration initiale largement française a perdu successivement, comme un artichaut qu'on effeuille, les caractéristiques qui attestaient de ses liens avec notre pays.

Il est inutile d'épiloguer sur l'origine du projet, car les choses sont claires. Il n'aurait jamais pu aboutir s'il n'avait été conçu et proposé conjointement par l'Allemagne et par la France. Le soutien politique du chancelier Helmut Schmidt, puis celui du chancelier Kohl, ont été déterminants. Mais la conception initiale du Système monétaire européen, corrigeant les tentatives larvées de « serpent monétaire » pour les remplacer par un mécanisme global introduisant l'écu et prévoyant la création d'un Fonds monétaire européen, annonçant la future Banque centrale, cette conception avait été imaginée à Paris, et définitivement mise au point au cours d'un dîner de travail à quatre, à l'Élysée, le 23 juin 1978, auquel participaient, outre le chancelier Schmidt et moi-même, le gouverneur de la Banque de France, Bernard Clappier, et Horst Schulmann, qui assistait le chancelier.

Il me paraissait important pour nous que la contribution française restât fortement marquée dans cet épisode essentiel de la construction européenne, non par vanité nationale, mais pour que la culture française, ou franco-latine, y équilibre la vigoureuse, mais dogmatique, prépondérance monétaire germanique.

C'est la raison pour laquelle j'ai agi, ou plutôt manœuvré, pour que le nom de la future monnaie européenne appartienne au fonds culturel franco-latin, en faisant adopter pour elle le nom d'écu. L'habileté, si j'ose dire, consistait à utiliser une appellation anglo-saxonne, European Currency Unit (unité monétaire européenne), dont les initiales formaient le nom d'écu. Cette appellation de la future monnaie européenne a été formellement approuvée par les chefs d'État et de Gouvernement, et inscrite solennellement dans le traité de Maastricht qui dispose, dans son article 109L, paragraphe 4, que « le jour de l'entrée en vigueur de la troisième phase, le Conseil arrête le taux irrévocablement fixé auquel l'*écu* remplace les monnaies nationales. L'*écu* sera une monnaie à part entière ». Et l'article poursuit : « Le Conseil prend les autres mesures nécessaires à l'introduction de l'*écu*, comme monnaie unique de ses États membres. » Tel est bien le texte du traité de Maastricht, dans la rédaction signée par la France. C'est ce texte qui a été soumis au peuple français, qui l'a approuvé par référendum ! On n'avait plus le droit de le modifier !

Je jugeais essentiel, pour le même motif, que le premier président de la Banque centrale fût français. Comme il était évident qu'il ne pouvait pas être allemand, pour éviter une assimilation trop marquée de la nouvelle monnaie avec le deutsche Mark, cette présidence revenait tout naturellement au deuxième pays fondateur. Il se trouve que la France dispose d'une équipe de responsables monétaires de haut niveau et de réputation internationale, puisque trois de nos anciens directeurs du Trésor ont été directeurs généraux du Fonds monétaire international. Il était aisé de trouver parmi eux, ou parmi les anciens ministres des Finances, une personnalité parfaitement équipée pour procéder à l'installation de la nouvelle Banque centrale, et veiller à ce qu'elle respecte l'équilibre des cultures monétaires des pays participants.

Cette question me paraissait suffisamment importante pour que je la mentionne comme un sujet d'intérêt national auprès du président Mitterrand, lorsqu'il a procédé à ses consultations d'usage avant le Conseil européen d'Édimbourg.

Le chancelier Kohl avait affirmé sa volonté d'obtenir que le siège de la Banque centrale européenne fût fixé à Francfort, pour rassurer l'opinion allemande, en lui donnant une illustration concrète de la continuité de la politique monétaire. L'argument que je développais consistait à dire qu'une telle décision, très favorable pour l'Allemagne, ne pourrait être acceptée que si elle s'accompagnait d'un engagement formel pris par l'Allemagne envers la France sur la désignation d'un Français comme premier président de la Banque centrale européenne.

François Mitterrand a paru sensible à cet argument : « Vous avez raison, m'a-t-il répondu. C'est la position que je défendrai. »

Finalement, le choix de Francfort a été ratifié, sans que la France ait obtenu un accord explicite de l'Allemagne sur une présidence française.

En 1996, lorsque la presse a fait état d'une autoproclamation du futur président de la Banque par les gouverneurs des Banques centrales, contrairement à l'Article 109A du traité qui confie cette responsabilité aux Gouvernements en précisant que « le président de la Banque centrale est nommé d'un commun accord par les Gouvernements des États membres au niveau des chefs d'État ou de Gouvernement », j'ai alerté le président de la République, Jacques Chirac. Lui aussi a paru sensible à mon argument, mais pas davantage que chez François Mitterrand, je n'ai détecté la volonté de pousser très avant ce combat. Et le Conseil européen s'est rallié au choix du candidat néerlandais qu'avaient plébiscité entre eux les gouverneurs des Banques centrales, candidat bien armé techniquement mais dépourvu, comme on a pu le constater par la suite, de l'autorité politique nécessaire pour prendre à bras-le-corps cette nouvelle fonction et installer solidement l'euro sur la scène internationale. La France n'obtenait pas la première présidence, et la Banque centrale n'avait pas trouvé son Alan Greenspan !

Parallèlement, l'ancien ministre des Finances allemand, Théo Waigel, menait campagne pour le remplacement du nom d'écu par celui, plus acceptable disait-il pour les oreilles allemandes, quoique moins euphonique, d'euro. Là, nous nous trouvions placés sur un terrain juridique parfaitement solide, puisque le nom de la future monnaie figurait dans le traité de Maastricht. Aucune décision nouvelle n'était nécessaire. Il suffisait de rester inébranlables, comme les Allemands l'avaient été pour le choix de Francfort. Pourtant, dans un texte confus et d'une légalité douteuse, mais couverte par l'autorité du Conseil européen, le Conseil décidait à Madrid, le 16 décembre 1995, « qu'à partir du début de la troisième phase, le nom de la monnaie européenne serait euro ».

Lors du renouvellement de la Commission, à la fin de 1994, le Gouvernement dirigé par Édouard Balladur avait obtenu que le portefeuille de la Commission européenne compétent pour les Affaires monétaires et économiques soit confié à un commissaire français, Yves-Thibault de Silguy, issu du Quai d'Orsay. Ce portefeuille, qui avait été assumé antérieurement par Raymond Barre lorsqu'il était vice-président de la Commission, était d'autant plus important qu'il couvrait la période de préparation de l'entrée en vigueur de l'euro, prévue pour le 1er janvier 1999. Il fallait, à la fois, veiller à l'application des fameux critères de convergence et prévoir la liste des futurs participants, à un moment où plusieurs des pays candidats à l'entrée dans la zone euro, telles l'Italie et l'Espagne, étaient encore très éloignés des conditions d'admission fixées par le traité ! Ce travail a été mené de manière satisfaisante puisque, ni sur le plan technique, pourtant complexe, ni sur le plan politique, l'introduction de l'euro n'a donné lieu au moindre incident.

Or, la tâche n'est pas achevée. L'opinion publique n'est toujours pas familiarisée avec la monnaie européenne, dont elle attend d'utiliser les billets et les pièces. C'est seulement le 1er janvier 2002 qu'on passera, concernant l'utilisation de l'euro, du régime où « tout est possible » à celui où « tout deviendra obligatoire » ! Il est évident que la France avait intérêt à veiller, jusqu'à son achèvement, à la réussite de la mise en place de l'euro. Il suffisait pour cela qu'elle en gardât le portefeuille. Telle était bien, selon une conversation que j'ai eue avec lui, la conviction du président désigné de la nouvelle Commission, Romano Prodi. Or, à la surprise générale, la France n'a pas renouvelé le mandat de commissaire de M. de Silguy, et le portefeuille des affaires économiques et monétaires a été attribué à un commissaire espagnol.

Ainsi, lorsqu'en 2002 le projet d'Union monétaire européenne, au lancement duquel la France a été intimement associée, arrivera à son terme, notre pays ne disposera ni du siège de la Banque centrale européenne, ni de sa présidence (à moins qu'un compromis bâtard de division en deux tranches du premier mandat du président ne soit finalement mis en œuvre), ni de la responsabilité des affaires monétaires au sein de la Commission. Et, dans l'intervalle, la monnaie européenne aura perdu son nom d'écu, venu du brillant héritage des Valois et de la Renaissance, pour la malgracieuse appellation d'euro.

*

Les derniers développements des affaires européennes ont souligné cet effacement conceptuel de la France, apparemment paralysée devant les initiatives qu'elle n'est plus en état de prendre, et qui sont lancées par d'autres.

La prise de position du ministre allemand des Affaires étrangères, Joshka Fisher, en constitue la démonstration. Au terme d'un long voyage personnel, qui l'a conduit de l'extrême gauche révolutionnaire jusqu'au « nouveau centre », celui-ci a fait part de l'évolution de ses conceptions sur l'avenir de l'Union européenne dans un discours d'une facture remarquable, prononcé au printemps 2000, devant la célèbre université Humboldt de Berlin. Ce texte, qui ne devait rien au style ampoulé des textes rédigés par des collaborateurs anonymes, décrivait l'itinéraire intellectuel d'un nouveau venu dans les affaires européennes qui tirait, après dix-huit mois de pratique gouvernementale, les leçons de son expérience.

Il aboutissait à la conclusion que l'élargissement, pourtant inéluctable, de l'Union européenne à une quinzaine de nouveaux membres serait plus difficile à réaliser que prévu, et que l'Union ainsi élargie ne pourrait pas pousser plus avant son intégration, avant longtemps. Il devenait donc nécessaire qu'au sein de cette grande Europe un groupe d'États avance plus loin, en se dotant d'institutions de type fédératif. Il en esquissait le schéma : un Parlement constitué de deux Chambres, l'une représentant les peuples, et l'autre exprimant les droits des États ; un exécutif dirigé par un président stable ; une Cour suprême constitutionnelle. Seule une coopération intime entre la France et l'Allemagne, concluait-il, ouvrait les chances de mettre en œuvre un tel projet.

A regarder ce texte de près, c'était une mouture actualisée de la fameuse lettre de Robert Schuman de mai 1950 !

Elle levait un tabou hypocrite : celui de l'interdiction d'utiliser le vocabulaire fédératif, cher à Montesquieu, interdiction qui contraint la plupart des dirigeants européens, dont les nôtres, à effectuer d'extraordinaires contorsions verbales, alors que nous pratiquons déjà le fédéralisme sur trois sujets essentiels : la concurrence, le commerce international, et la monnaie.

Et, de plus, elle écartait un obstacle de taille sur la route de l'intégration européenne : celui des manœuvres dilatoires de la Grande-Bretagne et de ses partenaires scandinaves, vers lesquels le nouveau gouvernement allemand était soupçonné de vouloir pencher, à l'origine, pour retrouver le sillon fermement tracé de la coopération franco-allemande.

Ces propositions, approuvées publiquement par le chancelier Schröder, appelaient une réponse française franche et vigoureuse. L'occasion, attendue depuis 1984, de renouer avec un projet d'Union européenne cohérent, et entraîné en commun par la France et l'Allemagne, méritait d'être saisie et, en tout cas, de faire l'objet d'une réflexion approfondie entre les deux pays. Quel serait le sens du rituel des rencontres bilatérales, ponctué de banalités, si ces rencontres n'étaient pas mises à profit pour examiner un projet de cette nature — et de cette portée historique ?

Or la France a préféré ne pas répondre. Elle s'est réfugiée derrière un murmure confus (où La Fontaine aurait reconnu les partitions subtiles de la carpe et du lapin), et des propos consistant à limiter son rôle à s'acquitter des tâches de la présidence de l'Union européenne, qu'elle exerce par rotation, entre le Portugal et la Suède. Ces tâches sont importantes puisqu'il s'agit de faire aboutir la réforme des institutions européennes, en chantier depuis dix ans, mais elles n'entrent nullement en conflit avc le débat ouvert par Joshka Fisher sur la vision à long terme de l'Union européenne.

Comment la France aurait-elle pu réagir ? En saisissant la balle au bond, et en proposant de réunir une Conférence des États fondateurs de l'Union européenne, la *Conférence du cinquantenaire*, pour faire le bilan d'un demi-siècle de travail en commun, et pour définir le contenu d'une prochaine étape, en prenant en considération les réflexions allemandes. Cette procédure n'aurait pu être critiquée par personne, car les six États fondateurs constituent le groupe de ceux qui ont appporté en 1950 une réponse positive à la proposition de Robert Schuman, pourtant ouverte à tous. Il aurait été difficile de la dénoncer comme un cartel des « grands » visant à imposer leur volonté aux « petits » puisque l'on compte, parmi les Six, le plus grand État européen, l'Allemagne, mais aussi le plus petit, le Luxembourg.

Rien n'aurait été plus légitime, me semble-t-il, que d'analyser ensemble l'extraordinaire trajectoire, la prodigieuse aventure, parcourue et vécue depuis cinquante ans à partir des décombres et des haines de la guerre jusqu'à l'effondrement de l'Empire soviétique, et de rechercher quel prolongement lui apporter pour les décennies à venir. Si cette conférence réussissait à élaborer un nouveau projet, sous la forme d'un nouveau traité, celui-ci serait ouvert aux États membres qui accepteraient d'y souscrire.

La France aurait ainsi repris l'initiative, et la proposition d'une Europe à gestion fédérative, à l'intérieur du grand espace économique européen, aurait rendu à l'opinion publique une vision compréhensible de la direction dans laquelle nous voulions avancer. C'eût été, ai-je besoin de le dire, ma réaction personnelle. Elle serait restée en phase avec les impulsions que la France n'a cessé de donner à l'organisation de l'Europe, depuis le Pool du charbon et de l'acier des années 1950, jusqu'à la monnaie européenne de la fin du siècle.

*

On comprend que l'opinion publique, qui n'entre pas dans le détail des affaires monétaires, perçoive confusément, de reculs en retraits, le déclin politique de la France.

*

Cet état de choses ne se limite malheureusement pas au domaine monétaire. Si l'on prend l'annuaire des fonctions importantes en Europe, et qu'on le feuillette d'année en année, on y relève la manière dont la France est progressivement dessaisie des responsabilités qu'elle y a exercées. Alors qu'elle a détenu deux fois, et avec talent, la présidence de la Commission, puis la présidence de la Cour de Justice, et la Direction générale de la Banque européenne d'investissement, elle n'assume plus aucune de ces fonctions. Il est vrai que l'Europe s'est élargie, et que les responsabilités doivent être réparties entre un plus grand nombre d'États. Mais on ne peut qu'admirer la prévoyance et le savoir-faire de l'Espagne qui s'est vu attribuer le Secrétariat général de l'Otan, puis le portefeuille des Affaires monétaires dans la nouvelle Commission, et enfin la nomination du haut-représentant de l'Europe pour la politique étrangère et de défense. Ainsi que la détermination de la Grande-Bretagne, qui a pris le relais de l'Espagne au Secrétariat général de l'Otan, et a obtenu le portefeuille des Affaires extérieures dans la nouvelle Commission.

Le plus singulier, c'est qu'on n'entend plus évoquer l'existence de candidats français pour exercer l'une ou l'autre de ces fonctions. Dieu sait pourtant si la France a joui pendant longtemps d'une réputation justifiée concernant la qualité du personnel de sa haute administration et de sa diplomatie ! Tout se passe comme si notre pays était absorbé par de savants dosages de politique intérieure, et qu'il n'était plus à même de prévoir et de conduire des actions vigoureuses pour assurer sa présence et son influence dans les organisations extérieures dont il fait partie. Il est évident que la situation de cohabitation, qui donne la priorité à la recherche d'équilibres internes, pousse elle-même dans cette direction.

En observant cette situation, on ne met pas le doigt sur une des causes du « déclin ». On se contente de constater une de ses manifestations. Elle engendre la mélancolie chez tous ceux qui ont pu connaître, dans le passé, les brillantes performances des représentants de la France, de toutes tendances et de toutes cultures.

Ce résultat n'est pas dû, je crois, à la persistance du débat sur la « table rase », qui ne porte pas sur ce sujet. Il découle du fonctionnement défectueux de nos institutions politiques qui en est la conséquence indirecte.

*

Quant à notre disponibilité vis-à-vis des changements en cours dans le monde — troisième priorité de notre action internationale —, elle ne doit pas refléter l'obsession d'un « rôle à jouer ». De toute manière, ces changements seront peu affectés par notre attitude ! Cette disponibilité doit plutôt manifester notre aptitude à participer aux évolutions qui s'annoncent, à « vivre avec » le monde de notre temps, sans prétendre le diriger.

Dans ce monde, nous aurons nos intérêts à défendre — c'est bien entendu. Mais nous aurons aussi à agir au milieu des autres acteurs, c'est-à-dire des autres peuples. Ils jetteront un regard sur nous, et chercheront à connaître nos réactions. Puissions-nous leur renvoyer l'image d'un pays prudent, tolérant, mais actif et ouvert sur les choix des autres.

Certains changements seront tournés vers l'intérieur et

auront peu d'impact sur notre vie nationale. Je pense, en particulier, aux formes que prendra la coopération entre les pays d'Amérique du Sud. Ce sont des États qui n'ont jamais projeté sur le reste du monde — à la différence de l'Europe — leurs conflits internes. Nous suivrons avec intérêt et compréhension, d'autant plus que nos cultures sont proches, leurs initiatives d'organisation.

Trois grands ensembles influeront sur la vie internationale du prochain demi-siècle, sans négliger pour autant le Japon et l'Inde, et feront l'objet de l'attention des institutions politiques, commerciales et financières : la Chine, le continent africain et la Fédération de Russie.

La Chine s'est éveillée

Les plus grands changements viendront de la Chine. Nous assisterons à la montée en puissance de son économie et de sa technologie, à un rythme proche du doublement par décennie. Pour s'en persuader, il suffit d'observer la manière dont la Chine tout entière prépare son entrée dans l'Organisation mondiale du Commerce. Cette échéance, qui nous paraîtrait banale, est perçue par la plupart des Chinois — à l'exception de l'immense masse paysanne, sourdement inquiète cependant pour le prix du riz — comme un test, une « épreuve », ouvrant de grandes chances, mais comportant de grands risques.

L'économie chinoise ne peut pas s'offrir le luxe de ratés, c'est-à-dire de chutes trop marquées de son taux de croissance, car le problème politique de la montée du chômage, déjà perceptible, deviendrait rapidement explosif. Et ce pays va assumer une difficulté particulière, sans précédent ailleurs, et pour la solution de laquelle personne n'a de remède miracle à proposer, consistant à connaître un mouvement accéléré de développement économique qui ne soit pas accompagné de la mise en place d'institutions encadrant, de manière représentative et participative, la transformation politique du pays. Pour cela, la Chine a moins besoin de mentors que d'interlocuteurs, prêts à échanger leurs analyses et leurs expériences. D'autant plus qu'elle n'est pas à l'abri des secousses qui ont ébranlé de manière régulière — tous les trois siècles — son histoire, et qui tiraient leur origine de la perception des injustices ressenties par la masse du peuple : famines et inondations autrefois, répartition inégale des fruits du développement aujourd'hui. La France pourrait être un interlocuteur privilégié de la Chine, attentive aux problèmes qu'elle rencontre, et rendue prudente par le souvenir de ses propres expériences. Le contentieux historique, lié au lourd tribut que les Occidentaux ont fait payer à la Chine, à son peuple, à sa dignité et à sa culture, au cours du XIXe siècle et jusqu'au début du XXe, tend à s'éloigner de nous. La voie devient libre pour nous permettre de manifester notre disponibilité à accompagner l'évolution du pays le plus peuplé et l'un des plus anciennement civilisés du monde.

On peut aimer l'Afrique !

Le continent africain du sud du Sahara va poursuivre, pendant le demi-siècle à venir, sa longue et difficile mutation. Mutation souvent rude pour les peuples arrachés à leur mode de vie traditionnel et aspirés par une urbanisation faiblement créatrice de revenus et d'emplois ; contaminés par les virus les plus meurtriers, et parfois confrontés au réveil de brutalités primitives. Cette mutation ne peut être que lente, car elle doit prendre en compte le niveau d'éducation et le remplacement progressif des générations. Nous réussissons difficilement à adopter une attitude cohérente vis-à-vis de l'Afrique, pris entre nos habitudes et nos souvenirs — mauvais et bons — de l'âge colonial, notre désir inconscient de voir le continent africain recopier notre modèle de société en négligeant toutes ses spécificités, et notre impulsivité qui nous fait entreprendre des interventions à but humanitaire, parfois à contretemps, et vite interrompues.

La France a eu longtemps une politique sage vis-à-vis de l'Afrique francophone. Cette politique, engagée sous la IVe République, reprise par le général de Gaulle, poursuivie par ses successeurs avec l'indépendance des Comores et de Djibouti, a abouti au résultat que la décolonisation menée par la France en Afrique a été la plus réussie de toutes : pacifique d'un bout à l'autre, et ne laissant derrière elle ni regrets, ni rancunes.

La tentative, menée depuis 1980, d'abandonner cette politique pour une autre consistant à rechercher une approche globale du continent africain, en incluant les États lusophones et en multipliant les ouvertures — et les aventures — en direction de l'Afrique de l'Est s'est révélée décevante. Elle a déstabilisé partiellement les États francophones, sans accélérer pour autant le rythme de leur évolution démocratique. Et elle a réduit l'efficacité de notre aide bilatérale en la dispersant sur un trop grand nombre de parties prenantes.

La France, pas plus que l'Europe, ne peut se désintéresser de l'évolution de l'Afrique, d'autant plus que les migrations de population, qui ont été pendant longtemps des mouvements de l'est vers l'ouest, à partir des montagnes d'Asie centrale et des steppes russes, tendent à devenir des déplacements du sud vers le nord, aspirés par les différences croissantes de conditions économiques et facilités par la mobilité des transports. Dans les décennies à venir, la politique bilatérale de la France ne peut avoir de sens que vis-à-vis des seuls États francophones : c'est là qu'elle repose sur une familiarité culturelle, sur des principes juridiques dérivés de notre droit, sur des structures d'enseignement, notamment supérieur, qui facilitent les échanges. Le niveau des ressources de notre coopération permet d'y conduire des actions significatives, en matière d'éducation, de transfert des nouvelles technologies, de création d'emplois et de protection contre les ravages du Sida.

Pour le reste du continent africain, la France n'a aucun motif de vouloir se singulariser, ni vis-à-vis de ses partenaires de l'Union européenne, ni vis-à-vis des Nations unies. Elle doit plaider au sein de ces organismes en faveur de mesures de soutien, efficaces et vérifiables, aux actions de développement engagées par les Africains eux-mêmes, comme en témoigne l'amélioration du rythme de croissance de l'économie africaine, et faire appel à la solidarité internationale pour lutter à une échelle appropriée contre les malheurs qui s'abattent sur les peuples d'Afrique, famines ou épidémies. C'est un rôle de catalyseur, plutôt que de leader, qui revient alors à la France.

Quand nous pensons à l'Afrique, débarrassons-nous des complexes de supériorité et des attitudes de molle compassion ! Et ayons le courage de marquer notre distance vis-à-vis des rapports d'experts, qui concluent au catastrophisme, parce que l'Afrique ne sera pas en état au cours des prochaines décennies, comme chacun s'en doute, de reproduire le modèle américain. Nous pouvons aimer l'Afrique ! C'est le continent maternel au souffle immense, qui respire sur des étendues où nous pouvons contempler notre planète telle qu'elle était avant l'arrivée de l'homme. L'Afrique vient de plus loin que nous. Elle a le droit qu'on lui laisse le temps d'évoluer, à sa manière, tout en bénéficiant de sa juste part de la solidarité internationale, qu'elle ne reçoit toujours pas. Celle-ci doit être gérée de manière que ses avantages parviennent directement aux populations, sans être interceptés au passage par la cupidité des dirigeants, ou l'inertie des structures intermédiaires. Une cellule de haut niveau créée au Fonds monétaire et à la Banque mondiale devrait disposer à cette fin d'un pouvoir de vérification et d'autorisation incontournable, à l'image des censeurs de Rome et de la Chine impériale.

La Russie et la Grande Europe

S'agissant de la Russie, le général de Gaulle avait proposé une définition de l'Europe, s'étendant de « l'Atlantique à l'Oural ». Les dirigeants européens d'aujourd'hui, dans leurs propos passionnés en faveur de l'élargissement de l'Europe, paraissent avoir oublié la Russie. Ils s'impatientent de voir la Bulgarie, la Roumanie, et demain la Macédoine, rejoindre l'Union européenne. Ils seraient prêts à y accepter l'Ukraine. Mais pas un mot sur la Russie !

La Russie souffre de deux handicaps : elle est trop grande, et elle est trop peuplée ; son entrée dans les institutions européennes romprait les équilibres fragiles du système. Et son territoire s'étale largement sur l'Asie, avec une frontière commune avec la Chine. Quel serait l'aspect d'une Union européenne frontalière de la Chine ? D'où la solution dictée par la prudence : oublions la Russie.

La Russie ne se laissera pas longtemps oublier ! Et ses voisins immédiats se préoccuperont du sort qui lui sera fait. Déjà le commissaire européen chargé de l'élargissement s'exclamait à propos de la Pologne : « Il ne serait pas acceptable que la Pologne constitue la frontière Est de l'Union européenne ! » Que trouve-t-on au-delà : la

Biélorussie intimement liée à la Russie, puis l'immensité russe.

La France doit faire une place juste à la Russie dans ses réflexions. Quelles que soient ses insuffisances, elle a réussi une transition remarquable, pratiquement sans violences, entre une dictature communiste et un régime fonctionnant sur des bases démocratiques. Elle conserve une élite intellectuelle, faite de diplomates, d'ingénieurs et de scientifiques. Son réservoir d'énergie et de matières premières est le plus important du monde.

Son destin sur la carte géopolitique n'est pas encore fixé. Sa partie occidentale est manifestement européenne. Mais le nouveau nationalisme russe, aiguisé par le sentiment d'avoir perdu son statut de superpuissance militaire, n'est pas prêt à renoncer au contrôle de son immense domaine asiatique, au-delà de l'Oural et jusqu'à l'océan Pacifique.

Lorsque Boris Eltsine a rendu sa première visite officielle en France, il m'a reçu au Grand Trianon, où le protocole l'avait installé. Il m'était reconnaissant de m'être distancié des humiliations que lui avaient infligées en 1991 les autorités européennes et françaises en refusant de le recevoir à Strasbourg, puis à l'Élysée. J'avais alors organisé un déjeuner en son honneur dans un restaurant de Strasbourg. Boris Eltsine m'a posé à Trianon une question surprenante : « Je souhaite que nous devenions membres de l'Union européenne mais nous ne savons pas comment nous y prendre ! Pouvez-vous nous conseiller ? Je vous enverrai un de mes assistants [il s'agissait d'Anatoli Chubais] pour que vous lui indiquiez la marche à suivre. »

Depuis, l'élargissement a pris un autre tour. Il concerne des États dont certains sont moins européens, culturellement et politiquement, que la Russie d'Europe. Pour ne pas compliquer les choses, on a prudemment remisé la Russie aux oubliettes.

Si la France pense à l'avenir de l'Europe, elle doit réfléchir à la place future de la Russie. Les décisions la concernant seront évidemment prises au niveau des institutions européennes : celles de la grande Europe, et celles de l'Europe fédérative, si celle-ci voit le jour[1]. Les États-Unis pèseront d'un grand poids, même si la Russie est appelée à se dégager de toute tutelle américaine trop pesante. L'influence économique de l'Allemagne restera prépondérante. Mais la France dispose d'atouts pour alimenter la réflexion européenne sur le statut de la Russie : l'indépendance de sa démarche plus marquée que celle de ses partenaires, le bon niveau du dialogue maintenu, malgré quelques éclipses, entre les dirigeants des deux pays, les relations historiques et culturelles fortes entre la Russie et la France, entre Moscou, Saint-Pétersbourg et Paris.

Je n'ai pas à élaborer ici les éléments d'une réflexion qui, de toute manière, prendra du temps. Mais dans l'hypothèse que paraissent privilégier nos dirigants actuels, où nous nous orientons vers une Grande Europe composée de quelque trente États membres, la position française pourrait consister à avancer dès maintenant qu'une telle organisation comportera nécessairement une « participation de la Fédération de Russie ».

Il n'y a pas lieu d'être plus précis, car trop d'éléments restent encore en suspens. Mais il faut marquer le territoire, et, par la porte ainsi ouverte, on peut apercevoir un paysage du futur : celui d'une Grande Europe

1. A son sujet, je me permets d'avancer une suggestion portant sur les relations extérieures de l'Europe fédérative. Les États membres de ce groupe pourraient décider que les décisions futures concernant la reconnaissance de nouveaux États, et la rupture des relations diplomatiques, entreront dans le domaine de la gestion fédérative, c'est-à-dire qu'elles seraient prises à la majorité, sans possibilité de veto, et s'imposeraient à tous. On voit bien que dans l'avenir toute autre démarche aboutirait à des situations impossibles à gérer.

comprenant à l'Ouest l'Union fédérative européenne, au Centre et au Nord les États membres de l'Union européenne qui écartent l'option fédérale, et, à l'Est, la Fédération de Russie. Le continent nord-américain lui-même n'est pas loin d'être organisé selon un tel schéma, avec les États-Unis, le Canada, et le Mexique.

*

Ces quelques remarques nous ramènent à notre idée initiale : pour la France, l'essentiel n'est pas de conserver l'obsession, arrogante et naïve, du « rôle à jouer », mais de réussir à être perçue comme le partenaire qui peut contribuer sereinement, selon son expérience et son caractère propre, à faire déboucher certaines des réponses aux interrogations que l'avenir réserve à notre planète.

4

Le colbertisme monarchique et le centralisme jacobin

La France est le plus beau royaume
qu'œillade le soleil

A. de MONTCHRESTIEN.

« La France est un pays agricole, à tradition protectionniste » : tel est le jugement que la sagesse internationale convenue porte sur notre pays. Et elle ajoute : « Du fait de ces deux caractères, la France arrive mal à s'adapter aux deux exigences du monde contemporain : la globalisation et l'ouverture des marchés. En raison de sa résistance aux changements inévitables, elle est condamnée au déclin économique, et donc politique. »

Voici donc, à entendre une grande partie des experts internationaux, une deuxième cause, non burkienne cette fois, du déclin politique de la France : son attachement suranné au protectionnisme.

Ici, j'aimerais changer de ton, et me rapprocher de celui de la conversation. Car il s'agit maintenant de discuter d'un jugement extérieur, porté sur notre manière d'être. Est-il justifié ? Ses conséquences sont-elles effectivement celles qui sont annoncées ? Devons-nous, et pouvons-nous, modifier ce comportement ?

*

« La France est un pays agricole, à tradition protectionniste. »

Lorsque la brillante presse économique anglo-saxonne nous décrit ainsi, je crois qu'elle dit vrai. Mais c'est moins un reproche qu'une description. Et celle-ci vaut pour le passé.

Oui, la France est un pays rural, depuis la civilisation romaine dans le Sud, et le défrichement de ses forêts dans le Centre et le Nord, au début du second millénaire. Il suffit de parcourir ses routes secondaires pour s'en persuader. Elle est organisée en villages, groupés autour de leur église, dont la population vivait, bien ou mal, du travail de la terre. La propriété du sol y est beaucoup plus divisée et mieux répartie qu'ailleurs, notamment qu'en Grande-Bretagne et en Allemagne, qui comptent toujours de grands domaines fonciers. Le savoir-faire agricole se transmettait de génération en génération, au sein de la famille. Et depuis cinquante ans, l'agriculture française a connu une révolution technologique, qui a plus que doublé ses rendements.

La prépondérance de la population agricole lui a donné un pouvoir politique considérable, dès que le suffrage universel a été introduit. L'usage de ce pouvoir visait à garantir, puis à accroître, le revenu des agriculteurs, par l'organisation monopolistique des marchés et une pression constante en faveur de l'augmentation annuelle des prix. L'agriculture décidait elle-même du niveau de ses productions que la collectivité devait lui acheter à prix fixe. D'où l'institution de l'Office national des céréales et l'indexation du prix du lait, décrétée par une loi votée en 1956. Ce même pouvoir politique cherchait aussi à exonérer l'agriculture des contraintes de la législation générale. Il a obtenu, par exemple, un régime spécial de protection sociale pour les agriculteurs, distinct du régime général, et la dispense du permis de construire pour les bâtiments d'exploitation agricole, qui a survécu jusqu'en 1999. Ce pouvoir politique et social de l'agriculture s'est maintenu quasi intact jusqu'à la fin de la IVe République. C'est lui qui a exigé en 1957 la mise en place d'une politique agricole commune, dont il a fait une condition de la ratification du traité pour équilibrer les tendances libre-échangistes du traité de Rome. On a du mal à imaginer aujourd'hui l'influence déterminante que pouvait exercer le président de la Commission de l'Agriculture à l'Assemblée nationale jusqu'en 1958.

La France rurale, dont la culture et le mode de vie ont été minutieusement décrits par Fernand Braudel, n'avait pas de tradition d'échanges. Elle produisait pour répondre aux besoins de la consommation locale, et parfois de la simple survie. La France a connu des disettes locales jusqu'aux dernières années du XVIIIe siècle ! Puis elle a visé à répondre à la demande nationale. La France devait assurer son autosuffisance alimentaire. Seuls les « excédents » — le mot est significatif — étaient vendus à l'extérieur.

Dans cette démarche, on le voit, peu de place était faite aux échanges, et moins encore aux marchés. Vis-à-vis des peuples commerçants britanniques, flamands, ou allemands hanséatiques, les paysans français étaient des producteurs qui travaillaient, sur le cycle lent de l'année, pour répondre, en dépit des calamités naturelles périodiques, aux besoins bien identifiés de leur famille et de leur environnement proche.

Cette imprégnation était suffisamment profonde pour que François Mitterrand, lors de sa campagne de 1981, alors que la coalition dont il portait la couleur proclamait son inspiration marxiste et était rassemblée autour des problèmes des sociétés industrielles et urbaines, ait choisi de figurer, sur son affiche vedette, devant un village rural posé au milieu des champs et couronné de son église.

Un de mes amis, agriculteur lui-même et élu local d'Auvergne, résumait pour moi cette situation en affirmant : « Être paysan, ce n'est pas une profession, c'est un état. »

La France gérée comme un domaine

L'origine du protectionnisme français est, elle aussi, lointaine. Ce n'est pas le choix réfléchi d'une société économique qui cherche une solution aux problèmes contemporains des échanges extérieurs. C'est plutôt le point d'arrivée d'une conception ancienne de la gestion de la France, considérée comme un domaine, et renforcée par le centralisme administratif hérité de la Révolution et de l'Empire.

Le colbertisme, dont on reproche à la France de rester encore imprégnée, était loin d'être une doctrine. Quoiqu'il fût un écrivassier infatigable et le rédacteur d'un nombre considérable d'instructions et de mémoires durant sa journée de travail de seize heures, Colbert n'a pas rédigé de texte exposant l'objectif de son action. Mais on peut réussir, sans trop de peine, à comprendre sa démarche.

Il est d'abord un serviteur du roi. Il a commencé par être celui du cardinal de Mazarin. Son rôle est celui d'un intendant de domaine : assurer la prospérité du royaume en y développant la production de richesses. Il ne gère pas un réseau complexe, où figureraient à la fois des entreprises, des administrations, des banques, des tribunaux. Il administre un ensemble unifié, composé de toutes les possessions et de tous les sujets du royaume. C'est de la prospérité de cet ensemble qu'il se sent comptable.

Dans l'excellent ouvrage que lui a consacré C. J. Gignoux, sous le titre de *Monsieur Colbert*[1] (on disait Monsieur Colbert, comme on disait Monsieur Pinay, ou Monsieur Barre, par une appellation réservée aux gestionnaires des finances, et dont n'a jamais bénéficié un ministre des Affaires étrangères, ou un ministre de la Défense !), l'auteur explique la démarche de l'intendant :

Il faut éviter à tout prix de laisser sortir les ressources, c'est-à-dire l'or, du domaine, et pour cela il est nécessaire de produire tout ce dont le domaine a besoin, en limitant au maximum les achats à l'extérieur.

Le « colbertisme » est une attitude offensive, et non défensive, comme le protectionnisme frileux auquel une interprétation historique approximative cherche à l'assimiler. Colbert encourage tout ce qui pourrait être produit de nouveau sur le territoire du royaume. Il n'a pas l'idée d'organiser la survie d'activités dépassées, menacées par la concurrence extérieure, ce qui est le propre du protectionnisme.

Périodiquement, Jean-Baptiste Colbert dresse le tableau des résultats obtenus. L'« état » de l'année 1669 est un des plus étonnants : c'est une énumération tumultueuse de toutes les activités créées, ou encouragées, sur le territoire français. On y trouve un grand nombre de manufactures nouvelles, d'ateliers de tissage, de fonderies, d'ouvertures de mines. Quand il fait allusion à des productions étrangères, telles que les bas d'Angleterre, les toiles de Hollande, les chanvres achetés à Riga ou en

1. *Monsieur Colbert*, Grasset, 1941.

Prusse, les produits sidérurgiques manufacturés qui venaient de Suède ou de Biscaye, ce n'est pas pour dénoncer le péril qu'elles faisaient courir à nos activités existantes, mais pour annoncer que des productions similaires vont être développées en France. Et il termine sa longue énumération par un paraphe triomphant, qui fait exploser le mobile de son action, nullement défensive mais ardemment offensive : « Grandeur et munificence ! »

S'il existe une attitude protectionniste de la France, elle n'est pas liée au colbertisme !

Elle trouve sans doute son origine lointaine dans le caractère rural du pays. La vie de paysan est celle d'un seul métier, constamment exercé sur le même territoire. La population rurale est totalement sédentaire et ne connaît pratiquement aucun déplacement de plus de quelques dizaines de kilomètres, en dehors du service militaire, à la différence de celle des États-Unis, qui parcourt aisément l'ensemble du pays. Ce qu'on appelle le protectionnisme français est davantage social qu'économique.

Les travailleurs français ont été longtemps habitués, par leur ascendance rurale, à exercer le même métier, leur vie durant, dans le lieu où ils résidaient. Ce qu'ils percevaient de la concurrence extérieure, c'était la menace de changer de métier, ou de devoir l'exercer ailleurs. Ils y opposaient une résistance d'autant plus déterminée qu'ils vivaient dans un pays où ils étaient habitués à voir l'État intervenir constamment dans la vie économique, et qu'ils ne comprenaient pas les motifs pour lesquels il ne se déciderait pas à agir dans des domaines aussi vitaux que la poursuite de leur métier ou le maintien de leur site de travail.

Ce qu'on appelle aujourd'hui le protectionnisme français ne trouve pas son origine dans une relecture quelque peu fantaisiste de l'œuvre économique de Colbert, mais dans l'habitude prise de faire appel à l'État pour s'opposer à toute évolution jugée contraire aux droits naturels, aux droits acquis, des citoyens. Cette intervention permanente de l'État dans l'économie est, en réalité, au centre du débat.

*

Certains décrivent la France comme murée dans sa tradition protectionniste et incapable de participer à la mondialisation. Dans le même esprit, une des plus hautes autorités politiques allemandes confiait récemment à un de ses visiteurs : « La France n'a pas d'industrie. D'ailleurs, dans nos rencontres, ses dirigeants ne me parlent que d'agriculture ! Elle vit de l'extraordinaire attirance qu'elle exerce sur le reste du monde. En réalité, la France, ce n'est que Paris ! »

Les uns et les autres auraient intérêt à examiner avec plus de soin les performances de l'économie française. Si leurs dires étaient exacts, la France devrait se trouver dans le peloton de queue des pays industrialisés. Or, elle y occupe la quatrième place, après les États-Unis et le Japon, et assez loin derrière l'Allemagne mais devant l'Italie et la Grande-Bretagne, qui disposent d'une population équivalente. L'Office de statistiques européen donnait, en 1999, une avance d'environ 10 % du PIB français sur le PIB britannique, et 19 % sur le PIB italien.

Lors d'une réunion organisée en juin 1999 dans le Colorado par l'AEI (American Enterprise Institute, organisme américain de recherche sur les entreprises), un graphique a été distribué aux participants. Il mesurait le taux de productivité dans l'industrie des principaux pays industrialisés. A l'étonnement des participants, et aussi au mien ! la France se situait en tête du classement, devant tous les autres pays, y compris les États-Unis, qui venaient en second.

La qualité de la main-d'œuvre française, faite à la fois de sa compétence et de sa volonté de travail, est sans doute à l'heure actuelle la meilleure d'Europe, supérieure à celle de l'Allemagne. Un tiers seulement des travailleurs français dispose d'un niveau d'éducation inférieur à celui de la fin de la scolarité obligatoire, contre la moitié aux États-Unis, et 55 % en Grande-Bretagne. Les jeunes diplômés français trouvent facilement un emploi dans les laboratoires de recherche avancée aux États-Unis.

L'effort d'équipement électronucléaire de la France dans les années 1970 a été, et de loin, le plus performant d'Europe, et assure à notre économie, et à ceux de nos voisins auxquels nous vendons de l'électricité, une fourniture d'énergie compétitive. Le programme des fusées Ariane (initié par la France et étendu à l'Europe) est le seul dans le monde à soutenir la comparaison avec le programme de lanceurs des États-Unis.

Mais ne poursuivons pas cette énumération « gauloise ». Elle ne vise nullement à démontrer notre supériorité, mais à inviter à davantage de modération ceux qui se livrent à une évaluation dogmatique de nos performances.

Il est évident que nos performances devraient et pourraient être meilleures en matière de croissance et d'emploi. Je pense même qu'elles pourraient l'être facilement. Les obstacles ne tiennent pas à une présentation quelque peu caricaturale de certains traits de notre histoire économique, mais à la place prépondérante et coûteuse que continue à tenir l'État dans la vie économique de la France.

L'incessante intervention de l'État

C'est une histoire très ancienne. Et sur ce point, non sur celui du protectionnisme, c'est bien Colbert qui a semé la première graine d'une culture envahissante, qui subsiste encore de nos jours : celle de l'intervention prépondérante de l'État dans l'activité économique.

Les circonstances ont changé d'une manière radicale. Si au XVIIe siècle, l'État est intervenu directement dans la vie économique, c'est d'abord parce que, dans la France de cette époque, il existait déjà un État centralisé — ce qui n'était guère le cas ailleurs, sauf en Espagne — et que cet État était dirigé par un pouvoir fort, unique, qui se considérait, qui se représentait même à ses propres yeux, comme le propriétaire responsable de tout le pays. Colbert était bien un intendant de domaine, rendant compte à son maître des résultats de sa gestion. Il intervenait dans l'économie, comme dans toutes les autres activités du royaume.

Cette manière de faire a connu une pause dans la deuxième moitié du XVIIIe siècle, lorsque le souverain a relâché son assiduité au travail et son intérêt pour la gestion quotidienne du domaine, et qu'on a vu venir aux affaires des Intendants provinciaux réformateurs, tels Turgot et Trudaine, soutenus par les philosophes physiocrates qui, sous l'influence de Quesnay, professaient que les vraies richesses sont le fruit du travail de la terre et proviennent des matières premières. On a entrevu pendant quelques années, comme il arrive parfois en France, la chance d'une évolution libérale. Des textes ont édicté certains assouplissements commerciaux, et amorcé une réforme de l'antique et abusive fiscalité, davantage tournée vers les besoins de l'économie. Si cette tentative en direction d'une monarchie constitutionnelle libérale s'était développée, il est possible que la méthode de « l'économie dirigée », chère aux absolutistes du pouvoir royal, aurait été abandonnée. Mais les événements ont pris un autre cours. Et le centralisme jacobin, renforcé par la mise en place du puissant système administratif napoléonien, a installé une nouvelle pratique d'économie dirigée, fondée sur la prépondérance du rôle de l'État dans l'économie. Cette conception du dirigisme étatique a marqué la vie de la France, avec des hauts et des bas, pendant plus de cent cinquante ans, et elle a connu sa dernière apogée, il y a quelques années, au lendemain de la Deuxième Guerre mondiale.

Cette tradition quasi continue de l'intervention de l'État dans l'économie (avec comme seules exceptions la parenthèse du Second Empire et celle des années républicaines du tournant du XXe siècle, périodes au cours desquelles l'économie française a connu son plus grand développement), cette tradition qui nous distingue de la totalité des grands pays industriels tient à la rencontre d'un pouvoir politique centralisateur et d'un puissant appareil administratif, hiérarchisé depuis la capitale, écrémant les talents par le jeu des concours des grandes écoles, et implanté sur l'ensemble du territoire. Cette structure politico-administrative avait une tendance naturelle, appuyée par le sentiment de son désintéressement et de sa compétence, à vouloir s'emparer de toutes les formes d'activité du pays. Elle estimait détenir à la fois la capacité de définir le bien public et l'intérêt général — ce que ne sauraient faire les intérêts privés —, et les moyens de faire respecter ses directives.

Cette conception a connu un dernier triomphe au lendemain de la dernière guerre mondiale. Le régime de Vichy, pour administrer une économie acculée à la pénurie, avait instauré une sorte de corporatisme industriel. Des « comités d'organisation », mis en place par secteurs, recevaient le pouvoir de répartir les matières premières, et d'administrer les prix. Ce système, qui s'est révélé efficace, a curieusement survécu à la libération du pays. Ce que nous appelons aujourd'hui les Fédérations industrielles voient, dans la plupart des cas, leur origine et leurs structures remonter à cette époque malheureuse de notre histoire. L'instrument de l'économie dirigée était en place. Il suffisait à l'État républicain de s'en emparer.

Or, la pensée dominante de l'époque de la Libération — ce que nous appellerions aujourd'hui la pensée unique — était la conviction qu'il appartenait à l'État de diriger directement l'économie. Cette conviction répondait à une situation de fait : après les prélèvements massifs effectués par l'occupant et les destructions opérées par les bombardements aériens, l'économie française était en ruine. Il fallait la reconstruire. Pour mener cette reconstruction, une approche méthodique et rationnelle paraissait indispensable. Ceux qui avaient assisté à la mise en place de l'effort de guerre américain, Jean Monnet en tête, prônaient le recours à la planification.

La véritable raison du choix de l'économie dirigée était plus profonde. Le nouveau milieu des dirigeants politiques du pays, plus nombreux à être issus des mouvements de résistance que des forces militaires de la France Libre, était formé par la culture marxiste. La haute administration hésitait cependant à s'engager ouvertement dans cette voie, qui comportait le risque d'être trop marquée politiquement, à un moment où commençaient à apparaître les premières tensions avec l'Union soviétique, et où la mise en œuvre du Plan Marshall faisait appel à des concepts plus libéraux. Aussi la solution qui satisfaisait tout le monde consistait-elle à faire du marxisme sans le dire, en optant pour une étatisation généralisée de l'économie.

Ceux qui ont connu comme moi les enseignements

économiques des dernières années 1940 dans la toute nouvelle École nationale d'administration, chargée de préparer les futurs responsables du pays, se souviendront de la place éminente donnée à la planification, organisée suivant le modèle soviétique, alors cité en exemple, et aux techniques de l'économie dirigée, telles que le contrôle administratif des prix et la gestion bilatérale des contingents du commerce extérieur. Je me souviens encore du mot russe de *piatiletka* (plan de cinq ans) que nos professeurs articulaient avec gourmandise ! L'existence des indications tirées du marché n'était jamais évoquée. Le type d'organisation économique auquel il était fait référence, et sur lequel nous étions invités à calquer nos exposés, était celui des grands services publics, et l'est resté jusqu'à la fin des années 1970.

La pensée libérale était absente du débat politique. Je ne parle pas de la doctrine de l'économie de marché, qui n'avait aucun porte-parole au Parlement, mais même de la simple prise en compte des problèmes des entreprises privées qui n'étaient défendues que par un petit groupe de parlementaires, traités comme des survivants marginaux.

La théorie de la planification était reine, et une sorte de culte entourait le Commissariat général au Plan, où se retrouvaient les meilleurs esprits du moment.

Le ministère des Finances n'échappait pas à l'ivresse de l'économie dirigée, qui lui donnait l'occasion d'étendre son pouvoir. Avec la nationalisation des grandes banques et des compagnies d'assurances, et la tutelle serrée qu'il exerçait sur les établissements de crédit spécialisés tels que le Crédit national et le Crédit foncier, il avait réussi à faire du Trésor public le point de passage obligatoire des grands financements du pays.

« N'oubliez jamais », m'avait affirmé d'un ton sentencieux le directeur du Trésor, lorsque je suis venu lui rendre visite comme nouveau membre du cabinet du ministre des Finances Edgar Faure, « n'oubliez jamais qu'il n'y a que le Trésor qui soit capable de transformer des bons du Trésor en barrages d'électricité hydraulique ! ».

Cette atmosphère d'unanimité a été perturbée par la courte intrusion qu'y fit, en 1952, un président du Conseil jusque-là inconnu, Antoine Pinay.

Sa démarche, qui n'avait rien de révolutionnaire, consistait à rappeler l'existence de quelques lois constantes de l'économie et de la psychologie politique : l'équilibre nécessaire des finances publiques et l'appel à la confiance des épargnants. La nouveauté du ton provoquait l'intérêt, puis recueillait le soutien massif de l'opinion publique. L'audace du président du Conseil, qui avait conservé pour lui, comme Raymond Poincaré, le portefeuille des Finances, allait jusqu'au sacrilège consistant à remplacer le directeur du Trésor, François Bloch-Lainé. Le milieu politico-administratif était impatient de voir se terminer une gestion qui dérangeait ses habitudes de pensée en remettant en question le dirigisme d'État. Aussi, en décembre 1953, à propos d'un texte d'importance mineure, une combinaison parlementaire mit fin, dans des conditions assez inavouables[1], à ce qu'on a appelé « l'expérience Pinay », et dont les Français, près de cinquante ans après, gardent encore le souvenir.

Pendant les dernières années de la IVe République, des gestes furent esquissés en direction d'une conduite moins étatique de l'économie, notamment par Edgar Faure qui, contrairement à l'avis unanime des experts

1. Le député de la majorité, Armand Moisan, qui fut chargé par son groupe d'annoncer à la tribune le vote contre le gouvernement Pinay, y gagna le surnom de « couteau de cuisine ».

qu'il avait rassemblés à son domicile pour protéger le secret des délibérations, décréta la convertibilité du franc. Jusque-là, pour acquérir contre des francs les devises nécessaires au financement d'une importation, ou d'un voyage d'affaires à l'étranger, il était nécessaire d'obtenir de l'administration une autorisation individuelle. Edgar Faure avait fini par se convaincre lui-même que la convertibilité de notre monnaie ne comportait aucun péril pour notre économie, ce qui fut vérifié.

Avec l'arrivée au pouvoir du général de Gaulle, en 1958, le paysage politique fut largement renouvelé. Le président Pinay retrouva le portefeuille des Finances. Mais la culture dominante restait celle de la gestion étatique de l'économie.

Cela tenait d'abord à de Gaulle lui-même. Ce n'est pas porter atteinte à sa mémoire que de dire qu'il prêtait un intérêt distrait aux problèmes de l'économie. Pour lui, l'économie fournissait au pays les ressources dont sa politique avait besoin. L'État restait le grand décideur. Les concepts crypto-marxistes avaient été éliminés, mais l'intérêt national devait s'affirmer au-dessus des intérêts particuliers, voire même des lois de l'économie. Le respect du Plan demeurait « une ardente obligation », et, encouragé par Jacques Rueff, le général de Gaulle jouait avec l'idée d'un retour à l'étalon-or. On se souvient de la célèbre interjection : « La politique de la France ne se fait pas à la corbeille. »

Ces tendances étaient remarquablement servies par la personnalité que de Gaulle a eu la chance de désigner comme son premier Premier ministre, Michel Debré ! Il y avait du Colbert dans Michel Debré. C'était un travailleur infatigable, qui inondait ses collaborateurs et ses ministres de petites notes manuscrites contenant ses instructions, que ces derniers trouvaient le matin, à leur arrivée, déposées sur leur bureau. La référence marxiste était absente de l'inspiration de Michel Debré. Celle-ci se rapprochait davantage de la « raison d'État », chère au cardinal de Richelieu.

Il était entouré de collaborateurs formés, comme lui-même, par les disciplines du droit administratif. Aucun d'entre eux n'avait pratiqué la vie de l'entreprise. Ils envisageaient leur rôle comme consistant à légiférer, à décréter, à contrôler tous les aspects de la vie économique. Une fois que l'État avait décidé, la réalité de l'économie n'avait plus qu'à accomplir ce qu'on attendait d'elle. Je me souviens de Michel Debré se tordant les mains de fureur et de désespoir, au cours d'une réunion tenue à l'hôtel Matignon, en fustigeant le fait que les entreprises n'avaient pas construit d'usine dans une zone que l'État avait déclarée prioritaire.

« Les entreprises se moquent de ce que décide l'État, avait-il déclaré devant les participants qui hochaient la tête sur un rythme unanime pour marquer leur approbation. Ce n'est pas tolérable ! Elles passent leur temps à venir nous demander de l'aide. Il faut leur faire savoir que, si elles n'investissent pas à Saint-Nazaire, ce ne sera plus la peine de venir nous solliciter. La réponse sera non, non et non ! »

Dans une telle ambiance, je jugeai qu'il y avait peu de chance de faire progresser l'approche libérale. Le ministre de l'Industrie, Jean-Marcel Jeanneney, administrait son secteur comme une bureaucratie, dont les directions assignaient aux entreprises nationales leurs objectifs de production et de rémunération, souvent en contradiction avec les nécessités évidentes de la macroéconomie. Il était en conflit permanent avec Antoine Pinay, sans d'ailleurs que les deux hommes qui s'exaspéraient ne puissent supporter une conversation mutuelle.

Aussi, lorsque le général de Gaulle m'a confié en 1962

la responsabilité du ministère de l'Économie et des Finances, le seul objectif qu'il m'ait paru raisonnable de me fixer était celui que Colbert appelait « la maxime de l'ordre ». Dans un pays imprégné d'inflation, où les prix et les salaires, malgré les taxations et les directives, progressaient deux fois plus vite que la productivité, la première bataille à engager était celle du déficit budgétaire. Je pensais que le général de Gaulle approuverait l'objectif du retour à l'équilibre. Comme je me refusais à toute augmentation des impôts, il fallait tailler dans les dépenses. C'était un débat usant, car Georges Pompidou, dont la culture économique venait de la banque privée, n'avait pas la même aversion que moi pour le déficit budgétaire et n'approuvait pas facilement mes propositions. Il imaginait qu'un certain niveau de déficit engendrerait une création monétaire, qui accélérerait elle-même l'expansion. Dans la classification des années précédant la Révolution française, Georges Pompidou n'aurait pas figuré comme économiste libéral, mais comme banquier dirigiste.

A mes yeux, au contraire, la France ne souffrait pas d'un manque de création monétaire, mais d'un déficit budgétaire néfaste, puisque dans la situation d'expansion et d'inflation qui était la nôtre, le rôle des finances publiques ne devait pas consister à alimenter l'inflation, mais à contribuer au retour à l'équilibre. Ceci fut réalisé en 1965, avec le soutien explicite du général de Gaulle, année pendant laquelle la France a présenté et exécuté, pour la première fois depuis la guerre, un budget en équilibre.

Dans le grand débat économique entre l'État et le marché, toute cette période restait dominée par la prépondérance de l'État. Cette situation satisfaisait tout le monde : le Gouvernement, qui avait le sentiment d'être en prise directe sur les affaires du pays, l'Administration, qui jouissait de son omnipotence, le patronat, qui avait pris l'habitude d'obtenir d'un seul interlocuteur, le Gouvernement, les décisions dont il avait besoin, et aussi les syndicats, qui y trouvaient l'occasion d'organiser des confrontations annuelles sur le niveau des salaires qui confortaient leur pouvoir. Comme la dynamique des « trente années glorieuses » entraînait encore la croissance, le problème du chômage ne se posait pas. Le seul revers de cette situation était l'inflation. C'était la monnaie qui, en fin de parcours, était appelée à solder les comptes.

Telle était la situation que j'ai cherché à modifier, à partir de 1974, en introduisant la notion de « libéralisme avancé ».

Mes trois cibles

Il était visible que le grand choc pétrolier de 1973 (qui serait aujourd'hui l'équivalent d'un prix du litre d'essence passant à 40 francs, ou à 6 euros !) avait cassé le ressort de la croissance des années glorieuses. Les désordres monétaires des années 1970 devaient également nous rendre plus vigilants sur le niveau du taux de change, si nous voulions éviter une glissade continue du franc. La direction centralisée de l'économie par l'État était trop rigide, trop lente dans ses décisions, pour permettre les milliers d'ajustements nécessaires. Les frontières économiques avaient commencé d'être ouvertes depuis quinze ans par le traité de Rome, et les droits de douane avaient définitivement disparu à l'intérieur de la Communauté européenne. Il était temps d'assouplir les mécanismes pour permettre aux entreprises de se préparer à la concurrence, et d'en tirer avantage.

Si j'ai rappelé, un peu longuement direz-vous, l'histoire du débat sur les rôles respectifs de l'État et du marché dans la gestion de l'économie, c'est pour souligner qu'il s'agit d'une question ancienne, soulevée à plusieurs périodes de notre histoire, et qu'on ne peut pas se contenter de traiter par des affirmations simplifiées, en ignorant le contenu psychologique, politique, et même émotionnel, dont elle est chargée.

J'ai donc tenté d'orienter notre économie, dans la deuxième moitié des années 1970, en direction de l'économie de marché. Je l'appelais intentionnellement « l'économie sociale de marché », à la manière de nos voisins allemands, car je savais que l'état psychologique des Français, rejoignant en cela mes convictions personnelles, nous imposait de prendre en compte la dimension sociale des ajustements auxquels nous conduirait inévitablement l'adaptation aux règles du marché.

Les cibles visées étaient au nombre de trois.

La plus importante était l'abolition du régime de la fixation administrative des prix. On a de la peine à imaginer aujourd'hui que tous les prix faisaient l'objet d'une taxation publiée au Bulletin officiel des prix : le prix de la tasse de café et celui de la tonne d'acier (selon sa catégorie), celui du ressemelage des chaussures et celui de la coupe de cheveux (évidemment différencié pour les hommes, pour les femmes, et pour les enfants, et selon qu'il s'y ajoutait telle ou telle autre prestation, tels le shampooing ou la teinture). J'avais pu vérifier que ce corset rigide (à propos, les corsets avaient sûrement, eux aussi, des prix taxés !) n'avait pas empêché la flambée des prix qui avait suivi la hausse des cours du pétrole, alors que l'Allemagne, qui pratiquait la liberté des prix, avait obtenu des résultats plus favorables que les nôtres.

C'était le ministre de l'Économie, René Monory, venu du secteur privé, qui procédait au démontage du dispositif, sous l'autorité de Raymond Barre. J'insistais auprès de René Monory pour que cette politique s'accompagne de la disparition du service chargé de la fixation des prix, dont les agents seraient répartis dans les autres administrations financières, afin que la décision ait un caractère irrévocable, et qu'un Gouvernement ultérieur n'ait plus la possibilité de revenir en arrière.

En 1980, ce travail était presque achevé. Il subsistait encore quelques prix taxés, dans le secteur des services et celui du tourisme, notamment l'ineffable tasse de café dans les bistrots, dont le secrétaire d'État au Tourisme se faisait le défenseur jusqu'en Conseil des ministres, car les négociations avec les professions traînaient en longueur. Vous pouvez noter au passage combien l'imprégnation interventionniste devait être forte pour qu'il soit nécessaire de discuter longuement avec les intéressés avant de supprimer les taxations et les contrôles qu'ils étaient appelés à subir ! J'étais déterminé à ce que nous arrivions au bout de la tâche et que le terrain soit entièrement déblayé, avant l'élection présidentielle de 1981.

Il est symbolique que ce soit au cours du dernier Conseil des ministres qu'aient été approuvées les décisions, au demeurant minimes, qui clôturaient ce dossier. Ainsi la première des transformations nécessaires pour libéraliser le fonctionnement de l'économie française était-elle enfin achevée !

Cette action était conduite à contre-courant de la culture dominante. Ni l'opinion publique, ni l'Administration, ni le milieu politique, ne l'approuvaient, chacun pour des raisons différentes. Au Parlement, les députés de gauche étaient évidemment hostiles à la politique de libéralisation des prix. Georges Marchais n'avait pas assez de sarcasmes pour la dénoncer, atteignant une emphase qui frisait le comique. Mais dans la majorité, une partie des députés du nouveau RPR, dont Jacques Chirac avait annoncé la création en décembre 1976, contestait la ligne suivie, et exprimait son désaccord par son refus répété de voter le budget. Ils ne reflétaient pas sur ce point l'attitude de leurs électeurs, mais, hésitant pour des raisons politiques à se rallier à un comportement nouveau, ils préféraient se réfugier dans la sécurité de l'étatisme traditionnel. Même au patronat s'élevaient des voix divergentes. Je me souviens de la critique que m'a exprimée le chef d'une de nos grandes entreprises de pneumatiques, célèbre pour son libéralisme intransigeant : « Vous êtes allé trop vite dans la libération des prix. Vous avez facilité la tâche de mes concurrents, en ne me laissant pas le temps d'ajuster ma politique commerciale ! »

Peut-être ! Il existe toujours d'excellentes raisons pour agir moins vite, et pour aller moins loin. Mais l'essentiel était que ce soit fait, tant qu'il en était encore temps.

La deuxième cible était plus complexe à atteindrc : il s'agissait de désétatiser les financements de l'économie, en retirant au Trésor public son rôle de point de passage obligatoire, et en stimulant l'initiative et la compétitivité du secteur bancaire, trop enfermé dans les financements spécialisés. Des hommes déterminés et compétents avaient été nommés à la tête des établissements de crédit, qu'il s'agisse du Crédit Lyonnais ou de la BNP. René Monory, assisté par Michel Pébereau, se montrait innovant concernant le financement des entreprises par le marché, en mettant en place le réseau des Sicav, qui fonctionne toujours.

Nous étions encore loin du but, car les esprits restaient peu préparés, dans les établissements bancaires, à ces changements de cap. Les grandes banques et les compagnies d'assurances appartenaient au secteur public. Leur rentabilité comme le niveau de leurs profits restaient entourés de mystère. Chaque année, une discussion serrée avec la Direction du Trésor fixait le montant de la contribution — minime et arbitraire ! — qu'ils devaient verser à l'État, au titre de leurs bénéfices.

Pour introduire la lumière dans cet univers soumis à l'éclipse totale, j'ai pensé que le meilleur moyen était de faire coter ses actions sur le marché, et de le contraindre ainsi à publier des comptes, ouverts à la critique des analystes. Encore fallait-il que ces actions existent. Comme il n'y avait pas à l'Assemblée nationale de majorité pour voter une privatisation, pas plus d'ailleurs que pour mettre fin au monopole d'émission de la télévision d'État, la seule filière possible consistait à ouvrir le capital aux salariés de ces entreprises, en leur attribuant des actions, ou en leur facilitant leur acquisition. C'est ainsi que commencèrent à apparaître les premières cotations de nos grands établissements de crédit et d'assurance.

La dernière piste était celle du passage conceptuel de l'économie planifiée à l'économie de marché. Cette étape qui me paraissait évidente, même si elle devait être franchie avec prudence, était paradoxalement la plus difficile de toutes. Elle ne faisait pas l'unanimité au sein du Gouvernement. Même Raymond Barre restait attaché à l'existence du Commissariat général au Plan. Il avait participé activement à la préparation du VIIIe Plan (1981-1985), tout en tempérant les excès des planificateurs, et en refusant de fixer un taux de croissance annuel pour la période. L'opposition des esprits était telle au Parlement, qu'il avait jugé plus prudent de ne pas lui soumettre le document. Lors de la composition des gouvernements, le milieu politique aurait jugé sacrilège la disparition du ministre chargé du Plan, bien que son rôle spécifique devînt de plus en plus difficile à cerner, et que je n'en aperçusse plus l'utilité.

Cet attachement aux rites de la planification, désormais unique dans tous les pays industrialisés, hors de ceux du bloc de l'Est, et qui survivait aux échecs les plus flagrants comme celui des investissements dans le secteur de la sidérurgie, me permettait de mesurer l'effort qui restait à accomplir pour orienter les esprits en direction d'une économie tournée vers les marchés. Un combat frontal sur la planification me paraissait à la fois impossible à gagner, compte tenu de l'attitude d'une partie de la majorité, et d'autant plus inutile que le temps se chargerait de faire le travail.

L'élection de François Mitterrand à la présidence de la République en 1981, et les élections législatives qui l'ont suivie, ont brisé le mouvement et fait repartir joyeusement l'économie française en marche arrière, en direction du tout-État.

Le projet de loi de nationalisation d'octobre 1981 expose que « les pouvoirs publics ont besoin d'un secteur public élargi pour intervenir efficacement dans l'économie et orienter le développement du pays ». En fait, les nationalisations ont porté sur cinq grandes sociétés industrielles (dont Saint-Gobain, Rhône-Poulenc et Pechiney), sur trente-six banques, et deux compagnies financières (Suez et Paribas). L'Assemblée nationale y ajouta la sidérurgie. Au terme du processus, l'État gérait directement 30 % des ventes industrielles et 24 % des effectifs des entreprises (hors secteur public traditionnel). Dans le secteur bancaire, il exerçait désormais sa tutelle sur 90 % des dépôts, et sur 85 % des crédits distribués.

La vague de nationalisations, conforme aux engagements électoraux du Programme commun, et condition mise par le parti communiste à son soutien à la candidature de François Mitterrand, a laissé les Français perplexes : interrogés par la Sofres le 1er octobre 1981, 50 % seulement des Français se déclarent favorables aux nationalisations, et 44 % d'entre eux — une minorité — imaginent qu'elles peuvent aider à sortir de la crise.

Cette situation, où le rôle de l'État l'emporte sur celui du marché, durera douze ans. La confusion sur la doctrine s'accroît, au fur et à mesure que se développent les forces de la concurrence et de la mondialisation. Elle atteint son apogée au cours du deuxième septennat de François Mitterrand, avec la formule du ni - ni : ni nationalisation nouvelle, ni privatisation, expression emblématique de l'immobilisme ! La situation de la France fait alors penser à celle d'une personne surprise par une crue pendant qu'elle essayait de traverser un torrent : elle garde les pieds posés sur deux pierres, et n'ose plus ni avancer, ni reculer, cependant que les remous grondent autour d'elle.

La nostalgie du service public

Le débat sur le rôle de l'État et celui du marché n'est pas clos en France.

Le milieu politique de gauche, aujourd'hui au pouvoir, souffre d'admettre que les indications fournies par le marché puissent l'emporter sur celles de la raison, exprimées par l'État. Il souffre, mais il s'y résigne. Aucune critique sérieuse ne s'est élevée lorsque, à l'annonce de l'offre d'échange présentée par Total-Fina sur les actions Elf-Aquitaine (ce qui équivaut à l'acquisition par une société proche du marché d'une entreprise créée à l'initiative de l'État). Le ministre de l'Économie et des Finances a déclaré qu'il n'utiliserait pas les moyens dont il disposait pour s'opposer à l'opération.

Mais s'il existe une résignation devant le rôle du marché, il subsiste toujours une nostalgie de l'intervention de l'État.

On en trouve la manifestation dans le vocabulaire de nos dirigeants politiques. Les deux têtes de la cohabitation unissent leurs voix, pour insister devant leurs partenaires européens indifférents et sceptiques sur l'importance du rôle des services publics, sans qu'un effort soit fait pour définir leur nature, leur domaine d'activité, et le coût du service rendu. On peut d'ailleurs relever qu'ils sont tous deux issus de l'École nationale d'administration, ainsi que l'ensemble des membres de leurs cabinets respectifs.

Le cas des transports est démonstratif. Bien que le transport par route, individuel et collectif, des personnes et des marchandises, soit, et de très loin, le premier transporteur du pays, et qu'il desserve les zones les plus éloignées du territoire, il n'entre pas dans le concept de service public. Le transport aérien, qui comportait jadis des compagnies nationales et des sociétés privées, et qui contribue à l'image internationale de la France, a été sorti du « service public », depuis la privatisation réussie d'Air France. Le service public des transports, en dehors des zones urbaines, se réduit désormais à la seule SNCF. L'idée de service public, pour avoir un sens, doit signifier une facilité égale, ou un accès égal, offert à tous les citoyens. Or la vocation de la SNCF en matière de transports de voyageurs s'affirme de plus en plus comme étant celle des parcours où circulent les trains à grande vitesse, et des transports collectifs en banlieue. Nous sommes loin du rêve du président Sadi Carnot (1837-1894) qui imaginait une gare de voyageurs ouverte dans chaque chef-lieu de canton. Mais à l'époque le choix ne se posait qu'entre le chemin de fer et la voiture à cheval. Depuis l'automobile est passée par là ! Si la notion de service public continue, dans l'esprit de nos dirigeants, de s'appliquer à la SNCF, c'est davantage en raison de son statut d'entreprise d'État, que de la nature du service qu'elle est appelée à rendre.

Cette contradiction entre ce qui est perçu comme inévitable et la préférence intime de nos dirigeants éclate dans les documents qu'ils souscrivent à l'extérieur, avec l'espoir, sans doute, qu'ils ne seront pas scrutés de trop près à l'intérieur. C'est ainsi que le Conseil européen, réuni le 23 mars 2000 à Lisbonne pour traiter des problèmes de l'emploi, a demandé à l'unanimité, dont la France, à la Commission, au Conseil et aux États membres « d'accélérer la libéralisation dans des secteurs tels que le gaz, l'électricité, les services postaux, et les transports ».

On aimerait assister aux réactions des députés de la majorité actuelle si le Gouvernement s'exprimait en ces termes à la tribune de l'Assemblée nationale !

Quant à la réduction à 35 heures de la durée hebdomadaire du travail, présentée il y a trois ans comme une mesure « européenne » de lutte contre le chômage, qui ne tarderait pas à être imitée par nos partenaires, il est révélateur que les conclusions du Conseil européen de Lisbonne consacré à l'emploi restent strictement muettes sur ce point !

*

Il me paraît indispensable que l'esprit des Français soit libéré de ce débat et qu'ils sachent enfin quelles vont être les parts respectives de l'État et des marchés dans la modernisation de notre économie.

Le fait de traîner derrière nous cette question perpétuellement reprise et non résolue a l'inconvénient de jeter le trouble sur la manière de préparer notre avenir, et d'engendrer un fatalisme plutôt qu'une envie d'entreprendre. L'exemple des dernières grandes fusions est particulièrement démonstratif.

Nous assistons, depuis plusieurs années, à des opérations dont l'ampleur est sans précédent : l'acquisition de l'UAP par Axa, la fusion de Rhône-Poulenc avec l'Allemand Hoechst, la bataille des trois banques françaises, le projet de prise de contrôle d'Elf-Aquitaine par Total, le projet contesté, et finalement écarté par la Commission européenne, de fusion de Pechiney avec le Canadien Alcan et Alu-Suisse. Comment un actionnaire, ou un simple spectateur français, peut-il réagir devant ces opérations ? En quoi font-elles avancer, ou non, la modernisation de l'économie française ?

Il se pose quelques questions simples. Prenons le cas de Pechiney.

Pechiney est une entreprise ancienne de production d'aluminium, utilisant comme matière première la bauxite, dont le nom vient des Baux-de-Provence, d'où elle était extraite. Pechiney a fusionné, dans les années 1960, avec le groupe français Ugine-Kuhlman, pour fonder une entreprise à dimension européenne. Elle a créé une usine géante en Guinée, et une autre près de Dunkerque. En nationalisant la société en 1981, le pouvoir socialiste voulait affirmer qu'elle faisait partie du patrimoine industriel français. Après sa privatisation en 1981, voici qu'on apprend en 1999 qu'elle projette de fusionner avec une entreprise canadienne et une entreprise suisse, pour créer un groupe, spécialisé dans la production de produits en aluminium, dont le siège sera à Montréal et la direction générale à New York. A laquelle de ces vérités successives un observateur français doit-il croire ?

Les explications avancées par le président de Pechiney, dont la compétence et le dynamisme ne sont contestés par personne, tiennent à la situation du marché. Les prix de l'aluminium sont à leur niveau le plus bas depuis cinq ans. Les profits du Canadien Alcan ont baissé de 42 % au deuxième trimestre de 1998. Les trois entreprises combinées atteignent tout juste la taille du géant américain Alcoa.

Fallait-il alors être convaincu par la loi de nationalisation, puis par le prospectus diffusé lors de la privatisation, qui décrivait une entreprise de dimension mondiale dont les profits connaîtraient une croissance régulière, ou par l'analyse de l'actuel président ? Et que penser d'une entreprise qui était nationale, il y a encore cinq ans, et qui envisageait de fixer son siège social au Canada et sa direction à New York ?

On comprend la perplexité de l'observateur français. De même, il s'interroge sur la fusion, apparemment plus facile, de trois entreprises situées dans trois pays différents, comparée à la lutte féroce que se sont livrée trois grandes banques françaises, dont l'essentiel de l'activité se situe sur le territoire national, dont aucune n'atteignait la taille critique mondiale, et dont les dirigeants sortent des mêmes grandes écoles, appartiennent à la même génération et siègent souvent côte à côte dans les mêmes conseils d'administration ?

Devant ce mode de passage à l'économie de marché, l'opinion française éprouve un sentiment mêlé d'incompréhension et de découragement. Comment se fait-il qu'un pouvoir, attaché en doctrine au rôle prépondérant de l'État, paraisse avoir si peu de prise sur les événements ? Et, à l'inverse, la fameuse économie de marché ne va-t-elle pas finir par dépouiller la France de sa substance économique ?

Ce mélange de contradiction et d'impuissance est la deuxième cause qui alimente dans l'opinion française — avec l'obscure perception de la table rase inachevée — l'impression d'une fatalité subie, autrement dit le sentiment du déclin politique de la France.

On ne pourra s'en dégager que par un choix clair, nous arrachant à la fatalité, et mettant fin à l'interminable débat sur les rôles respectifs de l'État et du marché. Pour avoir un sens, ce choix devrait être commun aux deux grands ensembles qui ont vocation à gouverner la France, et qui sont la droite éclairée (qu'on recherche) et la gauche modérée (dont on souhaite l'existence). Ce sont eux qui portent la lourde responsabilité de moderniser le pays, sans trop tenir compte des postures déclamatoires et outrancières des extrêmes.

L'économie de marché est devenue la règle universelle de notre époque. Elle s'applique dans tous les pays comparables. Elle détermine désormais les relations économiques internationales. Il est inutile de le nier, et irréaliste de chercher à s'y soustraire.

Vouloir mener un combat à retardement, comme le font les dirigeants actuels de la France, diminue les chances de nos entreprises, sans réussir, en fin de compte, à les protéger. S'il est légitime de se montrer très attentif aux réactions des personnels qui ont une longue habitude de la continuité et de la sécurité, le fait de chercher à reporter les échéances sans pouvoir inverser la tendance affaiblit la capacité de nos entreprises, et les empêche de saisir les occasions d'acquisition ou d'alliance qui passent à leur portée.

Bref, il est grand temps pour plus de *deux Français sur trois*, de choisir l'économie de marché, pour les matières qui la concernent, et de bâtir sur elle leurs projets d'entreprises.

*

Le marché doit être considéré comme un mécanisme, et non comme un instrument de justice.

Daniel BERG, cité par Félix ROHATYN.

Ce choix ne fait évidemment pas disparaître les exigences de la raison.

Pour des Américains ou des Britanniques, le bon fonctionnement du marché paraît constituer une fin en soi, et une méthode satisfaisante pour régler l'ensemble des problèmes économiques et sociaux. Pour les Français, et ceux qui partagent avec eux l'héritage culturel gréco-latin, il subsiste toujours une interrogation sur le rôle de la raison.

Nous devons accepter l'idée — nous résigner à l'idée, pour ceux qui en sont les plus éloignés — que le rôle de la raison n'est pas d'intervenir dans le jeu du marché. Et nous devons mettre au rancart, une fois pour toutes, l'appareil interventionniste de l'État.

Mais il est légitime de nous interroger sur les résultats que nous souhaitons voir surgir du jeu du marché. Le marché aboutit à des décisions, en termes de niveaux de prix, de compétitivité, de choix de sites de production, qui ont des conséquences pour chacun de nous.

Comment agir pour que ces décisions soient favorables à notre pays, dès lors que nous excluons l'intervention directe dans leur mécanisme ? La voie possible est celle de l'action sur l'environnement des décisions, c'est-à-dire sur les termes de référence et de comparaison.

Les indications du marché proviennent en effet de comparaisons : comparaison d'une offre et d'une demande, comparaison d'un coût de production et d'un autre, comparaison de l'efficacité respective du travail humain et de la mécanisation des tâches, etc. Chacune de ces comparaisons prend en compte des éléments sur lesquels nous avons le pouvoir d'agir.

Commençons par fixer nos objectifs : nous souhaitons, je pense, que la France soit un site important de production, assurant l'emploi de notre main-d'œuvre ; qu'elle soit un lieu d'accueil pour les centres de décision et de recherche des entreprises françaises et étrangères ; et que l'épargne des Français couvre une part suffisante des besoins financiers de nos entreprises.

C'est une démarche qu'ont tenté d'utiliser, il y a quelques années, nos partenaires allemands, sans réussir à la finaliser.

Je la résumerai en disant : développer et rendre compétitif le « site économique français ». Or, ce site dispose d'avantages appréciables, et leur mise en valeur appelle des actions spécifiques.

Les premières d'entre elles sont de la compétence de l'État et des Régions. Il s'agit de l'aménagement des voies d'accès au site français. Ce sont les grandes infrastructures de communication et de transport, nécessaires pour permettre un abord facile et sûr de l'ensemble du territoire, et pas seulement de la région parisienne. Il s'y ajoute le besoin d'une politique cohérente de protection de l'environnement et de traitement des déchets industriels.

La France a la chance, par rapport à ses voisins du centre de l'Europe, d'être située à l'extrémité ouest de la péninsule européenne. Ses voies d'accès aériennes sont moins encombrées, ce qui lui pourrait assurer une fréquentation régulière, facilitée par l'excellent aménagement des aéroports parisiens, et, maintenant, de certains aéroports régionaux.

Sur ce premier volet du site économique, la France dispose d'atouts incontestables.

Les éléments du choix par le marché d'un lieu de production ou de l'installation d'un siège social, ou encore de laboratoires de recherche, résultent de la comparaison des coûts : coûts salariaux, coûts économiques, charges fiscales, et contraintes administratives.

Passons en revue chacune de ces références.

Quand on parle des salaires, la plupart des Français pensent que la bataille est perdue d'avance. Nous n'avons aucune chance de soutenir la comparaison avec les salaires désespérément bas des pays du sud-est de l'Asie, de la Chine, et de certains États des Caraïbes. Leur production est assurée de chasser la nôtre. Il suffit de voir les rayons de vêtements, de chaussures, ou de jouets des magasins de grande surface ! Personne ne songe évidemment à rapprocher nos salaires des leurs : le taux des salaires est étroitement lié au niveau de vie. Et qui accepterait de s'aligner sur le niveau de vie de ceux qui travaillent, hommes, femmes, et malheureusement enfants, dans les ateliers des arrière-cours du monde ?

Ce raisonnement ne s'applique qu'aux produits dont le coût de fabrication est principalement composé de main-d'œuvre, et dont la production ne peut pas faire appel aux technologies nouvelles. Ils sont nombreux, mais ils ne représentent, en valeur, qu'une fraction très minoritaire du marché mondial.

Lorsqu'elle pense au prix, l'opinion française s'est habituée à prendre en compte le couple « qualité-prix ». Lorsque nous raisonnons sur la comparaison des niveaux de salaire, nous devons, de même, considérer le couple « coût-compétence ». La seule référence au coût de la main-d'œuvre, qui n'intègre pas la compétence du travail fourni, conduit à des évaluations inexactes.

Or, sous l'angle « coût-compétence », le travailleur français est relativement bien placé. Sa productivité individuelle dans l'industrie le situe, je l'ai rappelé, au tout premier rang du monde. Comme il n'est pas possible de faire baisser les coûts salariaux, à l'exception de ceux des bas salaires, pour lesquels le niveau des charges qu'ils supportent est une absurdité économique et une monstruosité sociale dans lesquelles la France s'était enroutinée — et qui explique, mieux que tous les prêchi-prêcha dominicaux des hommes et des femmes politiques, la persistance d'un sous-emploi inacceptable —, en dehors donc de la réduction de ces charges, l'effort doit porter sur l'aspect « compétence » du couple « coût-compétence ».

C'est une action passionnante, puisqu'elle consiste à élever le niveau de savoir, et de savoir-faire, d'une grande partie de la population. Sous cet angle, c'est une action « civilisatrice », en ce sens qu'elle fait progresser la connaissance collective, dans une époque où nos sociétés sont aux prises avec des agressions décivilisatrices.

De manière concrète, cela signifie que la France doit viser à devenir championne du monde de la formation professionnelle, qu'elle soit initiale ou continue. Championne à tous les niveaux, car la compétence professionnelle ne doit pas être l'apanage des poids lourds, ou des joueurs de première division. Le professionnalisme est devenu une nécessité à tous les niveaux de la société.

Si la France se montre capable, dans les décennies à venir, d'améliorer constamment la compétence professionnelle de ceux qui y travaillent, elle demeurera un site de production, attirera des investissements étrangers, et retrouvera un niveau d'activité proche du plein-emploi.

C'est un chantier passionnant pour les Régions, auxquelles le Gouvernement a eu l'heureuse idée, en 1994, de transférer une large partie des compétences. C'est aussi l'occasion pour l'État d'aller plus vite et plus loin dans l'ouverture sur la vie des entreprises et des lycées professionnels, et d'accroître la liberté d'innovation qui doit leur être reconnue.

La diffusion de l'éducation générale des Français a eu besoin, dans les années 1880, de l'action d'un Jules Ferry. Puissions-nous découvrir aujourd'hui un nouveau Jules Ferry pour élever le savoir professionnel des Français !

*

D'autres éléments de référence, concernant le site économique français, sont malheureusement défavorables, qu'il s'agisse des charges, des formalités administratives, ou de l'attitude adoptée par le Gouvernement concernant la place du travail dans notre société.

Mettons-nous un instant dans la peau d'un chef d'entreprise de cette fameuse économie de marché. Il produit souvent sur plusieurs sites, et, de plus en plus, la part de son chiffre d'affaires réalisée hors de France augmente plus vite que celle qu'il effectue chez nous, puisque la capacité d'absorption de notre marché n'est pas indéfiniment extensible. Il est tenu de « sortir » un résultat financier. Sa réputation, et peut-être sa carrière, se joueront sur ce résultat. Il supporte des charges, fiscales et sociales. Il en fait la comparaison : elles sont très différentes d'un pays à l'autre. Même dans l'Union européenne, elles varient de plus du simple au double, entre la France, qui détient le record de l'excès, et les Pays-Bas et l'Irlande qui sont au plancher. S'il doit décider une nouvelle production, procéder à une acquisition, installer un siège social, le niveau des charges sera un élément important, souvent déterminant, de son choix.

Pour valoriser le site français, nous devons améliorer ces termes de comparaison. Il n'est sans doute pas nécessaire qu'ils deviennent les plus favorables sur chaque point, mais il est urgent qu'ils cessent d'être défavorables sur tous les points ! Nous devrions, comme premier objectif, nous rapprocher d'une position moyenne au sein de l'Union européenne.

Pour ne pas lasser le lecteur, selon l'expression chère aux auteurs (dont l'ennui, malgré cette précaution de style, vous fait tomber le livre des mains), pour ne pas lasser le lecteur, dis-je, je ne vous imposerai pas la comparaison des taux des différents impôts européens sur l'activité économique et sur les entreprises. Mais je suggère que la loi de finances comporte, chaque année en annexe, le tableau comparatif des taux d'imposition sur l'activité économique en vigueur dans chacun des pays de la zone euro. Ce serait, en quelque sorte, le tableau de marche du site économique français.

A ce point de vue, il pourrait être utile de réunir, par exemple tous les deux ans, les « Assises du site économique français », où le Gouvernement et les partenaires sociaux, entreprises et syndicats, feraient le point exact de la compétitivité de l'économie française, et examineraient les mesures propres à l'améliorer. Ces assises se substitueraient avantageusement aux travaux, désormais mystérieux, du Commissariat général au Plan, qui aurait dû disparaître avec le XXe siècle...

Il reste l'énorme dossier des formalités administratives. C'est le plus décourageant de tous à aborder, car il tient au pullulement et au morcellement de nos structures administratives nationales et locales. Quand nous avons creusé le cratère de Vulcania, nous avons découvert des dizaines de strates provenant d'écoulements volcaniques successifs, qui se sont superposées les unes sur les autres. Ainsi en va-t-il de l'administration française. Il est devenu impossible de découvrir un problème, aussi technique soit-il, pour lequel une seule administration soit compétente, et à propos duquel il soit donc possible de se contenter d'une seule réponse.

Je reviendrai sur ce sujet à propos de la réforme. Mais nous ne pouvons pas espérer une valorisation du site économique français sans un immense effort de simplification et d'allégement de nos formalités administratives.

*

Un dernier point : l'épargne française doit être une composante importante du financement des investissements réalisés sur le site français. Elle ne doit évidemment pas être la seule, dans une période d'intense mouvement international des capitaux, et de porosité absolue des frontières. Mais il faut qu'elle soit présente, active, et participante.

Ce n'est pas le cas aujourd'hui.

L'épargnant français détient une part décroissante du capital des grandes entreprises de notre pays. Les investisseurs institutionnels étrangers possèdent, selon la presse spécialisée, 49 % du capital d'Axa, et 51 % de celui d'Elf-Aquitaine. Les quarante valeurs directrices du marché sont détenues, à hauteur de 35 %, par des investisseurs anglo-saxons. Il était révélateur qu'au mois de juillet 1999, le président d'Elf-Aquitaine ait fait le voyage de New York pour rechercher le soutien des fonds de pension américains dans la lutte qui l'opposait à Total-Fina. Il ne faut pas oublier, en sens inverse, que les capitaux français, individuels ou institutionnels, détiennent des parts importantes dans des entreprises cotées sur les marchés extérieurs.

On imagine la manière dont, en d'autres temps, l'opposition politique se serait déchaînée contre cette situation ! Et il est intéressant d'observer qu'elle se produit à un moment où les deux pouvoirs qui cogèrent la France appartiennent, l'un à une culture anticapitaliste, l'autre à une tradition attachée à l'indépendance nationale.

Sur ce point, comme sur les autres, il faut reconnaître la réalité, et examiner la manière dont elle pourrait être modifiée. Le paradoxe de la situation tient au fait que les Français ont un taux d'épargne élevé, alors que celui des Américains est beaucoup plus faible, et qu'il a encore diminué en 1999 et en 2000. Mais l'épargne est orientée d'une manière telle que les Français possèdent une part trop faible de leurs entreprises. Ce phénomène est masqué par le succès qu'ont remporté les grandes opérations de privatisation, telles que celle de France-Télécom, et par l'attribution d'actions aux employés des entreprises privatisées. Pourtant la proportion de particuliers détenteurs d'actions — directement ou sous la forme de Sicav — reste encore trop faible. C'est le résultat d'une longue culture fiscale, qui a frappé lourdement les détenteurs de capitaux, considérés comme les membres d'une classe privilégiée, et qui a pénalisé, au lieu de l'encourager, la détention d'actions pendant une longue durée.

Je ne rappellerai pas le débat en cours sur les fonds de pension, qui reste surprenant par son caractère théologique — débat pour ou contre le système de retraites par répartition, dont le bon fonctionnement est lié à l'évolution du rapport entre le nombre des actifs cotisants et celui des retraités, ce qui ne dépend pas des théologiens, mais des démographes — et qui recevra nécessairement une solution positive, sous la poussée de l'alarme des futurs retraités, mais je mentionnerai le fait que, dans notre fiscalité sur le revenu, les plus-values, et le capital, aucun traitement particulier n'est prévu pour l'épargne qui reste investie dans la même entreprise, pendant une durée moyenne ou longue. Son identification est pourtant facile. Elle n'encaisse, par hypothèse, aucune plus-value. Sans entrer dans les détails, il serait facile et juste, non de l'« avantager », mais d'éviter de la pénaliser lourdement, si l'on veut que l'épargne des Français s'investisse davantage dans le financement des outils productifs du site économique français.

L'éloge de l'oisiveté

Parmi les éléments défavorables, on ne peut pas passer sous silence l'étrange attitude culturelle que le Gouvernement — et la société politique en général — ont adoptée vis-à-vis de l'effort de travail. La législation sur la semaine de 35 heures en est une illustration, mais l'élément le plus préoccupant de cette initiative, en dehors de son effet négatif sur le coût du travail, et donc à terme sur le niveau de rémunération des salariés, l'élément le plus préoccupant, dis-je, c'est la philosophie qu'elle exprime, et qu'elle cherche à diffuser sur le rôle du travail dans le fonctionnement de notre société.

Cette philosophie peut se résumer dans l'affirmation suivante : une société est d'autant plus heureuse que ses membres travaillent moins.

Ce concept contredit des évolutions évidentes, telles que l'aspiration universelle des femmes à exercer une activité. Pas seulement à toucher un salaire, car une allocation pourrait le remplacer, mais bien à jouer un rôle personnel et professionnel dans la vie du pays.

Ce même concept est propre à la France et seulement à quelques-uns de nos voisins, en situation de dépression démographique. Il est totalement inconnu aux États-Unis, où la durée moyenne du travail dans l'industrie reste supérieure à 40 heures par semaine, et où une tentative récente de limitation du nombre d'heures supplémentaires s'est heurtée à une vive réaction de l'opinion publique.

On voit bien d'où est venue, au départ, l'idée de légiférer pour limiter la durée du travail : c'est de la pénibilité qu'a conservée pendant longtemps le travail manufacturier des hommes et des femmes, travail qui compromettait leur santé et abrégeait injustement leur durée de vie. Il s'agissait d'une revendication sociale forte, et, en quelque sorte, vitale.

S'il subsiste encore, comme c'est sans doute le cas, des secteurs ou des formes d'activité qui conservent un degré de pénibilité excessif, il est légitime d'intervenir pour régler le problème, soit par la voie de négociations contractuelles, soit, à défaut, par voie législative.

Mais, dans la généralité des situations, la fixation de la durée du travail devrait rester un enjeu de négociation, dans lequel l'arbitrage s'effectue entre trois éléments : la durée hebdomadaire ou annuelle du travail, le degré de flexibilité du travail, et le niveau des rémunérations.

Le plus préoccupant dans l'attitude du Gouvernement, c'est l'opprobre jeté sur le travail lui-même. Le travail constituerait une épreuve, au mieux une corvée, qu'on doit s'efforcer de réduire autant qu'il est possible. A l'illustre *Éloge de la folie* d'Erasme, on s'efforce de substituer un *Éloge de l'oisiveté*, et de lui assurer un large tirage !

Cette démarche comporte plusieurs inconvénients — et quelques paradoxes.

Elle n'exprime pas, quoi qu'on dise, une forte demande sociale. Lorsque les instituts de sondage posent la question : « Souhaitez-vous travailler moins, en conservant votre salaire ? », on se gargarise d'obtenir une réponse positive, mais la vérité est que l'on pourrait faire aisément l'économie du sondage, car la question induit d'elle-même la réponse ! La véritable question, dont le gouvernement n'a jamais accepté de débattre clairement, sans doute parce qu'il redoutait de connaître la réponse, est celle de savoir ce que les salariés placent en tête de leurs aspirations : travailler moins, ou gagner plus ?

Sur le plan macro-économique, l'objectif de moins travailler est en contradiction avec la recherche d'une croissance forte. L'augmentation du PIB comporte inévitablement une composante de travail supplémentaire : il peut s'agir d'emplois nouveaux, de productivité accrue, mais aussi d'un plus grand nombre d'heures travaillées. Plus la croissance augmente, aurait versifié Racine, plus l'oisiveté recule !

L'effort de travail n'est nullement rejeté par la partie jeune et dynamique de la population. Celle-ci est à la recherche d'opportunités, opportunités de carrière ou de revenus. Lorsque celles-ci lui sont proposées, elle est prête à les saisir, même au prix d'un effort soutenu, et, parfois, d'un expatriement.

On pourrait relever, pour égayer un moment le sujet, que celles ou ceux qui proposent aux autres une réduction de la durée de leur travail ne répugnent pas, en ce qui les concerne, à cumuler l'exercice de plusieurs fonctions, et que les partisans de la retraite à soixante ans se préparent à postuler, au-delà de cet âge, à l'exercice de la plus lourde charge de la République !

Ce n'est pas rendre service au progrès de notre société que de décrier l'effort de travail, et de le placer derrière la préférence pour l'oisiveté. Dans toutes les sociétés, de la plus primitive à la plus sophistiquée, de la plus inculte à la plus raffinée, le travail personnel est intimement lié à la créativité. Qu'on se souvienne des recherches interminables, diurnes et nocturnes, des savants dans leurs laboratoires, des milliers d'heures passées par les écrivains à noircir leurs feuillets, du nombre de mois pendant lesquels Michel-Ange est allé arracher aux carrières périlleuses de Carrare les marbres de ses statues, et aussi, plus modestement, des trajectoires lumineuses des phares des tracteurs allumés dans la nuit de la campagne française, lorsqu'il devient impérieux de terminer un travail, qu'il soit labour ou moisson.

Le fait pour une société, et surtout pour ses dirigeants,

dans le remuement mondial actuel et l'intensification de la concurrence, de placer en tête de ses aspirations la recherche de l'oisiveté, au-delà de la réduction historique mais graduelle de l'effort de travail, et de lui donner la priorité sur l'encouragement à l'activité et à la créativité, constitue, lorsqu'elle est couplée avec le déclin démographique, l'acceptation, consciente ou inconsciente, d'une éthique de la décadence.

Les limites de l'économie de marché

L'économie de marché est un mécanisme qu'il faut mettre à sa place dans notre construction de l'avenir, pour libérer notre énergie des faux débats qui l'épuisent.

C'est tout. Il ne faut pas lui faire dire davantage. On n'a jamais déifié un mécanisme, mais seulement reconnu son utilité.

L'acceptation par les Français des mécanismes de l'économie de marché est un peu l'équivalent de l'introduction du système métrique. Désormais, ils savent où se situe la référence qui permet de mesurer les performances économiques. Mais la terre ne s'arrêtera pas de tourner pour contempler les effets de l'économie de marché.

Si le marché est le seul indicateur utilisable, il n'est pas pour autant parfait. Ses ajustements sont souvent brutaux, ses évaluations approximatives. La valeur réelle d'un grand groupe industriel comme Alcatel, constamment suivi par les analystes, c'est-à-dire l'évaluation de ses actifs technologiques et de sa santé financière, n'a pas varié de 1 410 francs le 15 juillet 1998, à 554 francs le 18 septembre 1998, lorsque la baisse a été déclenchée par des indications contradictoires fournies aux analystes. L'évaluation faite par le marché était nécessairement incorrecte, soit avant, soit après !

De même, le marché reste sans effets directs sur certains grands ajustements quantitatifs, tels que la démographie, dont l'influence va être décisive sur l'économie mondiale.

On ne peut pas affirmer non plus que le fonctionnement du marché ait contribué à réduire les écarts de revenus entre nations riches et nations pauvres dans le monde, ni qu'il apporte une solution certaine au problème du développement de l'Afrique dans le siècle prochain. C'est même une réalité inverse qu'ont fait apparaître, en 2000, les rapports de l'Organisation des Nations unies.

Enfin, le jeu spontané du marché ne réussit pas à maîtriser des situations d'enrichissement personnel qui, lorsqu'elles sont liées à une performance économique exceptionnelle, n'appellent pas d'observations particulières, mais qui laissent perplexe lorsqu'elles viennent rémunérer des carrières consacrées exclusivement à des manipulations d'ingénierie financière, sans aucune création de valeur ajoutée.

Le choix raisonné à effectuer par les Français en faveur de l'économie de marché ne doit pas être simplificateur. C'est le choix du meilleur mécanisme d'ajustement et de décision de l'économie. Mais de grands espaces, et de grands domaines d'action, restent ouverts dans notre société. C'est dire que nous pourrons enfin consacrer nos efforts à nous projeter vers l'avenir, sans poursuivre un débat qui monopolise inutilement notre attention.

*

Dans l'univers globalisé de l'économie sans frontière, que deviendra notre identité nationale ? Acceptons-nous l'idée qu'elle suivra le mouvement général, et qu'elle finira par se dissoudre dans un magma culturel, façonné par les médias internationaux ? Ou imaginons-nous que, même dans une économie largement globalisée, il puisse subsister une identité culturelle et un mode de vie français ?

C'est le deuxième choix qui doit être évidemment le nôtre. Il est à peine besoin de le justifier. La nature de nos paysages, la manière dont s'est formé et accumulé le patrimoine culturel français, les traits de notre caractère, plus ou moins flatteurs, notre manière très particulière d'organiser notre vie, militent en faveur du maintien et de l'épanouissement d'une forte identité française.

C'est en mettant un terme au contentieux épuisant du dogme de la table rase, en choisissant l'économie de marché, mais dans les seules limites où elle s'applique, et en projetant vers l'avenir les traits les plus spécifiques de notre identité nationale que nous pourrons arrêter, et peut-être inverser, le déclin politique de la France.

5

L'impossible réforme

L'abandon de la réforme des Finances est un formidable encouragement pour nous !

Déclaration d'un enseignant, manifestant contre la réforme de l'éducation, le 20 mars 2000.

A entendre les discours des candidats aux élections, à tous les niveaux, et à lire leurs professions de foi, on pourrait croire que la France est un pays hyperréformé. Il n'y aurait pas une pierre du pays qui n'eût été retournée, pas une loi qui n'eût été réécrite de a à z, pas une institution dont l'utilité et le mode de fonctionnement n'eussent été passés à un crible sévère.

Hélas, la morne réalité est bien différente. Les lois et les décrets d'application s'empilent dans les placards des préfectures. L'organisation administrative reste quasi inchangée depuis l'ère napoléonienne. Les sous-préfets gèrent des arrondissements dont la réalité politique a disparu. La Banque de France surveille, dans tous les replis du territoire, la distribution d'une monnaie qui est désormais remplacée par l'euro. Les élus cumulent allégrement les mandats. Et la fiscalité, l'éternelle fiscalité, sur la réforme de laquelle ont buté la monarchie et la république, continue à superposer l'existence des impôts les plus anciens, les plus modernes, et, récemment, les plus compliqués : les anciennes taxes locales (les quatre vieilles), l'impôt sur le revenu dû à Joseph Caillaux au début du XXe siècle, la Taxe à la valeur ajoutée qui s'est substituée à l'impôt sur les ventes au détail, l'impôt sur les sociétés, l'impôt sur les salaires, la patente devenue taxe professionnelle, et la cascade des innovations récentes, telles que l'Impôt de solidarité sur la fortune, et les Cotisations sociales généralisées, à plafond différencié, plus ou moins déductibles. Sans compter les droits de succession, l'impôt sur les plus-values, les droits d'enregistrement et les diverses taxes indirectes. Chacun de ces impôts a sa législation propre, ses exonérations et ses abattements.

Devant ce capharnaüm, on s'étonne que la promesse de réformes fasse toujours recette. Et il est pourtant vrai qu'un candidat qui ne s'engagerait pas sur l'annonce d'un programme de réformes (prudemment non précisées : pas celles-là, et pas pour moi ! comme eût dit Edgar Faure) et qui n'ajouterait pas, pour bien faire, qu'il « promet de dire la vérité aux Français », n'aurait guère de chances d'être élu.

Comment expliquer ce paradoxe qui veut que les Français soient unanimes à réclamer des réformes, mais qu'ils s'arrangent pour les rendre impossibles ?

Cela tient d'abord à leur psychologie. On y trouve toujours la trace de l'attitude identifiée par Edmund Burke : l'aspiration à la table rase, le rêve idéaliste et confus d'une réforme qui changerait tout, une sorte de club de vacances en Utopie. Parallèlement, ils ont une idée très concrète de l'enjeu des réformes : c'est un changement qui leur apporterait une satisfaction personnelle. Ils examinent tout projet de réforme à partir d'un point de vue individuel et non d'un projet collectif. Cela explique à la fois la popularité de l'idée de réforme et la résistance opposée à sa mise en œuvre, car il existe peu de réformes qui appportent une satisfaction personnelle à chacun. La plupart d'entre elles, notamment financières et sociales, se font « à somme nulle », les gains étant équivalents aux pertes. Or, le mécontentement de ceux qui perdent à une réforme est plus vif et plus tenace que l'est la satisfaction de ceux qui y gagnent.

D'autres réformes entraînent un bénéfice dans le futur au prix d'un sacrifice dans le présent. Pour les Français, cette balance n'est pas égale. Ils ont du mal à imaginer que les satisfactions promises seront réalisées, échaudés qu'ils sont par la longue liste des promesses non tenues, alors qu'ils sont extraordinairement capables d'évaluer les sacrifices qui leur sont demandés dans l'immédiat.

La situation est différente quand il s'agit de réformes touchant les problèmes de société : le droit des personnes, le fonctionnement de la justice, l'organisation du système éducatif, etc. L'opposition à la réforme vient moins de la résistance des intérêts menacés que d'une sorte de répugnance collective au changement. Les Français n'acceptent pas de se dire conservateurs, et pourtant, parmi les peuples européens, ils sont ceux qui opposent la plus grande résistance au changement. Les Italiens, en dépit de la faiblesse de leur régime politique, ont tranché depuis plusieurs années la question du cumul des mandats nationaux et locaux. Les pays du centre et du nord de l'Europe, qui ont une longue tradition d'attachement aux libertés municipales, ont réglé le problème du regroupement communal. Il semble qu'en France toute proposition concrète de réformes déclenche, dès le départ, une réaction négative.

Pour illustrer ces propos, je prendrai trois exemples de réformes indispensables, en recherchant ce qui bloque leur réalisation : la réforme du réseau des collectivités territoriales, la réforme fiscale, et la lutte contre le chômage.

*

La France connaît une extraordinaire juxtaposition de collectivités territoriales. On y rencontre six niveaux : les Communes, les Groupements de communes, les Départements, les Régions, l'État, et, plus loin à l'horizon, l'Union européenne, de plus en plus présente dans le financement des projets locaux. Et comme si cela n'était pas suffisant, le Gouvernement vient d'en ajouter un septième : le Pays, sorte d'étage intermédiaire entre les Groupements de communes et les Départements.

L'opinion publique se désintéresse de ces complications. Elle le manifeste par un taux d'abstention régulièrement croissant et désormais massif dans les élections cantonales, à l'exception de celles qui se déroulent en milieu rural.

Mais ce désintérêt n'entraîne pas de conséquences concrètes : ce système reste en place ; il est coûteux pour la collectivité, retarde l'exécution des projets et dilue les responsabilités. Il devient pratiquement impossible de répondre à la question simple : qui fait quoi ?

Il n'existe plus de projet d'investissement local qui ne comporte la participation d'au moins trois financeurs : la Commune, le Département et la Région. Et même de quatre ou cinq, si on y ajoute l'État et les Fonds européens. La réputation des élus de base — et leurs chances de réélection — se mesure à la manière dont ils obtiennent ces financements complémentaires. Or cette multiplication des sources de financement entraîne une multiplication parallèle des formalités administratives. Chaque niveau de compétence prétend exiger ses propres dossiers, émet ses observations et ses critiques, suggère des modifications du projet. Cela engendre des coûts supplémentaires qui se retrouvent dans le niveau des charges globales.

Le ministre de l'Intérieur de François Mitterrand, Gaston Defferre, a fait voter en 1983 une réforme de décentralisation audacieuse et novatrice. Je dis audacieuse, parce que j'avais essayé en vain de faire adopter une réforme analogue en 1980, projet pour lequel le ministre de l'Intérieur, Christian Bonnet, n'avait pas réussi à surmonter l'obstruction du Sénat.

Cette réforme a précisé et étendu le domaine d'action des conseils régionaux. Sur le plan départemental, elle a fait du président du conseil général le chef de l'exécutif, à la place du préfet. Pour souligner ce changement, le bâtiment où siège désormais le conseil général devait être séparé de la préfecture.

Un texte ultérieur confiait aux Régions la responsabilité de la construction et de l'entretien des lycées, et instaurait l'élection des conseils régionaux au suffrage universel, élection qui eut lieu pour la première fois en 1986.

Cette réforme, audacieuse je le répète, et rendue possible par la détermination de Gaston Defferre, donnait vie à un nouvel étage d'administration de notre territoire : la Région. La dimension de ces Régions métropolitaines — vingt-deux au total — restait réduite par rapport à la moyenne européenne, et notamment aux Länder allemands, mais elle s'en rapprochait. Le cadre régional paraissait bien adapté à la nature des problèmes de la France de demain : le développement économique, l'éducation secondaire et professionnelle, l'aide à la recherche scientifique et technologique, le soutien aux activités culturelles, la protection de l'environnement et du patrimoine, et, bien entendu, l'aménagement du territoire régional.

La réforme fut accueillie de manière positive, et, à l'exception de quelques constructions de bâtiments mégalomaniaques pour abriter les nouveaux conseils régionaux, ses résultats furent jugés satisfaisants par l'opinion. Lors des dernières manifestations lycéennes qui visaient l'Education nationale, les Régions ont été généralement épargnées.

Bref une bonne réforme, qui appelait une suite dans deux domaines : une nouvelle définition des compétences des Départements, pour éviter de coûteuses duplications entre eux et les Régions, et la poursuite du transfert des responsabilités de l'État vers les Régions, dès lors qu'il s'agissait de matières qui seraient traitées plus efficacement au niveau du terrain.

Or c'est l'inverse qui s'est produit. L'escargot a repris son mouvement, mais en marche arrière.

Les Régions se voyant confier la responsabilité du développement économique et de l'aide aux entreprises, les Comités d'expansion départementaux devaient évidemment leur être rattachés, et les interventions économiques directes être interdites aux Départements. Les entreprises auraient trouvé alors devant elles deux niveaux d'administration : les Communes ou leurs Groupements, pour traiter des questions foncières, et les Régions, pour faire appel à leur système d'aides. Au lieu de cela, on a assisté à une concurrence nouvelle entre les Départements et les Régions, chacun s'attribuant les mérites des résultats obtenus, et les entreprises ne sachant plus à quel saint se vouer, c'est-à-dire à quel guichet s'adresser ! Un article de loi de finances aurait suffi à régler le problème, mais aucun Gouvernement, malgré de nombreuses demandes, ne l'a jamais présenté au Parlement.

Pour les nouveaux transferts de compétences, une seule initiative importante a été prise en treize ans : celle de confier aux Régions la responsabilité de la formation professionnelle initiale et continue des jeunes de seize à vingt-cinq ans, à partir du 1er janvier 1995. C'est une excellente mesure, prise par le Gouvernement Balladur, à la demande des présidents de conseils régionaux. Mais c'est tout ! D'autres demandes justifiées sont restées lettre morte ! Pour quel étrange motif la responsabilité de la formation professionnelle a-t-elle été transférée aux Régions pour les personnes âgées de moins de vingt-six ans et conservée par l'État au-delà de cet âge ? Les électeurs italiens ont supprimé par référendum le ministre du Tourisme, alors que la France conserve le sien ! Et pourtant une loi de 1994 a confié aux Régions le soin d'animer les Comités régionaux de tourisme. A quelle utilité répond le maintien d'une administration parallèle sur le terrain ? De même, le ministère de l'Environnement alloue chaque année une subvention aux Parcs naturels régionaux. C'est une excellente chose, mais pourquoi ne pas réaliser ce transfert de ressources une fois pour toutes ? Est-il judicieux de conserver deux niveaux de compétence éducative : les Départements pour les collèges, et les Régions pour les lycées ? D'ailleurs, cédant à la pression de la violence, le Gouvernement propose désormais d'effectuer ces transferts de compétences au seul profit de la Corse, alors qu'ils sont demandés depuis longtemps par l'ensemble des présidents de conseils régionaux, toutes tendances politiques confondues.

L'énumération pourrait se poursuivre, mais je m'arrête. C'est un fait que, depuis son entrée dans l'Union européenne, la France possède un niveau de compétences locales de trop. Il faut choisir celui qu'il convient de conserver. J'avais exprimé à Dijon ma préférence pour le niveau régional, en raison de sa dimension par rapport à l'Union européenne et de sa meilleure adaptation aux besoins du futur. Les deux présidents de la République qui m'ont suivi ont témoigné leur attachement au maintien des Départements, solution également préférée par le Sénat, dont ceux-ci constituent les circonscriptions électorales.

La France devrait reprendre sa marche en avant vers la modernité. C'est la Constituante qui a mis en place les départements en 1790 par une réforme alors audacieuse. Les considérations de durée de trajet à cheval pour se rendre au chef-lieu ont joué un rôle déterminant dans le choix de leur taille ! Les Constituants, placés devant des choix plus innovants, ont finalement choisi dans la plupart des cas de respecter les limites des anciennes provinces, ce qui nous permet de retrouver les contours naturels des régions d'aujourd'hui. Cent ans plus tard, dans les années 1880, l'organisation communale a reçu sa forme définitive.

C'est au XXIe siècle qu'il revient d'installer sur des bases solides la structure régionale. Cette action, tournée vers la modernité, peut s'appuyer sur des racines anciennes, celles des terroirs régionaux. Elle mettra fin à l'affrontement historique entre les fédéralistes girondins et les centralisateurs jacobins. La culture républicaine, exprimée par le suffrage universel, est suffisamment ancrée dans le pays pour n'être plus ni contestée, ni menacée dans l'avenir par une organisation régionale plus souple. Celle-ci doit se garder de toute prétention à détenir une identité politique et à vouloir s'en attribuer les fonctions, qu'elle serait d'ailleurs hors d'état d'exercer. La pensée qu'un conseil régional composé d'une seule assemblée, élue au scrutin de liste, qui réunit dans son sein les tâches de l'exécutif et celles d'une assemblée délibérante, pourrait disposer de la culture juridique et de l'expérience politique indispensable à la juste et prudente confection des lois, sans possibilité de navette ni présence de représentants du Gouvernement sur ses bancs, est une absurdité qui ne résiste pas au bon sens ! Ce qu'il convient de rechercher, c'est une modalité d'organisation de notre société, de gouvernance pour employer la terminologie contemporaine adaptée aux données de notre époque, capable de fonctionner pour le bien de l'ensemble des Régions, Corse comprise, et aussi pour le progrès collectif des Français.

Il n'est pas nécessaire de donner à cette évolution un caractère dramatique, pas plus qu'il ne faut mettre une grandiloquence désuète au service de la défense des structures existantes.

Les Départements ne seront pas supprimés d'un trait de plume. Ils garderont pendant un certain temps encore une existence administrative et continueront de gérer celles de leurs attributions qui sont fondées sur une relation de proximité, notamment en matière sociale. Mais ils cesseront de constituer un étage de notre système politique, à compétences générales. La France deviendra une maison à trois étages : les communes et leurs Groupements, les Régions, et l'État. Le mode d'élection des « conseils départementaux » devrait être réformé, pour les rapprocher d'une structure de gestion et non d'une représentation territoriale.

C'est l'intérêt que porteront les citoyens au fonctionnement de chacun de ces niveaux de compétences qui déterminera, en fin de compte, leur importance respective.

La lenteur avec laquelle s'effectue cette réforme tient à « l'attachement à l'existant » qui caractérise les Français, renforcé par leur méfiance vis-à-vis de tout changement dont ils n'aperçoivent pas l'avantage qu'ils pourraient en retirer. Elle s'explique aussi par la structure particulière des étages du pouvoir en France. Notre pays est en effet une *démocratie parlementaire* (ce qui signifie que ce sont les élus qui décident entre eux, et non les citoyens), *gérée par des élus locaux.*

La France est organisée, de la base au sommet, en une pyramide de pouvoirs successifs où le sort de chaque niveau — communal, départemental, régional et national — dépend largement du soutien que lui apporte le niveau inférieur : pour être élu conseiller général, il faut compter sur l'appui des maires du canton ; pour être élu sénateur, on a besoin du soutien des maires et des conseillers généraux ; pour être élu député, les candidats s'imaginent que l'appui des maires de la circonscription sera déterminant. Pas question, dans ces conditions, de prendre le risque de déplaire aux responsables du niveau inférieur !

La trajectoire d'un élu politique en France répond à deux lois simples ; on se présente à une fonction pour préparer sa candidature à la fonction suivante ; lorsqu'on est élu à la fonction supérieure, on conserve la fonction antérieure, de manière à éviter qu'un « intrigant » ne vienne reproduire à vos dépens le parcours que vous venez de réussir. D'où l'obsession de cumuler les mandats.

Cette description s'applique à ceux qui veulent faire une « carrière » politique, et non, évidemment, à ceux des élus du terrain qui se satisfont d'administrer leur commune. Pour les premiers, le problème est d'escalader le plus vite possible la pyramide des pouvoirs locaux pour accéder au délice suprême : le portefeuille ministériel et les honneurs, notamment motorisés, qui l'accompagnent. Ils ne sont jamais satisfaits de la fonction qu'ils exercent et se tordent le cou à regarder vers l'étage suivant. D'où la pratique qui les conduit à se présenter à toutes les élections successives — et maintenant européennes — en affichant une vocation passionnée à vouloir exercer les mandats sollicités, vocation qui laisse évidemment les électeurs sceptiques.

Le fait que la filière du pouvoir en France passe par la conquête de mandats locaux successifs comporte plusieurs conséquences négatives.

D'abord une certaine dépréciation du mandat local, aux yeux de la classe politique, puisque celui-ci n'est perçu que comme un poste de transit, alors que son utilité réelle est très importante pour la collectivité : le maire d'une grande ville peut ajouter davantage au bien-être de ses concitoyens qu'un secrétaire d'État en attente de devenir ministre, qui se contente, le plus souvent, de suivre l'avis de ses services.

Une autre conséquence est celle de l'extraordinaire difficulté à réaliser une réforme des collectivités locales. Le système est en effet autobloquant. On ne va pas attendre d'un élu qu'il vote une réforme qui antagonise la quasi-totalité de son collège électoral. Ce résultat peut être espéré, à la rigueur, à l'Assemblée nationale, où les députés sont tenus à une certaine discipline politique, et où leur réélection dépend peu des élus locaux, du moins dans la France urbaine. En revanche, au Sénat, la difficulté est presque insurmontable.

L'interdiction du cumul des mandats parlementaires avec les mandats exécutifs, tels que la présidence des conseils départementaux (appelés généraux) et les mairies des grandes villes, priverait les sénateurs de la base de pouvoirs qui assure leur élection. C'est pourquoi cette réforme indispensable devra s'accompagner d'une certaine révision conceptuelle : quelle est la fonction que le candidat souhaite *réellement* exercer ? Son ambition personnelle est-elle de devenir président de conseil régional, ou bien maire d'une ville importante, ou bien encore député ou sénateur ? Ces choix devraient être considérés comme égaux en intérêt et en considération, et non traités comme les barreaux inférieurs ou supérieurs d'une même échelle. Cela suppose que leurs conditions de vie soient comparables, en particulier que leur traitement financier le soit.

Pour éviter un accroissement des charges publiques et compenser cette nouvelle forme de dépenses, j'avancerai une proposition sacrilège : celle de revenir sur les augmentations inopportunes du nombre des sénateurs décidées depuis le vote de la Constitution de 1958, et du nombre des députés accru inutilement au début des années 1980, après vingt-deux ans de stabilité, qui font que la France dispose, avec 60 millions d'habitants, d'un nombre de parlementaires très supérieur à celui des États-Unis, avec 260 millions d'habitants. Il existe en effet 898 parlementaires en France (577 députés et 321 sénateurs, sans compter les 87 députés européens) contre 535 aux États-Unis (435 à la Chambre des représentants, et 100 sénateurs) ! Quant à la Douma de la Fédération de Russie, elle est composée de 420 députés !

La leçon à tirer de ces « Reflections » est que, pour réussir, la modernisation de nos structures locales suppose une forte impulsion politique. Celle-ci doit être conduite avec un mélange de détermination et de prudence, car les structures en question sont intimement liées à notre culture politique, et même à certains aspects de notre identité nationale. Elles ont pourtant un grand besoin d'être aérées et modernisées afin que, là encore, la France prenne l'habitude de regarder vers son avenir.

Leur réforme doit être éclairée par des débats parlementaires minutieux et réfléchis auxquels le « réformateur » gouvernemental doit prêter la plus grande attention. Ces débats apportent des informations sur les fragilités à protéger et sur les équilibres à maintenir.

Mais, en fin de parcours, il est inévitable que le Gouvernement s'engage sur un projet.

Il se peut que le problème de la Corse serve de déclencheur à un débat qui aurait dû être ouvert depuis longtemps et qui est resté en sommeil depuis 1983, sous l'effet du blocage du lobby des Jacobins, renforcé par celui des administrations centrales. Les Gouvernements successifs, y compris le Gouvernement actuel, ont préféré esquiver la discussion d'un sujet pourtant important pour la modernisation de notre démocratie de proximité.

Les demandes exprimées par la majorité des élus régionaux corses, lors de leur premier vote le 10 mars 2000, correspondaient aux propositions de transferts de compétences périodiquement exprimées par l'association des élus régionaux de la France continentale et transmises aux Gouvernements, qui les ont ignorées. Le jour où le Parlement aura à débattre de ce sujet, il ne pourra pas rester circonscrit à la seule Corse. En raison du principe d'égalité, inscrit immédiatement après celui de liberté dans notre devise républicaine, la discussion, par la force des choses, portera sur l'organisation territoriale de l'ensemble français. *Ce qui sera concédé aux uns ne pourra pas être refusé aux autres. Ce qui sera maintenu pour les uns ne devra pas être esquivé par les autres.*

La question est de déterminer le meilleur degré de décentralisation régionale qui soit adapté à la France : celui qui encourage le plus l'exercice des responsabilités locales et le maintien de l'identité et de la culture régionales, sans ébranler les acquis de l'unité nationale que sont l'appartenance à une même légalité républicaine et le fait d'être associés individuellement et collectivement aux bénéfices de la solidarité nationale.

Ce grand débat devrait alimenter, selon moi, les campagnes des élections de 2002, et particulièrement celle de l'élection présidentielle.

Je pense que, dans les matières qui touchent à la démocratie de base, il y aurait intérêt à solliciter l'avis de l'opinion publique. Ce n'est pas un problème simple, car il faut éviter de placer l'opinion devant un choix inacceptable entre le maintien d'une situation antérieure, évidemment condamnée, et l'acceptation de solutions outrancières — et irresponsables — avancées par une minorité où se retrouvent les activistes et les opportunistes. Le projet de loi de réforme ayant été longuement débattu par le Parlement et porté dans tous ses aspects à l'analyse critique des médias (et particulièrement de la presse écrite) serait soumis, en fin de parcours, à l'approbation populaire, en respectant, de toute évidence, le cadre constitutionnel auquel la majorité de l'opinion n'est pas disposée à renoncer.

On serait sans doute surpris par le soutien qu'apporterait l'opinion publique à une modernisation raisonnable des institutions locales sans bouleversement institutionnel. Les enquêtes d'opinion font état d'une approbation massive de la limitation du cumul des mandats et d'une préférence marquée pour la Région comme cadre futur d'aménagement du territoire national et de la décentralisation à la française.

L'antichambre de l'enfer

Les Français aspirent à une « grande » réforme fiscale. Leurs élus la promettent à chaque élection.

On comprend ce désir quand on feuillette le code général des impôts, qui bat en épaisseur tous les dictionnaires des langues classiques, et quand on y découvre les dépôts successifs des alluvions de notre longue histoire fiscale !

Le débat sur la réforme fiscale est aussi ancien que

notre vie politique. Devant la complexité et l'injustice de la fiscalité de l'Ancien Régime, Turgot (entre 1774 et 1776) puis Calonne (en 1786-1787) ont tenté un essai de réforme. Ils s'y sont brûlé les doigts.

La France bourgeoise du XIXe siècle s'est accommodée d'un régime fiscal assez stable, favorable à ses intérêts. Mais l'explosion des dépenses de l'État qui a accompagné l'entrée dans l'ère industrielle a engendré le besoin de ressources nouvelles. Il s'y est ajouté le poids des dépenses militaires massives, avant les deux dernières guerres, puis les charges financières de la reconstruction du pays.

Pour faire face à ces besoins, le système fiscal a empilé impôt sur impôt. Et comme les taux de ces impôts devenaient excessifs, le législateur, c'est-à-dire le Parlement, au lieu de rechercher une simplicité qui lui paraissait inaccessible, s'est ingénié à multiplier les dispositions permettant d'adapter l'impôt aux situations individuelles. D'où un réseau compliqué de plafonds d'imposition, d'abattements à la base, de taux différenciés, d'exonérations et de déductions multiples.

La montée des prélèvements obligatoires en France nous a fait atteindre un niveau qui constitue le record du monde des grands pays industrialisés ! Le total des prélèvements fiscaux et sociaux s'est élevé, en 1998, comme en 1997, à 44,9 % du Produit intérieur brut. Et il a atteint son *record absolu en 1999, avec 45,6 % du PIB*[1] !

C'est dire que nous sommes loin de la règle d'or de la fiscalité, telle que la définissait Joseph Caillaux au début du XXe siècle : « Un bon impôt est un impôt à assiette large et à taux modéré. »

Sous la pression des besoins budgétaires et des amen-

1. Source : Programme pluriannuel des Finances publiques, février 2000.

dements parlementaires, la France s'est dotée d'une fiscalité à assiette étroite, c'est-à-dire touchant un nombre réduit de personnes, et aux taux le plus souvent exorbitants.

D'où la stratégie à conduire pour réformer notre fiscalité : c'est une stratégie de réduction de la charge fiscale visant davantage à réduire les taux qu'à restreindre l'assiette. Une condition préalable doit être remplie : celle de la diminution des dépenses publiques.

Cette réduction de la fiscalité doit se fixer des cibles, c'est-à-dire des zones de taux, que l'on puisse considérer comme satisfaisantes.

Prenons le cas de la TVA, que je connais bien pour avoir procédé à sa généralisation. Son taux actuel se situait depuis 1997 au chiffre bizarre de 20,6 %, qui vient d'être ramené à 19,6 %. On a pu vérifier que le taux acceptable de la TVA, c'est-à-dire celui qui ne génère pas d'effets pervers et qui ne pousse pas à la recherche de circuits de production et de distribution parallèles, se situe entre 16 % et 18 %. La France pourrait se fixer une cible de 16 à 18 % à atteindre dans les cinq prochaines années.

Pour l'impôt sur le revenu, la plupart des pays européens et les États-Unis ont ramené à un chiffre inférieur à 50 % le taux maximum de leur prélèvement. Aux États-Unis, première puissance économique du monde, ce taux est de 39,6 %, mais il est parfois complété par une taxe additionnelle des États. Il se situe à 40 % en Grande-Bretagne. En Allemagne, où ce taux était jusqu'ici de 53 %, le plan de réforme fiscale du gouvernement social-démocrate proposait de le ramener à 45 %. Au cours du débat parlementaire, la pression des élus a conduit à le fixer à 42 %. Un objectif raisonnable pour la France serait de ramener en trois ans le taux maximum de l'impôt sur le revenu au voisinage du taux allemand et de rendre déductible des bases de cet impôt la Cotisation sociale généralisée (CSG). Il est évident que l'ensemble du barème d'imposition devrait suivre une évolution parallèle, c'est-à-dire une réduction des taux de l'ordre de 15 % pour chacune des tranches de revenu.

Mais l'élargissement de l'assiette, que devient-il dans cette réforme ? Il a déjà été réalisé par l'instauration des diverses formes de CSG ! En réalité, sous une dénomination sociale, il s'agit bel et bien du rétablissement d'une taxe proportionnelle frappant la totalité des revenus. D'où l'objectif de revenir à une cotisation unique et de réduire son taux pour le rapprocher de son niveau initial.

De même, la cible à viser concernant les droits de succession en ligne directe, entre parents et enfants, serait celle de 20 % qui correspond à un taux longuement appliqué en France et qui évitait la plupart des manœuvres de dissimulation en vue de préparer les successions.

Ainsi, le système fiscal français deviendrait plus simple, moins oppressif, et en quelque sorte plus aéré. Les Français auraient l'impression de sortir d'une cotte de mailles pour revêtir un vêtement destructuré, libérant davantage leurs mouvements, et donnant sa chance à leur énergie.

La France n'a pas vocation à devenir un paradis fiscal, mais ce n'est pas non plus son intérêt d'avoir la réputation d'être une antichambre de l'enfer, ou, pour le moins, un purgatoire ! La France est un pays modéré et raisonnable qui, lorsqu'il s'exonère de ses coups de tête et de ses sautes d'humeur, doit se donner une image fiscale qui le situe dans la bonne moyenne des fiscalités stables et modérées comme cela a été longtemps le cas. Ce serait un argument persuasif en faveur du site économique français.

Les nouveaux huguenots

La mémoire historique de Louis XIV est ternie par la décision absurde que fut, en 1685, la révocation de l'édit de Nantes, édit promulgué en 1598 par son grand-père, Henri IV. Sans doute mal conseillé et mal influencé — mais il était le roi — Louis XIV a pensé que le temps était venu de faire disparaître un texte de tolérance qui avait permis aux protestants de vivre en paix pendant quatre-vingt-sept ans, mais qui constituait à ses yeux une verrue, une sorte de dérèglement, dans l'ordre théologique du royaume. Et il croyait que cette régularisation resterait sans conséquences pratiques, car il imaginait que les protestants avaient disparu.

Or, la révocation de l'édit de Nantes a déclenché le départ massif de plus de cent mille huguenots en direction des Pays-Bas, de Londres, des principautés protestantes d'Allemagne, et surtout de Berlin. Une grande partie de l'élite intellectuelle et professionnelle française — car le protestantisme s'était diffusé davantage dans les milieux influents urbains que dans la paysannerie —, une grande partie de cette élite a quitté la France pour n'y jamais revenir. Cet appauvrissement humain s'inscrit au débit de l'œuvre de Louis XIV.

La tension excessive de notre système fiscal constitue à sa manière une deuxième révocation de l'édit de Nantes, en ce sens qu'elle incite un certain nombre de talents français à aller jouer leur chance ailleurs. Qu'il y ait beaucoup d'échanges entre les jeunes, que certains bâtissent leur projet professionnel à partir d'un séjour de travail à l'étranger, il n'y a rien à critiquer, au contraire, car cette évolution est inscrite dans l'air de notre temps.

Mais lorsque les enquêtes de certains chercheurs et de grands organes de presse, sur un sujet sur lequel les pouvoirs publics restent extraordinairement discrets[1], font apparaître un courant permanent de départ en direction de Londres, de New York et de la Californie, lorsque les chefs d'entreprise s'inquiètent de la difficulté à pourvoir certains postes de responsabilité, en raison de la préférence des candidats pour les propositions qui leur sont faites à l'étranger, il y a matière à s'alarmer et à agir.

Dans une certaine mesure, et sans chercher à forcer la note, la capacité future de la France à développer son économie et à participer à l'envol des technologies nouvelles dépendra de la manière dont elle allégera suffisamment sa fiscalité pour convaincre les jeunes talents — huguenots ou non ! — qu'ils pourront mener leur carrière et jouer leurs chances d'avenir en France, dans des conditions aussi favorables que celles qui pourraient leur être proposées ailleurs.

Ainsi décrite, la réforme de notre fiscalité paraît relativement simple à concevoir et aisée à réaliser, sous la double condition de disposer de la durée nécessaire et de pouvoir contenir la marée montante des dépenses publiques. Ces deux conditions peuvent être réunies dans les premières années d'un mandat présidentiel.

Comment se fait-il, dès lors, que si peu de progrès aient été réalisés au cours des vingt dernières années, et qu'on ait même avancé à reculons ?

A cette question, on peut répondre en ouvrant quelques pistes de réflexion.

1. *Le ministre face à son administration*

D'abord, on ne rencontre plus guère de spécialistes des finances publiques dans le milieu politique actuel. Le temps n'est plus où le Parlement comptait dans ses rangs

1. A l'exception de l'excellent rapport sur « L'expatriation des jeunes Français », publié en juin 2000 par la Commission des Affaires économiques du Sénat.

un Joseph Caillaux, un Raymond Poincaré ou un Félix Gaillard. La connaissance de la fiscalité ne s'acquiert qu'avec une pratique suffisante et une observation sur le terrain. Sans verser dans l'esprit de corps, reconnaissons qu'un passage par l'Inspection générale des Finances était sans doute le meilleur apprentissage. L'enseignement de l'École nationale d'administration fait peu de place à la fiscalité, et les formations universitaires sont tantôt trop générales, tantôt trop spécialisées. A défaut d'autorité politique, le pouvoir bascule entre les mains de l'administration des finances. Or, l'objectif de cette administration n'est jamais de simplifier la fiscalité, ce qui réduit son pouvoir d'appréciation, mais plutôt de la perfectionner. On a pu le vérifier dans le cas de la TVA dont on a vu le domaine étendu à l'infini et à des opérations où il est impossible de détecter la moindre trace de valeur ajoutée, telles des subventions versées à des associations ou la vente d'objets d'art anciens.

La fiscalité française a été longtemps gérée par trois services distincts : les Contributions directes, les Contributions indirectes, l'Enregistrement et le Timbre. Même s'ils ont été fusionnés il y a quarante ans, il leur reste difficile d'avoir une approche globale du système. Celle-ci ne peut être imposée que par le sommet, c'est-à-dire par le ministre. Encore faut-il qu'il dispose de la compétence technique et de la durée nécessaire pour le faire.

2. *L'impôt sur le revenu doit-il avoir un rôle social ?*

Une autre difficulté tient au désaccord persistant, au sein de la société française, sur le rôle « social » de la fiscalité, particulièrement de l'impôt sur le revenu. Pour l'école classique, celle des créateurs de l'impôt, son rôle est de fournir, dans les conditions les plus équitables possible, les ressources fiscales dont un État moderne a besoin pour assumer ses fonctions. Mais pour d'autres, notamment à gauche, l'impôt sur le revenu doit être un outil de « redistribution » des revenus, corrigeant les inégalités observées dans la répartition des revenus. Il ne suffit donc pas qu'il soit réparti d'une manière équitable. Il faut encore qu'il ait un effet correctif, ou normatif, sur le niveau des revenus, et qu'il constitue une modalité de la « fixation publique » du revenu. Ces différences fondamentales de conception, qui n'existent pas dans les autres pays où seule la notion de répartition équitable de l'impôt est retenue, ne facilitent pas une approche commune du problème.

3. *Nos impôts comparés à ceux des pays voisins*

Notre débat fiscal national est, avant tout, un débat sur la répartition interne de l'impôt entre les Français. Nous prenons peu en compte les facteurs internationaux. Nous n'attachons guère d'importance, y compris dans les Assemblées parlementaires, aux comparaisons des régimes fiscaux entre les pays, même entre les pays qui font partie de la zone euro et entre lesquels n'existe plus désormais aucune frontière économique ou monétaire. Seule la presse spécialisée publie des travaux comparatifs qui provoquent l'accablement de ses lecteurs. Et pourtant, si nos impôts nationaux sont trop élevés, il devient possible aujourd'hui pour les particuliers, et surtout pour les entreprises, de s'installer ailleurs en Europe, en toute légalité.

L'opinion ne sait pas, en effet, qu'il existe désormais des systèmes « légaux » d'évasion fiscale dus à la mobilité de la matière imposable. Jadis, la matière fiscale était enfermée à l'intérieur du territoire national, gluée, comme diraient les chasseurs des Landes, au sol de notre pays. On pouvait la frapper autant qu'on le voulait, elle n'avait aucun moyen d'échapper aux coups. Du moins aucun moyen légal.

Désormais, la plupart des décisions économiques et la quasi-totalité des opérations financières sont décantonnées, c'est-à-dire qu'elles peuvent être localisées sur tel ou tel point du territoire de la zone euro, territoire dans lequel, pour simplifier encore les choses, elles seront désormais libellées dans la même monnaie, librement transférable. Les opérations nouvelles — fixation de sièges sociaux, lieux d'investissement, choix du pays où réaliser des fusions d'entreprises — chercheront à bénéficier des conditions fiscales les plus favorables. D'où une évasion fiscale régulière et légale.

4. *Le Parlement ne joue pas le jeu de la simplification*

La technique des débats parlementaires ne facilite pas non plus la réforme fiscale. La Constitution enferme les parlementaires dans les limites de l'Article 40 qui leur interdit de proposer une réduction d'impôt qui ne soit pas gagée par une recette équivalente. Les parlementaires, instruits par l'expérience, savent qu'il est beaucoup plus périlleux de proposer le gage, c'est-à-dire l'augmentation d'un impôt, qu'il n'est bénéfique de recommander un allégement. En matière fiscale, la rancune est plus tenace que la reconnaissance ! Aussi ont-ils renoncé depuis longtemps à suggérer des allégements.

La seule possibilité qui leur reste est d'amender les propositions fiscales du Gouvernement contenues dans la loi de finances. On ne peut que rester surpris devant le flot d'articles fiscaux que déverse annuellement le Gouvernement, comme si notre législation fiscale avait besoin d'incessantes retouches. Saisis de ce pullulement d'articles, les parlementaires s'efforcent de les amender, c'est-à-dire de les adapter aux situations personnelles ou catégorielles qui leur sont signalées. D'où une nouvelle source de complications. L'amendement est toujours compliqué et, parfois, inapplicable. Mais chacun peut crier victoire, et la législation fiscale comporte un méandre de plus.

Le Parlement est dans son rôle lorsqu'il se place en

posture de « médiateur » entre le législateur fiscal et le contribuable, mais il devrait veiller à assurer la justice pour le plus grand nombre, au lieu de se réfugier dans la prise en compte des cas atypiques.

Les parlementaires partagent avec les administrations fiscales une même culture de la complication. Ils préfèrent toujours une exonération partielle ou un abattement en faveur d'une activité ou d'une catégorie de contribuables à la baisse du taux général de l'impôt, qu'il s'agisse de la TVA ou de l'impôt sur le revenu. Ce faisant, ils ne répondent pas à la demande réelle d'allégement de la fiscalité qui s'identifie, pour les contribuables, à deux éléments symboliques : le taux des grands impôts et le montant de la cotisation fiscale acquittée par chacun.

La marée montante des dépenses publiques

La véritable difficulté, la difficulté centrale de la réforme fiscale, c'est l'augmentation constante des dépenses publiques au cours des décennies 1980 et 1990. Une réforme fiscale, pour mériter ce nom, à partir du niveau d'imposition que nous avons atteint, ne peut s'effectuer que dans le sens de la réduction des impôts. Cette réduction elle-même est contenue dans une limite qu'impose une relation simple que les Français ont insuffisamment présente à l'esprit : l'excès des charges fiscales est égal à l'excès des dépenses publiques. Le déficit ne constitue qu'une impasse temporaire, qu'on finance ensuite sous la forme de la dette. Lorsqu'un homme politique déclare solennellement sur les médias qu'il faut baisser les impôts, il devrait ajouter aussitôt, pour que sa phrase soit complète, dans un pays dont les finances publiques connaissent un déficit persistant et massif :

« et baisser d'un montant équivalent les dépenses publiques ».

Loin de se stabiliser, ou même de diminuer, la dépense publique n'a pas cessé d'augmenter au cours des deux décennies 1980 et 1990. Celle-ci représentait 46,1 % du PIB dans le budget de l'année 1980. Elle s'élevait à 54,3 % en 1998, soit une augmentation de huit points, c'est-à-dire 840 milliards de francs, ou encore 130 milliards d'euros par an !

Une des conséquences de cette augmentation a été d'habituer l'opinion française à un ordre de grandeur du déficit budgétaire très excessif. Le dernier budget exécuté sous ma présidence est celui de 1980. Son déficit d'exécution a été chiffré à 23,8 milliards de francs, soit 0,85 % du PIB : moins de la moitié du critère de Maastricht !

Cette augmentation continue des dépenses et cette indifférence du milieu politique vis-à-vis du montant du déficit, jusqu'à ce que les critères du traité de Maastricht fassent sentir leur morsure, tiennent à un ensemble de causes.

La première, liée aux circonstances, résulte de la montée des charges entraînées par le chômage. Elle est donc explicable, et même justifiable. Si le système s'est révélé coûteux, il a atténué pour les chômeurs les conséquences matérielles et psychologiques de leur perte d'emploi, et a permis à notre pays de traverser cette période sans connaître de fortes convulsions sociales, contrairement aux sombres prophéties avancées à l'époque.

Cette cause d'augmentation des dépenses est maintenant derrière nous. Le point important est de savoir si nous allons nous montrer capables d'accompagner l'amélioration de l'emploi par un reflux de dépenses publiques consacrées à l'aide aux chômeurs. Une fois qu'un certain niveau de dépenses engendré par une cause particulière a été atteint, il devient difficile de décrocher de ce niveau lorsque les circonstances viennent à changer. La vision du « magot » disponible aiguise les appétits et la convoitise de l'État qui cherche le moyen de s'en emparer pour l'affecter à d'autres dépenses.

La réduction des charges liées au chômage intéresse trois partenaires : les salariés et les entreprises, ceux-ci pour le montant de leurs cotisations versées aux Assedic, et l'État, pour sa part de dépenses budgétaires. Ces cotisations d'assurance ont été relevées à plusieurs reprises, pour financer les dépenses liées à la montée du chômage. Il serait souhaitable désormais que les partenaires sociaux définissent entre eux une stratégie de restitution progressive de leurs ressources aux salariés, aux entreprises et à l'État, au fur et à mesure que seront constatés les niveaux de baisse du chômage, en dégageant ainsi des marges d'action pour d'autres avancées sociales.

La seconde cause d'augmentation des dépenses publiques est permanente : c'est celle de la sur-administration de la France, c'est-à-dire de la disproportion entre le nombre des agents de l'Administration et l'étendue des tâches qu'ils doivent normalement exercer.

Quand on évoque cette question, on s'attire aussitôt des répliques fondées sur les performances insuffisantes de la France dans certains domaines d'action : la justice, la sécurité des citoyens, etc. S'il y a assurément, ici et là, certaines améliorations à apporter, elles ne dispensent pas de prendre une vue globale du problème. La France est, de tous les pays industrialisés, celui dont le nombre de salariés de l'État est le plus élevé par rapport à sa population active. Cette appréciation doit être affinée pour tenir compte du fait qu'en France l'État exerce des attributions, notamment dans le domaine de l'éducation, qui sont partiellement assumées dans d'autres pays par les collectivités locales ou par le secteur privé.

C'est un fait incontestable, mesurable, que la France est sur-administrée : 44,5 % des dépenses du budget de 1999 sont des dépenses de personnel de l'État, en activité ou à la retraite.

Le secteur des activités étatiques reste à l'écart des restructurations en cours dans l'économie de notre pays, à l'exception de la Défense nationale, qui accomplit un effort remarquable. La mesure des coûts y est rare, et approximative. Le flair des analystes n'y pénètre pas. C'est pourtant ce secteur qui réglemente étroitement l'activité des autres !

Quant aux entreprises, elles sont invitées, lorsqu'elles ont des demandes à présenter, à frapper, tels des hannetons, aux fenêtres des administrations économiques de l'État, des chambres consulaires et des trois étages d'administration territoriale. Elles y gaspillent une grande partie de leur temps et finissent souvent par renoncer.

La France dispose d'une bonne administration, compétente et honnête, mais une grande partie des tâches qu'elle devait assumer a disparu. Il n'existe plus chez nous ni pénurie à gérer, ni contingents d'importation à répartir, ni prix à taxer. L'économie de marché et la réglementation européenne ont déplacé vers les entreprises et vers Bruxelles la plupart des décisions qui étaient prises jadis par les administrations nationales. Le nombre des exploitants agricoles a été divisé par cinq ! La totalité de la formation professionnelle des jeunes et la gestion des lycées ont été transférées aux Régions. Où trouve-t-on la trace de ces réductions de compétence dans les effectifs des administrations centrales ? Le président d'une de nos plus grandes banques me confiait récemment : « Cela fait plus de six mois que je n'ai plus eu l'occasion de contact avec la direction du Trésor ! » Alors qu'il y a quelques années encore ses contacts étaient hebdomadaires, voire quotidiens.

La cause est entendue : la France a besoin de moderniser et d'alléger ses administrations afin de les adapter à l'organisation nouvelle du territoire et aux nouvelles règles de fonctionnement de l'économie. Cette restructuration administrative devrait emprunter les recettes qui ont réussi ailleurs : éviter les effets d'annonce globale qui antagonisent les personnels ; conduire la rénovation dans chaque secteur à partir de ses données spécifiques ; supprimer les doubles niveaux de responsabilité sur le plan local ; enfin, écarter l'hypothèse de plans de licenciements.

Je voudrais insister là-dessus. L'opinion publique est informée des réactions syndicales devant les projets de restructuration.

Elle demande alors que ces projets écartent l'hypothèse de tout « licenciement sec ». Si elle obtient satisfaction sur ce point, l'opinion considère qu'elle a remporté une victoire sociale. Adoptons le même principe pour la restructuration de l'Administration.

Celle-ci ne devrait entraîner aucun départ forcé. En dehors des départs naturels, dus à l'âge, ou à la préférence personnelle, la seule variable disponible est celle du recrutement. Le niveau des recrutements à effectuer devrait être établi, non sur la base des effectifs existants des administrations — ce qui est le cas actuellement — mais à partir des besoins de leur organisation future. Une telle approche ne devrait inquiéter aucun agent en place ni menacer aucun des droits qu'ils se sont acquis.

On objectera peut-être que cette marge d'action est trop faible puisque, pour des raisons de maintien de la pyramide des âges, on sera conduit à conserver un niveau minimum de recrutement. Je ne le pense pas, car le fait de faire varier de quelques points par an les effectifs des administrations déclenchera une interrogation sur les méthodes de travail, sur la simplification des tâches, interrogation qui pourra conduire à un changement fondamental d'attitude au sein des services administratifs. Ceux-ci sortiront d'une posture statique et défensive pour adopter celle d'une administration de mission.

Dans les conflits du début de l'an 2000, provoqués par les tentatives, méritoires et maladroites, du Gouvernement pour réformer certaines administrations, notamment celles du ministère des Finances, qui sont en surnombre manifeste en raison du développement de l'informatique, on a vu invoquer par les opposants à la réforme un argument étrange : celui du maintien intégral des effectifs au niveau qu'ils avaient atteint en 1999. C'est une sorte de transposition du « ni-ni » — règle d'or de l'immobilisme — à la fixation des effectifs de l'Administration. Il n'y a pourtant mathématiquement aucune chance pour que le chiffre de l'année 1999 corresponde, par excès ou par insuffisance, aux besoins de services en constante évolution !

Je pense que les deux têtes de la cohabitation rendraient un grand service à la France s'ils persuadaient l'opinion publique que, pour adapter les effectifs de l'Administration à ses futures tâches en évitant tout licenciement et tout départ forcé, la meilleure méthode consiste à jouer sur le niveau des recrutements. La tendance constatée de la réduction du chômage faciliterait cette approche.

Pour éclairer leur démarche, ils pourraient avoir recours à la solution qui s'est révélée efficace dans le cas des privatisations : la mise en place d'une Commission de Sages qui évaluerait, sans fixer de règles générales et sans faire de bruit, le nombre de places à ouvrir, chaque année, pour les recrutements des différentes branches de l'Administration.

Ce changement serait d'autant plus marqué s'il s'accompagnait d'une nouvelle vague de décentralisation.

Rapprocher l'Administration du terrain et couper le cordon ombilical napoléonien qui l'accroche toujours aux administrations centrales parisiennes est le meilleur moyen de faire bouger les mentalités.

Ce serait en même temps l'occasion de s'interroger sur la place que la « fonction publique » — c'est-à-dire l'Administration — occupe au sein de la société française. Son positionnement actuel n'est pas satisfaisant, même s'il donne aux personnels concernés un sentiment de sécurité et une garantie sur le déroulement de leur carrière. Ce qu'on appelle le « statut de la fonction publique » date des années de l'immédiat après-guerre. Il ne s'est nullement adapté aux évolutions intervenues depuis : la gestion décentralisée, la responsabilisation des décideurs, la mobilité des carrières professionnelles.

Sa principale caractéristique est la rigidité. Les choix et les mérites personnels sont peu pris en compte. Les notations, théoriquement établies de 0 à 20, sont contenues dans la limite de 16 à 20, et l'usage veut qu'on doive les améliorer chaque année, ce qui les dépouille de toute signification. Il n'existe pratiquement aucune relation entre le niveau de rémunération et la qualité du service effectué. Ces rémunérations sont elles-mêmes obscurcies par le régime des « primes », très variables selon les ministères, et sur lesquelles la Cour des comptes tente, dans ses rapports annuels, de braquer ses projecteurs, dont la lumière est rapidement obscurcie.

Le régime des retraités de la fonction publique diffère de celui de la Sécurité sociale — c'est-à-dire du droit commun des Français —, à la fois dans les âges d'ouverture du droit à la retraite et dans le niveau de celles-ci. Pourtant, il existe une intercommunication entre les retraites des fonctionnaires et les ressources de l'ensemble des Français, puisque c'est au budget général qu'il est fait appel pour combler le déficit — appelé à croître dans les années prochaines — des régimes de retraite de la fonction publique.

C'est une banalité de dire qu'un statut élaboré entre 1945 et 1950, c'est-à-dire dans la première moitié du XXe siècle, a peu de chance de répondre aux besoins du XXIe siècle. Il reste cependant entouré d'une aura sacrée, et les Gouvernements successifs n'envisagent jamais de le remettre en question. Le résultat, négatif, de cette attitude est que le fossé qui sépare le monde de la fonction publique de celui, désormais majoritaire, de ceux qui travaillent au sein des entreprises se creuse de plus en plus. Cet éloignement n'est satisfaisant ni pour les uns, perçus comme des privilégiés, ni pour les autres, qui supportent mal le fait d'être les seuls à contribuer à la prospérité du pays, sans que leur mérite en soit reconnu.

La meilleure approche possible vis-à-vis de ce problème serait un acte refondateur définissant une nouvelle approche culturelle consistant à passer d'une administration à structure hiérarchique, encore bâtie sur le modèle des armées napoléoniennes, à une structure de « mission », organisée à partir de tâches à accomplir. Cette nouvelle administration serait entraînée, par son évolution naturelle, à s'adapter aux changements continus des tâches. Il est évident qu'elle devrait garantir à ses agents une sécurité dans le déroulement de leur carrière, mais elle devrait s'ouvrir à deux innovations : celle d'une récompense plus grande donnée au mérite lors des avancements et des choix — au prix de certaines garanties d'objectivité —, et celle d'une plus grande flexibilité, facilitant les allers et retours entre les tâches de la fonction publique et l'exercice de responsabilités au sein des entreprises.

La perception que les jeunes auraient de leur future carrière en serait modifiée : ce ne serait plus ce boulevard morne et passif qui se déroule devant soi depuis le recrutement jusqu'à la retraite, mais une succession d'opportunités, permettant de se construire un profil de carrière personnel.

Par cohérence avec cette nouvelle culture administrative, l'Ecole nationale d'administration devrait être réformée, pour rendre un sens aux projets personnels. Au lieu de rester un vivier où les administrations viennent pêcher selon leurs besoins, en fonction du classement des élèves, le concours d'entrée unique devrait être remplacé par des concours individualisés, selon les vocations des élèves : diplomatie, gestion des finances publiques, droit administratif, droit social, etc. L'École servirait de lieu de rencontre et d'organisation de stages afin d'échanger des expériences, mais les « carrières » des élèves resteraient déterminées par leur choix d'origine. Au lieu de devenir des « fonctionnaires », ils se prépareraient aux missions qu'ils auraient eu le projet d'accomplir.

5. *Le culte de la subvention*

Une dernière cause de l'excès de nos dépenses publiques est évidemment l'attachement passionné des Français à l'aide financière de l'État. Cette attitude est le résultat d'une longue tradition. L'État tout-puissant de la monarchie et de l'Empire avait les moyens d'améliorer par ses dons, ses prébendes et ses privilèges un grand nombre de situations individuelles. Et l'intervention permanente de l'État, placé par la République au centre de l'activité économique, a habitué les agents de l'économie à considérer comme normal un soutien de l'État ou des collectivités locales au financement de leurs projets.

Tout Français estime détenir dans sa poche une créance sur l'État.

Ce comportement n'est pas le même que celui qu'on a pris l'habitude de désigner sous le nom d'assistanat. Il résulte plutôt d'une longue perception de la relation de l'individu avec l'État. Dans nos mentalités, les notions de

« finances de l'État » (l'État n'a qu'à payer !), de Trésor public, et même de Banque de France évoquent l'idée d'une sorte de « magot » collectif, indûment soustrait aux regards des citoyens, mais qui leur appartient et dans lequel il suffirait qu'ils soient autorisés à puiser pour que la plupart de leurs problèmes soient résolus. Il est vraisemblable que cette vision s'est formée à une époque lointaine, à partir d'un concept de trésor royal, ou impérial, totalement coupé de la vie du peuple et qui pouvait dispenser des faveurs illimitées. Ce qui est certain, c'est que les Français ne sont pas du tout convaincus que c'est leur propre argent qu'ils dépensent et qu'on viendra leur présenter la facture des satisfactions qu'ils obtiennent. L'époque moderne commence à dissiper ce mythe du trésor caché, mais tout ce qui permet de rapprocher un supplément de dépenses de la manière dont il devra être financé exerce un effet de pédagogie collective.

Quant à l'attente d'une aide de l'État de la part des collectivités locales et des entreprises pour contribuer au financement de leurs projets, elle est également quasi universelle. Seule une partie des entreprises commence à afficher sa préférence pour un dispositif où les aides seraient moins nombreuses, en contrepartie de charges moins lourdes.

L'obsession de la subvention est un facteur d'augmentation des dépenses, car rare est l'élu qui accepte de perdre le bénéfice d'une subvention pour sa collectivité locale, même si celle-ci devra supporter une part importante de la facture. Le système est rendu plus pervers par la pratique des financements croisés, c'est-à-dire des subventions multiples. Un projet local bénéficiera du montage suivant : 40 % du financement sera attendu de la Commune, 20 % du Département, 20 % de la Région, les 20 % restants se partageant entre l'aide de l'État et l'appel aux Fonds structurels européens. Ainsi chaque partenaire a le sentiment d'avoir limité sa dépense ! Personne d'autre que le premier financeur ne se considère comme réellement responsable de la réalisation du projet. Et qu'on imagine le nombre de réunions, de paperasses et de parlotes qui auront été nécessaires pour parvenir à ce savant montage ! Le plus cocasse, c'est que trois des partenaires — Commune, Département, et Région — font appel aux mêmes ressources, et que tout ceci se retrouvera sur la feuille unique des impôts locaux payés par le contribuable.

Ce système devrait être patiemment démonté. On peut progresser en développant le concept de *compétence exclusive.* Chaque niveau d'administration doit disposer d'un domaine de compétence exclusive où il assume la totalité des responsabilités et dont il supporte seul le financement. C'est le cas des lycées pour les Régions, et des collèges pour les Départements. S'il existe des difficultés financières, dues aux richesses inégales des collectivités, ce problème devrait être traité, comme il l'est en Allemagne, par une péréquation globale des ressources effectuée au niveau national.

Le second concept est celui de la *subvention unique.* Lorsqu'une collectivité locale, que ce soit une commune ou leur groupement, envisage de se lancer dans une réalisation, elle aurait à déterminer si son projet présente un intérêt départemental, régional ou national. Elle s'adresserait alors aux responsables du niveau correspondant pour en obtenir une subvention. La subvention obtenue serait exclusive de toute autre, à l'exception peut-être des aides européennes. En particulier les subventions départementale et régionale appliquées à un même projet seraient déclarées incompatibles et refusées comme telles par les Payeurs publics. L'écheveau commencerait à se débrouiller et l'opinion pourrait mieux distinguer les niveaux de compétence. Cela entraînerait un certain remodelage des budgets régionaux et départementaux qui irait dans le sens d'une meilleure lisibilité.

La tâche de la réduction des dépenses publiques est immense, mais on découvre qu'elle s'inscrit, par une sorte de mouvement naturel, sur la trajectoire de la modernisation.

Pour réformer et aérer à la fois la fiscalité et l'Administration, nous avons besoin de passer progressivement d'une attitude passéiste et défensive à une vue « globale » et « future », et de la gestion hiérarchique à la posture d'une mission à accomplir.

*

On pourrait continuer à parcourir les nombreux chantiers qui appellent des réformes, tels que l'éducation, la protection sociale, les régimes de retraite et leur financement, mais mon sujet n'est pas de traiter tous ces problèmes, aussi importants soient-ils. Il est de chercher à identifier, à partir de quelques exemples, les raisons qui paraissent rendre si difficile la réalisation des réformes en France et qui nous font osciller, depuis deux cents ans, entre un conservatisme obstiné, plus têtu que généreux, et des pulsations révolutionnaires, qui se soucient peu de bâtir et sont indifférentes à ce qu'elles détruisent.

Un dernier exemple, celui de la lutte contre le chômage, nous permettra d'arriver à quelques conclusions générales.

Retrouver le plein emploi

Depuis vingt-cinq ans, la France est aux prises avec le chômage, et après avoir essayé plusieurs dizaines de remèdes, elle n'a pas encore le sentiment d'avoir trouvé le bon, même si la situation est, grâce au ciel — ou plutôt grâce à l'expansion internationale —, en train de s'améliorer.

Peut-être faut-il commencer par décomposer le problème en ses différents éléments, selon la méthode chère à René Descartes, méthode dont la sagesse internationale est persuadée que les Français continuent de s'inspirer ?

Dans notre niveau de chômage, qui a tourné autour de 12 % de la population active (deux points de plus que la punition cruelle que les Romains infligeaient aux légions révoltées lorsqu'ils les décimaient !), on trouve trois ensembles différents :

— un chômage conjoncturel, dû à l'insuffisance de la croissance économique qui diminue les besoins de nouveaux emplois. On peut l'évaluer de 3 à 5 % du total ;

— un chômage structurel, qui tient au fait que notre société, en raison de ses rigidités et de ses inadaptations, n'est pas « capable » de créer les emplois dont sa population active aurait besoin ;

— un chômage de difficultés personnelles, qui peut être attribué aux obstacles que rencontrent un certain nombre de personnes pour développer les aptitudes, acquérir les savoirs, ou disposer de la santé qui leur permettraient d'occuper un emploi.

La distinction entre ces deux derniers ensembles n'est pas absolue, car au prix d'initiatives appropriées on réussit à faire passer un certain nombre de chômeurs de la troisième catégorie à la deuxième.

Le premier acte est de fixer l'objectif. Échaudés par les échecs successifs, les dirigeants politiques se sont prudemment contentés de proposer la « diminution du chômage ». Et l'opinion publique n'est pas prête à croire qu'on puisse faire beaucoup mieux : une baisse de 0,1 % ou de 0,2 % par mois du nombre des demandeurs d'emploi lui paraît un résultat acceptable.

Pourtant, un pays industrialisé comme la France, intellectuellement bien équipé, et qui a à peine labouré le champ immense des technologies nouvelles, pourrait se fixer un objectif mobilisateur : retrouver le plein-emploi ; ce qui veut dire supprimer les deux premiers types de chômage. C'est ce qui commence à se produire. La diminution constatée du chômage pousse les dirigeants politiques vers une audace nouvelle : celle d'imaginer la possibilité du retour au plein-emploi. C'est une évolution qu'ils observent, et qui les prend par surprise. On peut dire que la croissance économique les a pris à contre-pied et qu'ils ne disposaient pas d'une « logique » prête pour l'accompagner. Ils se préparent maintenant à présenter le plein-emploi, par l'alchimie subtile de la politique, comme un objectif annoncé de leur action.

Pour le chômage conjoncturel, le mouvement est en cours, et on ne peut que souhaiter qu'il se poursuive. Les spécialistes de l'école pessimiste et ceux qui prônaient la gestion administrative du chômage nous ont répété pendant des années qu'une amélioration de la conjoncture ne permettrait pas de faire reculer sensiblement le chômage. Les faits leur donnent tort. Le regret qu'on peut avoir tient au fait que ce mouvement aurait pu être plus rapide.

L'amélioration de la conjoncture française a été déclenchée par la correction de la relation de change entre le dollar, le franc et le deutsche Mark, qui a été effectuée par les marchés à la fin de l'année 1996. Si, au lieu de rester obstinément enfermé dans la politique de déflation poursuivie depuis 1992 jusqu'en 1996 — qu'on justifiait par le désir de ne pas contrarier le pesant dogmatisme allemand —, le Gouvernement d'alors avait pris l'initiative de cette correction de change, il aurait bénéficié de la même accélération de la croissance, de la même diminution du chômage que celle constatée aujourd'hui, et se serait trouvé en posture favorable pour aborder les élections législatives à leur échéance normale de juin 1998. Je m'étais permis d'avancer, dans un article publié en novembre 1996, que le taux de change souhaitable pour le franc était de 7 francs pour 1 dollar. Il s'est maintenu pendant tout le printemps de l'an 2000, période caractérisée par un fort taux de croissance et une diminution du chômage, au-dessus de 7 francs pour 1 dollar !

Pour aller plus loin, et engager la réduction du chômage structurel, des réformes sont nécessaires. Nous voici pris en tenaille entre les recommandations des institutions internationales et les projets de nos partis politiques.

Les organisations internationales — FMI, OCDE, Commission européenne — nous réclament à l'unisson d'augmenter la flexibilité du travail et d'alléger les contraintes réglementaires. Par ce vocabulaire prudent, on propose de rendre les licenciements moins coûteux et moins compliqués administrativement. Il est certain que ces coûts et ces complications dissuadent beaucoup d'employeurs d'embaucher, surtout parmi les entreprises moyennes, et expliquent le recours aux formules de travail temporaire. A une époque où la culture elle-même change et où beaucoup de jeunes prévoient qu'ils occuperont des emplois successifs, il y a certainement un meilleur équilibre à trouver entre les rigidités excessives actuelles et une absence totale de sécurité du travail. Si ces progrès étaient réalisés, ils assureraient une plus grande fluidité du marché du travail et faciliteraient l'embauche, mais ils ne créeraient pas d'emplois, en ce sens qu'ils n'ouvriraient pas un nouvel espace au travail salarié.

La critique la plus grave que l'on puisse adresser au système actuel, c'est qu'en raison du niveau des charges qu'il impose il interdit le recours au travail salarié dans un large secteur de la production et des services.

La démonstration est maintenant bien connue. Je la résume. Lorsqu'un travailleur est payé au salaire minimum, les charges sociales que doit acquitter son employeur atteignent près de 50 %. Le coût du travail qu'il fournit s'élève donc à 150 % du Smic. Or il existe dans notre économie un grand nombre d'actes de production ou de services dont la valeur marchande est comprise entre le niveau du Smic et ce niveau majoré de 50 %. Ces actes de production ou de services ne peuvent pas être exercés, car ils ne peuvent pas être rémunérés à leur coût économique, ce qui détermine une vaste « zone d'exclusion d'emplois ». Cette situation explique le fait que certains services cessent d'être rendus au public en France, alors qu'ils le sont toujours dans d'autres pays industrialisés, ou encore le fait que certaines productions, utilisatrices de main-d'œuvre peu qualifiée, sont délocalisées.

Si cette zone était rouverte à l'emploi, par la réduction des charges sur les bas salaires, un travail de recherche conduit avec l'aide des meilleurs spécialistes a permis d'évaluer à un nombre compris entre un million et un million et demi le nombre supplémentaire d'emplois qui pourraient être créés, ce qui équivaut à la suppression quasi complète du chômage « structurel ».

La plupart des responsables politiques ont fini par se rallier à cette évidence. Ils émaillent leurs discours de références à la réduction nécessaire des charges sur les bas salaires. Et pourtant, depuis que ce débat a été ouvert en 1994, il y a déjà cinq ans, aucune action de grande envergure n'a été entreprise. Seul le ministre des Affaires sociales du Gouvernement d'Alain Juppé, Jacques Barrot, avait fait des ouvertures concrètes dans cette direction. La ministre du Travail, Martine Aubry, s'est aussi ralliée à ce point de vue.

Les Gouvernements successifs ont préféré recourir à

un autre type de mesures : ils ont essayé de mettre en place des contrats, aidés par l'État et destinés à inciter les entreprises à accueillir des jeunes, soit pour compléter leur formation, soit pour les faire bénéficier d'une préembauche. Chaque ministre et chaque candidat aux grandes responsabilités politiques a imaginé son propre système ! Si le sujet n'était pas aussi dramatique, la liste des formules qui se sont succédé serait risible[1].

Malgré ces débordements d'imagination, le taux de chômage restait impavide. Si plusieurs de ces systèmes étaient effectivement utiles, en permettant de compléter une formation ou d'anticiper une embauche, ils présentaient un caractère commun : ils n'agrandissaient pas le périmètre de l'emploi. Et, tout naturellement, le niveau des créations d'emplois restait stationnaire.

La crainte de l'approche globale

Pourquoi avoir écarté l'approche globale, après en avoir reconnu la nécessité, et avoir préféré le recours à des mesures multiples et compliquées ? Cette attitude est révélatrice d'un état d'esprit que nous devons absolument modifier.

L'approche globale paraît trop simple, et ses conséquences trop difficiles à évaluer. Le milieu politique n'est pas persuadé d'avoir la compétence requise pour se pro-

1. La liste des contrats aidés par l'État depuis 1988 est la suivante : Contrat de qualification ; Contrat d'adaptation ; Stage d'Initiation à la Vie Professionnelle (SIVP) ; Contrat emploi solidarité ; Contrat de retour à l'emploi ; Contrat d'orientation, se substituant au SIVP ; Contrat local d'orientation ; Contrat emploi consolidé ; Contrat d'Insertion Professionnelle (CIP), qui n'a jamais vu le jour ; Contrat d'initiative emploi, qui remplace le Contrat de retour à l'emploi ; Contrat de qualification adultes ; Contrat emploi jeunes. J'espère n'avoir rien oublié...

noncer sur des mécanismes globaux et redoute de déclencher des effets qu'il ne maîtriserait pas. On l'a vérifié à propos des questions monétaires où aucune discussion sérieuse n'a jamais été engagée à propos de la contestable politique de déflation conduite de 1992 à 1997. Le milieu politique préfère chercher refuge dans des mesures de détail dont il imagine pouvoir mesurer les effets. C'est une sorte de démarche anecdotique dans laquelle on part d'un cas particulier, qui vous semble familier, pour essayer de le transformer en solution générale.

Les solutions simples et globales, comme un changement de parité monétaire, la libération des prix ou la réduction massive et générale des charges sur les bas salaires, ont le grave inconvénient, aux yeux de l'Administration, de mettre hors du jeu les circuits administratifs. Il n'y a plus de demande à présenter, de dossiers à constituer, de contrôles à effectuer. L'Administration protège ses droits en ne proposant jamais une telle solution, quelle que soit la nuance du Gouvernement au pouvoir. C'est pourquoi les solutions simples ne peuvent être imaginées, et imposées, que par le pouvoir politique.

Certes, le Gouvernement actuel a eu recours à une mesure globale qu'il a présentée comme un instrument décisif dans la lutte contre le chômage : la réduction de la durée hebdomadaire du travail de 39 à 35 heures, accompagnée du maintien du montant du salaire versé au travailleur. Le raisonnement présenté à l'appui de cette mesure consiste à affirmer que, les employeurs étant « privés » des quatre heures de travail effectuées par leurs salariés, ils embaucheront d'autres salariés pour accomplir les tâches à effectuer pendant cette même durée. Mais avec quelles ressources devront-ils les payer puisque les 35 heures des salariés conservés dans l'entreprise absorberont le prix payé pour les 39 heures antérieures, et que la production, par hypothèse, restera constante ?

On n'a jamais vu dans l'histoire économique une majoration instantanée du coût du travail déclencher la création de nouveaux emplois.

Il faut néanmoins constater que les négociations qui ont accompagné la mise en place des 35 heures dans certaines entreprises ont permis de réaliser des progrès significatifs en direction d'une plus grande flexibilité du travail : gestion annuelle du temps de travail, flexibilité des horaires, meilleure organisation du travail à temps partiel. C'est comme si une nouvelle culture du travail faisait son entrée à pas feutrés, par la porte entrebâillée...

Ajoutons que l'ironie de l'histoire viendra, là encore, ajouter son grain de sel ! Il est probable que lorsque l'obligation des 35 heures sera généralisée à toutes les entreprises, grandes et petites, la situation du marché du travail se sera inversée, et que nous connaîtrons une pénurie de main-d'œuvre ! Souhaitons que le législateur s'en aperçoive à temps !

En fait, il s'agissait de tenir une promesse électorale du parti socialiste, imaginée pour garnir un programme peu fourni en propositions d'avenir.

Une promesse semblable avait déjà été faite en 1981. Au cours de l'émission « Cartes sur table », sur la chaîne de télévision Antenne 2 (créée par la réforme de l'audiovisuel de 1975), le candidat François Mitterrand avait annoncé les deux pièces essentielles de son dispositif économique : une vague massive de nationalisation des grandes entreprises industrielles et financières (à vingt ans d'intervalle, on croit rêver !), et la réduction à 35 heures de la durée hebdomadaire du travail. Pour les nationalisations, la promesse a été entièrement tenue, et même au-delà, pour répondre aux demandes de ses alliés communistes... Mais la prudence, et sans doute les conseils reçus, l'ont dissuadé d'avancer sur la voie des 35 heures pendant ses deux septennats. Il s'est contenté d'une réduction de 40 à 39 heures au début de son premier mandat, et par la suite le sujet a été esquivé.

L'éthique rigoureuse de Lionel Jospin l'a conduit à tenir sa promesse électorale, contre les vents de la compétitivité et les marées de la mondialisation.

Ainsi, au départ des deux dernières gestions socialistes — en 1981 et en 1997 — au lieu et place des réformes indispensables à la modernisation du pays, ce sont deux promesses électorales auxquelles a été donnée la priorité. Le malheur a voulu que la première soit contraire à l'économie de marché, qui l'a fait rapidement abandonner, et que la seconde, sous sa forme simplifiée, soit contraire à la mondialisation de l'économie, qui nous impose d'accroître à tout prix notre compétitivité.

6

La psychologie endommagée des Français

Les Français sont des Italiens qui auraient perdu le sourire.

Jean COCTEAU.

Au moment de parler de la part de responsabilité que les Français portent individuellement dans le déclin politique de la France, du fait de leur psychologie, j'éprouve un sentiment de retenue mêlé d'émotion.

De retenue, parce qu'il n'est pas facile de parler de la psychologie d'un peuple dont on fait partie, et qu'on a eu, pendant quelques années, l'immense privilège de diriger. Je n'ai pas de contentieux personnel avec lui, comme certains le croient ou l'écrivent, car si les résultats des élections m'ont été successivement favorables, puis défavorables, j'ai constamment pensé que, dans l'état présent de notre culture, la décision par le vote était un acte légitime — le seul possible — et qu'il fallait l'accepter comme tel, sans l'idéaliser ni le dramatiser. J'ai toujours eu le sentiment, pour employer le langage courant, de bien m'entendre avec les Français, même si le milieu politico-médiatique était d'un avis différent, pour des raisons qui tiennent à ses calculs, et à ses préjugés.

En parlant de la psychologie des Français, je ne dirai pas, comme le font souvent les auteurs, que je ne suis pas sûr d'être compris, mais plutôt que je suis sûr de ne pas être compris. Les Français ont une idée d'eux-mêmes, avec laquelle ils jouent, qui les flatte, et que leurs dirigeants aiment leur renvoyer, comme s'ils leur tendaient un miroir déformé, pensant leur faire plaisir. Or cette idée ne me paraît ni exacte, ni avantageuse. Elle ne correspond pas à la nature originelle de leur caractère, qui est en réalité plus forte et plus respectable. On dirait que cette nature a été endommagée par le temps, et que son évolution est liée au déclin politique de la France, en ce sens qu'elle l'alimente, et qu'elle en subit la dégradation.

Sur cette question, beaucoup de travaux érudits ont été effectués. Le domaine des sciences humaines et sociales a fait des progrès considérables depuis quelques décennies, et je suis rempli d'admiration devant les sujets de thèse qu'approfondissent les étudiantes et les étudiants d'aujourd'hui. Je me place sur un plan différent du leur : celui de la relation observée et vécue, ce qui est le cas lorsque les mouvements de l'opinion sont une des composantes de l'action que vous avez eu à conduire.

C'est ici que me vient l'émotion. L'opinion pense souvent que ceux qui la dirigent ont un rapport conceptuel avec elle, fondé sur le calcul et, parfois, sur la manipulation. Elle n'imagine pas que puisse y entrer une part d'affectivité. Pourtant, on peut aimer un peuple, une foule, à la manière dont on aime une personne. On guette ses réactions, on est heureux de sa compréhension, blessé par sa méfiance. Pendant les dernières semaines de la campagne présidentielle de 1974, les auditoires devant lesquels je venais de m'exprimer avaient pris l'habitude, comme s'ils avaient reçu une consigne mystérieuse, de me murmurer « bonne chance ! bonne chance ! », alors que je traversais les rangs pour gagner la sortie. Je me souviens de Nantes, le 1er mai, où le public avait apporté des brins de muguet. Chaque fois que j'entendais prononcer ces mots, pourtant bien simples, je ressentais des picotements sous les paupières, et j'étais heureux de ressentir au passage la prise des mains ou l'enlacement des bras qui me cherchaient. Oui, on peut aimer une foule comme on aime une personne.

C'est pourquoi je ne voudrais pas que cette analyse de la psychologie des Français débouche sur l'impasse d'un malentendu. S'ils trouvent que je leur prête trop de défauts, il suffit qu'ils me répondent que ce sont aussi les miens.

Laissons de côté l'évocation de nos racines gauloises, et l'usage commode qui en est fait, pour expliquer notre aptitude à nous quereller et à nous diviser. C'est une plaisante fantaisie, qui ne repose sur aucune donnée scientifique. Je ne sais pas si le Professeur Jean Bernard a procédé, sur le sang des Français, aux mêmes études d'hématologie qu'il l'a fait pour certains peuples africains, notamment au Sénégal. Je doute que, s'il l'avait fait, il ait trouvé une forte proportion de chromosomes de type gaulois. La population française est, en réalité, la synthèse de deux peuplements : l'un de souche gallo-romaine au centre et au sud-est, l'autre d'origine germanique, ou « gothique », au nord, à l'est, et aussi au sud-ouest, où les tribus wisigothes s'étaient implantées. Quant à la Normandie, elle garde encore, notamment dans le pays de Caux, des traces très visibles de son peuplement viking. La rencontre de ces cultures, avec ses flux et ses reflux entre le Ve et le XIe siècle, a déterminé le caractère particulier de la France, et explique certaines de ses contradictions.

C'est une référence sympathique, à l'issue d'une défaite dans un match de rugby, ou d'une séance tumultueuse à l'Assemblée nationale, que de vouloir en expliquer les péripéties par notre origine gauloise ! Mais ça relève du domaine de la fantaisie.

Il n'y a pas plus de trace et d'influence gauloises chez les Français d'aujourd'hui qu'on ne peut retrouver le comportement des Romains classiques — consul, empereur, ou centurion — dans la vie de l'Italie contemporaine, ou des philosophes athéniens du Ve siècle dans le débat politique hellène. Le climat, la langue — notre langue est romane et non franque ! —, les noms de lieu, et plus rarement désormais les prénoms, préservent un mince filet qui coule encore de cette source. Pour analyser le comportement des Français dans leur vie d'aujourd'hui, il suffit que le regard embrasse la période qui va de l'âge féodal et chrétien jusqu'à l'époque industrielle, urbaine et républicaine, c'est-à-dire le millénaire qui s'achève. Les transformations qui ont modelé la psychologie particulière des Français se sont accomplies durant cette période, et plus spécialement au cours des trois derniers siècles.

Un des traits du comportement des Français est de vouloir se défausser de leurs échecs sur leurs dirigeants, en dédoublant la société française : d'un côté les Français, et de l'autre les dirigeants, qu'on appelle aujourd'hui les « politiques ». Lorsque les Français énumèrent longuement, et souvent avec malice, les insuffisances, les incompétences, ou les perversité des « politiques » en question, ils ne s'imaginent pas un seul instant qu'ils puissent s'appliquer ce jugement à eux-mêmes ! Or, ce dédoublement est artificiel. La coupure entre la société politique et la société tout court n'est pas profonde dans un pays qui compte cinq cent mille élus politiques, aux différents niveaux de représentation, et où tout Français est prêt à se porter candidat, dès qu'un signal favorable lui est adressé. La vie politique « réfléchit » la vie tout court. Si les partis politiques sont guettés par la division, c'est parce que les Français sont eux-mêmes divisés. Si la vie publique n'est pas plus sereine, c'est que les Français ont pris l'habitude de contester toute décision — même légale — qui ne leur est pas personnellement favorable. Il est inutile de multiplier les exemples. Chacun peut en avoir en tête.

Avant de rechercher les traits particuliers de la psychologie politique et sociale des Français d'aujourd'hui, je ferai une dernière remarque à propos des médias. S'agissant d'un phénomène récent, puisqu'il remonte à quelques dizaines d'années, et qu'en particulier l'envahissement du pouvoir par la télévision s'est produit sous mon septennat, on ne dispose pas du recul nécessaire pour porter un jugement assuré. Les Français sont passés depuis le début du siècle d'un relatif silence à un tapage sonore et visuel. Imaginons la vie d'un paysan ou d'un ouvrier français de la deuxième moitié du XIXe siècle, et essayons de compter le nombre de mots qu'il entend dans une journée. Autrefois, ceux qui étaient prononcés au sein de sa famille, quand il rentrait fatigué, le soir ; ceux de ses compagnons de travail, pour un ouvrier ; ceux échangés pendant les parties de belote, au bistrot. Rien le matin, rien pendant les repas. Aujourd'hui, chez lui, dès le réveil, partout où il se déplace, il entend la radio. La télévision est allumée plusieurs heures par jour, dans la pièce de séjour ou dans la cuisine, cinq ou six heures en moyenne, et en particulier pendant les repas. En cent ans, nos compatriotes ont quitté le silence ancestral pour une présence et une pression sonores quasi ininterrompues, faites de musique et de mots. Les sources de cette pression, c'est-à-dire les médias, exercent sur eux une influence considérable, perçue ou non perçue, consciente ou inconsciente. C'est le pouvoir médiatique.

En France, à la différence des États-Unis ou de l'Allemagne où ceux-ci sont géographiquement séparés, le pouvoir politique et le pouvoir médiatique sont concentrés tous les deux dans la capitale, à Paris. Même si les présentateurs de la télévision parlent des « politiques » comme appartenant à un groupe différent, il s'agit en fait d'un milieu unique : les journalistes et les hommes politiques du milieu parisien fréquentent les mêmes restaurants, où ils recueillent les mêmes rumeurs, adoptent les mêmes modes vestimentaires, utilisent le même vocabulaire. Il s'est constitué un milieu politico-médiatique unique, où les réputations se font et se défont, qui met en valeur ses héros du moment, et qui oublie d'un seul coup ceux qui ne font plus recette. Ce milieu a les yeux fixés sur deux compteurs : celui de l'audimat, qui mesure l'audience, et celui des sondages, qui enregistre la popularité et la notoriété, de même qu'on dispose sur les tableaux de bord des voitures d'un compte-tours et d'un indicateur de vitesse. Ces deux sources d'information réagissent l'une sur l'autre : on montre à l'écran ce qui est susceptible de plaire, et ce qui est montré devient alors mieux connu. Jusqu'à ce que l'enchaînement se dégrade, et s'inverse : on montre moins ce qui ne plaît plus, et ce qui n'est plus montré cesse d'être connu.

Ces médias ne sont pas orientés, contrairement à ce que croient les élus politiques, en ce sens que ceux qui s'y expriment ne reçoivent pas de consignes précises de la part des dirigeants de chaîne de radio ou de télévision sur la manière dont ils doivent traiter tel ou tel personnage, ou tel sujet d'actualité. Tout au plus, ces dirigeants se paient-ils le luxe de faire savoir à une personnalité qu'ils seraient heureux de l'inviter sur la chaîne qu'ils contrôlent. C'est un système qui est largement autopiloté, comme on parlait jadis d'autogestion. Les propriétaires des chaînes privées sont généralement de tendance conservatrice et veillent sur leur niveau de profit, alors que les présentateurs et les journalistes ont, en majorité, une sensibilité de gauche. Mais ni les uns, ni les autres n'agissent comme le faisaient autrefois les directeurs de quotidiens politiques. Ils vivent avec l'événement, en fonction de leurs réactions personnelles, elles-mêmes façonnées par leurs préférences, mais sans suivre de ligne doctrinale, à part les références obligatoires à ce qui est déclaré « politiquement correct ».

Le résultat en est que le pouvoir médiatique dispose d'une influence considérable sur l'opinion, qui lui consacre plusieurs heures d'attention par jour, mais qu'il est condamné en même temps à suivre le courant de l'opinion, s'il ne veut pas perdre sa clientèle. C'est une forme nouvelle de relation où on ne distingue plus clairement, comme pouvaient le faire les lecteurs de *L'Aurore* de Georges Clemenceau ou ceux du *Figaro* de Pierre Brisson, entre, d'un côté, le groupe de ceux qui organisent l'expression du message et, de l'autre, la clientèle de ceux qu'on s'efforce de convaincre. Les uns et les autres sont devenus les acteurs d'un même système, qui ne peut se passer ni des prestations des uns, ni de l'attention des autres. Le comportement psychologique des Français est influencé, dès aujourd'hui, et le sera davantage encore dans l'avenir, par cette forme nouvelle de communication, ou plutôt de relation communicante.

La France au XVIIIe siècle

Il nous est difficile d'imaginer l'état d'esprit, le caractère des Français qui vivaient il y a deux ou trois siècles. Il nous faudrait faire un bond total dans le passé, où tout ce que nous trouverions autour de nous serait différent d'aujourd'hui : les vêtements, la nourriture, les modes de déplacement, les soins médicaux, le mobilier.

Dans cet autre décor, entièrement différent du nôtre, quelle était l'attitude des Français ? Étaient-ils gais ou sombres, souriants ou crispés, agressifs ou bienveillants, hospitaliers ou non ? La vie collective, les rencontres, étaient-elles joyeuses ou moroses ? Quand un Persan débarquait en France, quelle était sa première impression ? La politesse était-elle réelle, le sens de la mesure et du beau largement partagé ?

Pour reprendre le mot, évidemment simplificateur, de Jean Cocteau, les Français étaient-ils de mauvaise humeur, aigris, révoltés au fond d'eux-mêmes ? Ou étaient-ils différents de ce que nous sommes devenus ?

Avant de répondre, il faut se méfier de la lumière qui éclaire et transforme le passé ! Depuis Confucius, cette merveilleuse lumière lointaine efface les aspérités, élargit les horizons, embellit les êtres, débarrassés de tout ce qui les ride et de ce qui les empâte. Cette lumière risquerait de nous conduire au faux témoignage.

Il est certain que les conditions de vie des Français étaient dures. Ils étaient pauvres, encore guettés par la famine jusqu'au XVIIIe siècle. Le mobilier de la plupart des maisons restait rudimentaire au siècle dernier, comme l'indiquent les inventaires : un lit, quelques chaises, une table, une armoire ou un coffre. Les gens étaient habitués à la souffrance. Les traitements chirurgicaux, ou dentaires, étaient brutaux. On ne savait pas soulager la douleur des maladies, ou des fins de vie. Les grandes épidémies frappaient toujours. La grande peste de 1720-1722 a fait quarante mille morts dans la seule ville de Marseille.

Les Français se déplaçaient très peu, et seulement dans leur voisinage immédiat. Rares étaient ceux qui, leur vie durant, et à l'exception de leurs obligations militaires, se rendaient plusieurs fois dans la ville voisine. Les transports collectifs se réduisaient aux carrioles et aux diligences, se déplaçant à la vitesse immuable du cheval. Il fallait un temps identique pour aller de Toulouse ou de Limoges à Paris en 1830 que trois siècles plus tôt. Les mêmes noms de famille étaient portés de génération en génération, dans les villages où habitaient les quatre cinquièmes de la population.

La plus grande partie de la population était illettrée. L'Église exerçait le monopole de l'éducation, réservé d'abord à ses futurs membres, et qui a commencé à s'ouvrir vers l'extérieur à partir du XVIIe siècle, sous l'influence d'ordres enseignants. Cette éducation était réservée aux garçons, les filles en étaient exclues. Les premières maisons d'éducation pour jeunes filles sont apparues au milieu du XVIIe siècle. Elles n'étaient accessibles qu'aux filles des milieux favorisés, noblesse et Parlement.

L'information de cette population se faisait par la rumeur, alimentée par un nombre considérable de libelles et de pamphlets, souvent caricaturaux et d'une extrême violence, qui circulaient au sein de la partie de l'opinion formée à la lecture, et qui étaient affichés sur les murs. Les nouvelles qu'ils répandaient circulaient à une vitesse incroyable par le bouche-à-oreille, qui les enflait, les déformait, et leur donnait des couleurs si vives qu'elles devenaient capables de déclencher en quelques jours, parfois même en quelques heures, des mouvements d'opinion à Paris. Ces informations se diffusaient plus lentement en province où les nouvelles de la capitale étaient généralement connues avec une semaine de retard.

Ces Français vivaient sous un régime autoritaire et hiérarchisé. Non pas sous un régime arbitraire car, ainsi que l'écrivent François Furet et Michel Antoine[1], l'Ancien

1. *Le Conseil du Roi sous le règne de Louis XV* par Michel Antoine, Droz, 1970.

Inventaire des Arrêts des Conseils du Roi, Imprimerie Nationale, 1968 et 1974.

Régime était un état de droit, mais dans un système où ils ne participaient en rien aux décisions. La société était fortement structurée et compartimentée. La foi religieuse était largement partagée, et sa pratique revêtait un caractère quasi obligatoire. Ainsi les Français étaient-ils étroitement cantonnés dans la société, les uns placés au niveau supérieur par leurs titres et leurs privilèges, le plus grand nombre des autres confiné dans une catégorie inférieure, et chacune de ces catégories étant elle-même divisée en compartiments étanches. Leur trajectoire de vie était dessinée entre les rivages soigneusement jalonnés du bien et du mal, rivages que chacun pouvait repérer depuis sa naissance jusqu'à sa mort, et au-delà. Les grands événements de leur vie, la naissance, le mariage et la mort étaient « sacrés », en ce sens qu'ils étaient sanctionnés par des sacrements.

Les Français restaient un peuple guerrier. L'origine lointaine du pouvoir demeurait toujours celui d'une tribu guerrière. De même que les empereurs Quing du XVIIIe et du XIXe siècle restaient psychologiquement les chefs des « bannières » mandchoues, de même les souverains capétiens étaient les héritiers des ducs de la tribu des Francs. Les privilèges de la noblesse étaient présentés comme la contrepartie de sa fonction de défense du royaume, à laquelle celle-ci devait se consacrer, à l'exclusion de toute autre activité, qui lui était interdite. Bien que le service militaire n'existât pas, les Français gardaient leur esprit combatif. Le premier embryon de notre armée nationale remonte aux souverains Valois. Et les Français conservaient le respect de l'autorité des systèmes hiérarchiques, comme on a pu le vérifier, à de brèves exceptions près, dans les armées de la Révolution et de l'Empire, et comme la gendarmerie contemporaine en a recueilli la tradition.

Et dans tout cela, quel était le comportement individuel, l'attitude, le caractère, non pas du Français moyen, dont la notion n'existait pas encore, mais de la moyenne des Français ?

Une source précieuse d'information est celle de la littérature, notamment des écrivains observateurs du peuple, comme l'ont été, entre autres, La Fontaine, Molière et Diderot. Pour explorer le paysage psychologique des Français, antérieurement à la Révolution, il n'y a pas de meilleur guide que le savetier de La Fontaine, Sganarelle, et Jacques le Fataliste.

L'impression qu'on en retire est celle d'un pays paisible — le taux de criminalité semble avoir atteint son niveau le plus bas au milieu du XVIIIe siècle — habité par une population vive, enjouée et chaleureuse dans son attitude quotidienne. Une population au comportement équilibré, en raison de l'influence des femmes, accrue par la pratique religieuse. Une société peu déchirée par les grands débats institutionnels, cantonnés dans les cercles des Parlements. Une population rendue progressivement consciente de son manque de liberté, c'est-à-dire, selon la manière de sentir de l'époque, de son absence totale de participation aux décisions du pouvoir, et dont l'aspiration à l'égalité se limite encore au désir de voir abolir des privilèges fiscaux exorbitants et les derniers vestiges des droits féodaux.

Cette société française est hautement civilisée. La langue est brillante, et maniée avec esprit. L'urbanisme des villes et des villages est imprégné d'un esprit de mesure, d'un travail soigné dans le détail des constructions, et d'un sens de la grandeur qui sait éviter l'effet pompeux. L'artisanat d'art atteint un degré de perfection qui ne sera jamais plus égalé. La littérature, le théâtre font l'objet d'un engouement général, sur des registres variés, qui vont de l'éloquence des prédicateurs d'Église au libertinage aisé des philosophes à la mode. Les

Français ont de l'esprit, ils aiment qu'on les amuse, et ils donnent au reste de l'Europe l'image d'une sorte de chatoiement intellectuel. Ils gèrent leurs relations personnelles avec une politesse dont chacun respecte les usages, à tous les niveaux de la société, comme en témoignent les dialogues de théâtre.

Cet éclat de la civilisation doit beaucoup au mécénat des souverains et des puissants du jour, mais il se manifeste aussi dans des domaines où ceux-ci ne pénètrent pas : les chansons, les couleurs des étoffes les plus modestes, le déroulement des fêtes. Cette civilisation n'est pas dépourvue de brutalité : le sort réservé aux criminels y reste abominable. Mais elle est moins rude qu'ailleurs.

Nous ne vivons plus à cette époque. Nous ne pouvons pas y transposer nos réactions d'aujourd'hui, et toute tentative pour les « juger » est un exercice voué à l'arbitraire. Nous devons nous contenter de les décrire, avec le plus de minutie possible. Je crois pouvoir dire à cet égard que les Français, au cours de l'époque qui a précédé la Révolution, étaient vifs et réfléchis, qu'ils étaient intéressés par ce que pouvaient leur apporter la nature et la vie, plutôt que satisfaits d'eux-mêmes. Ils avaient le sens des fêtes et aimaient se réjouir ensemble, par des jeux et des danses qui allaient du libertinage à la paillardise. Il n'est pas surprenant que cette ambiance ait pu suggérer à Jean-Jacques Rousseau sa notion d'un heureux état naturel de l'homme. Le degré de civilisation de la France était reconnu, et les Français jugés dignes d'être aimés. Pour revenir au sens premier de ce mot, ils étaient aimables.

*

En traversant les XIXe et XXe siècles, cette psychologie des Français a subi les contrecoups de profondes transformations politiques et sociales : la Révolution française, avec son double contenu de liberté et d'égalité ; les convulsions politiques incessantes du XIXe siècle, dont l'objet était de déterminer la manière dont serait assurée la représentation politique des Français, et ainsi de définir la catégorie qui détiendrait la réalité du pouvoir : le peuple dans son ensemble, la bourgeoisie, les anciennes classes dirigeantes, et, plus tard, la classe ouvrière ; puis l'industrialisation, qui a bouleversé le mode de vie de la majorité des anciens paysans ; l'urbanisation, qui a déplacé et concentré la population ; et désormais la société de communication et la mondialisation. Sans oublier les guerres de l'Empire, la défaite de 1870, et les deux guerres mondiales, avec leur long cortège de victimes et leurs actes odieux d'extermination.

La force des événements a agi sur la psychologie des Français, et sur leur comportement. Leur caractère lui-même en a été modifié, et les étrangers ont désormais une perception différente de notre tempérament national. Il serait intéressant de remonter les différentes filières des événements, afin de rechercher la mesure dans laquelle chacune des grandes évolutions du passé a affecté leur manière d'être, et déterminé leurs nouvelles réactions. Peut-être, si j'en ai la possibilité, entreprendrai-je un jour cette étude. Mais ici, dans ces « Reflections » sur le déclin politique de la France, je me contenterai de rechercher la mesure dans laquelle l'état contemporain du comportement psychologique des Français contribue au déclin de notre pays, et, aussi, la manière dont l'évolution de ce comportement pourrait préparer la ressource humaine d'une renaissance.

La demande de liberté

Le grand apport de la Révolution française a été de répondre aux deux besoins de liberté et d'égalité qui avaient gagné la plus grande partie du pays dans les dernières décennies du XVIIIe siècle.

C'est la liberté qui venait en tête des attentes. Les philosophes du siècle des Lumières avaient construit leurs projets de société sur l'accession de tous à la liberté, permettant à la raison de fournir les principes sur lesquels seraient bâties les institutions nouvelles. La révolution d'Amérique, qui précédait la nôtre, s'était appuyée sur la liberté, conçue comme facteur d'organisation de la société. La liberté comporte en effet une dimension sociale puisqu'elle participe à la vie de la communauté, et qu'elle implique des limites et des règles de réciprocité.

La première conception des Constituants français était celle de la liberté perçue dans sa dimension sociale, c'est-à-dire essentiellement le fait de disposer du droit de participer à la prise de décisions intéressant la collectivité. Il était convenu que les citoyens respecteraient l'application des décisions prises, même si celle-ci contrariait leurs préférences ou les intérêts personnels. Cette attitude s'inscrivait dans la ligne de la pensée de Jean-Jacques Rousseau, qui définissait la liberté par la participation au pouvoir. Il n'est pas encore question de suffrage universel. Cette participation au pouvoir s'exerce sous forme collective. Dans son article 3, la Déclaration des droits de l'homme proclame : « Le principe de toute souveraineté réside essentiellement dans la nation : nul corps, nul individu ne peut exercer d'autorité qui n'en émane expressément. »

Cette dimension institutionnelle de la liberté n'est pas celle que retiennent les Français d'aujourd'hui. Pour eux, l'essence même de la liberté est devenue la liberté individuelle, c'est-à-dire la possibilité d'agir comme chacun l'entend, pour défendre ses droits, protéger ses intérêts, ou affirmer ses points de vue. Notre concept contemporain de la liberté ne consiste plus à nous sentir associés aux affaires du pays et à la prise de décisions qui nous concernent, ce qui nous paraît aller de soi : il est perçu comme le droit de disposer d'un espace individuel de liberté, où chacun agit comme bon lui semble.

La psychologie des Français a tiré la notion de liberté en direction de la liberté individuelle, considérée comme un bien propre dont chacun dispose, et qui est ressentie comme un droit de protection : le droit de « se défendre ». Cette évolution a détendu le lien entre notre perception de la liberté et son rôle d'organisation démocratique, qui est alors le droit de participer à la prise des décisions.

La liberté, telle que la conçoivent les Français d'aujourd'hui, légitime à leurs yeux des comportements contraires à la loi. Quand des petits commerçants, écrasés de charges fiscales, mettent à sac les locaux des services financiers, ou lorsque des producteurs, mécontents de l'effondrement des cours de leurs produits qu'ils attribuent aux importations, renversent et incendient des camions étrangers, circulant légalement sur notre territoire, ces petits commerçants et ces producteurs estiment être « libres » d'exercer leur droit de se défendre. Le fait que les traités, ratifiés par le Parlement, autorisent ces déplacements ne restreint pas, à leurs yeux, la liberté personnelle qui leur donne le pouvoir légitime de s'y opposer. Quand les médias interrogent l'opinion publique sur ces agissements, celle-ci donne raison dans sa majorité à leurs auteurs, ou leur manifeste en tout cas sa compréhension. Il en va de même, comme on l'a vu en 1999, en cas de destructions d'installations commerciales, implantées pourtant de manière légale, à partir du moment où une partie de l'opinion les considère comme périlleuses pour ses intérêts, ou injurieuses pour sa culture.

Les réactions devant les décisions de justice témoignent d'une même conception de l'usage de la liberté. Bien que la loi soit réputée universelle et doive s'appliquer à tous, les décisions de la justice — dont chacun réclame qu'elle soit indépendante ! — font l'objet de protestations véhémentes dès qu'elles ne sont pas conformes à ce qu'on en attendait, dans l'évaluation personnelle de son bon droit, ou qu'elles condamnent les actes violents de contestation. La justice, selon cette conception, n'a pas de droit légitime à limiter cette forme particulière de liberté, consistant à défendre nous-mêmes nos intérêts. En allant au bout du raisonnement, la liberté de se défendre est mise au-dessus de la justice.

Le sens que nous donnons ainsi à la liberté l'éloigne de son objet originel, son message révolutionnaire, qui était d'organiser le passage du pouvoir féodal vers un exercice démocratique du pouvoir. Nous nous trouvons dans la situation paradoxale où, lorsque nous lisons sur nos monuments publics la devise « liberté, égalité, fraternité », ceux qui l'y ont inscrite pensaient d'abord à l'exercice démocratique du pouvoir, alors qu'aujourd'hui, dans nos têtes, elle évoque la liberté de défendre nos droits individuels !

Dans les années où l'attente de la liberté était la plus intense et la plus exaltée, au cours des décennies précédant immédiatement la Révolution, cette demande de liberté était une attitude collective, vécue en commun, dont on imaginait qu'elle permettrait d'organiser la société sur la base de la raison.

Le repliement de la notion de liberté en direction de l'individu auquel nous avons assisté dans les temps contemporains, pour protéger ce qu'il estime être son bon droit, lui donne une tonalité défensive. Il l'éloigne de sa mission organisatrice de la société. C'est la raison pour laquelle, lorsqu'on parle à l'étranger de la contribution de la France à la conquête de la liberté, pour lui rendre hommage, on fait toujours référence à la Révolution française, et non à la manière dont nous concevons nos libertés aujourd'hui.

Cette évolution explique la réputation que nous nous sommes acquise d'un pays dans lequel les comportements, et souvent les désordres, ignorent les contraintes de la loi, et dans lequel la loi n'offre pas une garantie suffisante contre les débordements individuels ou collectifs.

Lorsque se produisent des désordres, conduits au nom des intérêts individuels, et manifestement contraires à la loi (grèves sauvages, blocage des moyens de transports, occupation des pistes d'aviation, destruction d'immeubles commerciaux, etc.), les Gouvernements commencent par tenir un langage de fermeté, et font appel au respect de la loi. Mais leurs nerfs ne tiennent pas longtemps. Après quelques jours, l'opinion publique les invite à « montrer davantage de compréhension » et à « renouer le dialogue ». Les médias, ravis de l'aubaine, fournissent largement aux promoteurs du désordre l'occasion d'afficher leur posture de défenseurs des victimes du pouvoir. Devant ces pressions quasi unanimes, auxquelles viennent souvent se joindre les autorités spirituelles, les Gouvernements estiment plus sage, et surtout plus prudent, de se résigner à une discrète capitulation. Celle-ci est mise au crédit de leur « esprit de compromis », en attendant que l'opinion relance, un peu plus tard, et sur d'autres sujets, son appel à une plus grande fermeté... C'est ainsi qu'on a pu voir un dirigeant agricole, incarcéré par la justice pour destruction de bien d'autrui, venir, six semaines plus tard, siéger autour de la table du Premier ministre, afin de donner son avis sur l'attitude à adopter par la France dans la conduite des négociations internationales relatives à l'agriculture.

Ce repliement de la liberté sur son seul contenu individuel affaiblit l'élan démocratique des institutions. Celles-ci cessent d'être désirées et respectées pour elles-mêmes, chaque fois qu'elles contrarient un intérêt personnel. Il y a là, sûrement, une des causes de la désaffection des citoyens pour les votes, dans lesquels ils ne voient plus « ce qu'ils pourraient leur apporter ».

Cette attitude s'explique en grande partie par le fait que les Français ont été soumis pendant huit siècles à un pouvoir fort et absolu. Même aux époques où ils n'en contestaient pas la légitimité, ils luttaient pour en limiter les empiétements. Ils se sont peu à peu installés dans une attitude défensive, une posture de l'individu contre le pouvoir, qui leur paraissait, dans les temps anciens, comporter d'autant moins de risque pour la collectivité que ce pouvoir était considéré comme inamovible. Lorsque la liberté politique a transféré ce pouvoir entre leurs mains, ils ont conservé au fond d'eux-mêmes une attitude semblable, c'est-à-dire une attitude d'individu contre le pouvoir, sans prendre en compte le fait que ce pouvoir était devenu le leur. Il existe, ainsi, une sorte de vacance permanente du pouvoir.

Notre conception de la relation entre la liberté et la légalité est incompréhensible pour un esprit anglo-saxon. En Grande-Bretagne comme aux États-Unis, la loi est considérée comme un produit de la liberté et non comme un décret du pouvoir. S'insurger contre la loi n'est pas une manifestation de sa liberté, mais une négation du processus démocratique fondé lui-même sur la liberté.

Dans l'évolution nécessaire de la France vers une pratique démocratique plus forte et plus tonique — ce que j'ai appelé une démocratie forte et paisible —, je crois qu'il nous faudrait faire évoluer notre perception de la liberté, afin de lui rendre son rôle de principe organisateur de la société et ne pas la réduire à sa seule fonction de protection des droits individuels. Cela supposerait un changement d'attitude de notre société politique, trop indifférente à un fonctionnement calme et régulier des rouages démocratiques, et qui conserve un attachement, romantique chez les uns et anachronique chez les autres, pour une dramatisation de la vie politique et la pratique de ce qu'on appelle les « coups » politiques qui déstabilisent le fonctionnement régulier de la démocratie, comme on a pu le vérifier lors de la dissolution de l'Assemblée nationale de 1997.

Cette évolution appellerait un travail de réflexion du milieu éducatif sur la formation des esprits — passer de la liberté « contre » à la liberté « pour », ou au moins la liberté « avec » — et des canaux de l'information, afin d'éviter qu'en donnant une présentation sensationnelle, et souvent sympathique, aux défis individuels lancés au respect de la loi, ils ne fragilisent le jeu des institutions fondées sur l'exercice en commun des libertés démocratiques.

Le besoin viscéral d'égalité

L'autre évolution est celle du vécu de l'égalité.

La demande d'égalité n'a pris sa force torrentielle que dans les quelques dernières années qui ont précédé la Révolution. Jusque-là, l'inégalité, même si elle n'était pas profondément acceptée, était perçue comme faisant partie de l'ordre naturel des choses. Dans la littérature antérieure à 1750, on trouve de nombreuses dénonciations des abus, des critiques des privilèges non justifiés par le mérite, mais peu de contestation fondamentale de l'existence des inégalités. Le mouvement a pris une brusque accélération sous l'influence d'écrivains égalitaires tels Rousseau et Diderot, jusqu'à atteindre son point culminant avec l'*Essai sur les privilèges* que publie l'abbé Sieyès en 1788.

Les Français ont découvert qu'ils vivaient dans une société « classiste », où le sort était déterminé, à de minimes exceptions près, dès la naissance. Dans l'attitude des membres de l'ancienne noblesse, qui cherchaient à fermer la voie derrière eux aux nouveaux anoblis, avec des décisions aussi absurdes que celle prise par le ministre de la Guerre, le comte de Saint-Germain — remarquable ministre, par ailleurs, dont l'action a préparé les succès futurs des armées napoléoniennes —, de limiter l'accès aux grades supérieurs de l'armée aux personnes justifiant de quatre générations de noblesse, dans l'agitation permanente des Parlements pour s'approprier des droits confortant leurs intérêts financiers, l'opinion a pris conscience de vivre dans une société où régnait la pire des inégalités, celle de la naissance, une société qui se fermait au lieu de s'ouvrir, comme l'exigeait l'évolution de l'époque. L'ensemble de ces comportements aboutissait à une organisation sociale fondée, selon le mot dévastateur de Mirabeau, sur « une cascade de mépris ».

La revendication d'égalité est devenue irrésistible, au point de dépasser en intensité la demande de liberté.

C'était, comme on le voit, une aspiration tournée vers le haut qui visait à détruire les cloisons placées au-dessus de sa tête et qui rendait impossible l'accès des étages supérieurs. Il s'agissait d'une forme d'idéalisme égalitaire où chacun aurait accès aux mêmes chances, aux mêmes droits, et finalement au même rang.

Le règne triomphant de la bourgeoisie au XIXe siècle,

enrichie par le commerce puis par l'industrialisation, l'a conduite à accaparer à son profit l'aspiration à l'égalité, et surtout à en modifier la nature. Il est frappant de penser que des écrivains comme Jean-Jacques Rousseau s'étaient déjà inquiétés des dommages que pourrait infliger aux grands principes l'infiltration de la « prétention bourgeoise ».

Sous l'influence de cette dernière, la notion d'égalité s'est éloignée de son message d'égalité des chances, réalisée par la suppression des cloisons des castes, pour prendre son contenu de jalousie devant le succès des autres, qui a fini par imprégner toute la société et en constitue l'expression contemporaine.

Dans cette évolution du principe d'égalité, le monde ouvrier a été pratiquement ignoré. Ce n'est pas, contrairement à ce qu'écrivait François Mitterrand, la dureté de la condition ouvrière, pourtant bien réelle dans les années 1840, qui a déclenché la première vague de la révolution de 1848, mais l'insatisfaction de la bourgeoisie de ne pas se voir reconnaître un rôle politique à la hauteur de son enrichissement — et de sa vanité sociale.

Au fur et à mesure que la France s'acheminait vers une société de classes moyennes, cette conception de l'égalité a gagné l'ensemble du pays. Elle correspondait sans doute à un trait du caractère latin puisqu'on la retrouve en Espagne, mais c'est en France qu'elle a trouvé sa forme distinctive : l'égalité conçue comme l'aversion pour le succès des autres. Il ne s'agit plus de proposer à tous des chances égales de s'élever, mais surtout d'empêcher, ou de réduire, le succès des autres.

J'ai eu l'occasion de vérifier cette conception « classiste » de la société française lorsque j'ai pris l'initiative, somme toute banale, d'aller prendre des repas chez les Français qui m'avaient invité avec mon épouse. Ma démarche était naturelle et constituait une réponse à la rengaine selon laquelle les dirigeants n'avaient aucune idée de ce que pensaient réellement les Français de base. J'avais envie de les écouter chez eux, là où ils parlent le plus facilement. Les deux plus grands dirigeants du monde de l'époque, le président Carter et Deng Xiaoping, m'ont exprimé leur intérêt pour cette initiative, et m'ont demandé de les informer sur la manière pratique de procéder. Mais, en France, la réaction du milieu politique et de la majorité des médias a été celle d'un tollé de critiques. J'avais enfreint un tabou. Ce qu'on aurait admiré chez un souverain scandinave était dénoncé lorsqu'il s'agissait du président de la République française. Dans notre république unitaire, les dirigeants ne peuvent pas accepter les invitations des citoyens, car ils dérangent la routine de pensée de ceux qui trouvent plus commode de croire que les Français restent enfermés dans des cloisons horizontales et que le milieu politique et les médias sont les intermédiaires obligés entre les Français « de base » et leurs dirigeants.

De ce fait, la société française est restée une société stratifiée, où chaque niveau social s'efforce de limiter la progression du niveau qui lui est inférieur. En même temps, les signes extérieurs des classifications anciennes conservent une vitalité qui surprend dans un État républicain. Dans l'armée française du début du XXe siècle, certains officiers supérieurs continuaient à faire suivre l'intitulé de leur grade par celui de leur titre de noblesse, pourtant supprimé cent ans plus tôt. Et ce n'est seulement qu'en 1979 que la mention de ces titres a disparu de l'annuaire officiel des PTT.

Cette attitude est étroitement liée à la perception que les Français ont de leur « ego ». Ils ne se sentent confortables avec lui que dans la mesure où ils ne ressentent aucune supériorité dans leur voisinage : ni celle de l'argent, bien entendu, surtout si celle-ci est ostentatoire, ni celle d'une compétence qui pourrait être considérée comme supérieure à la leur. Il est révélateur qu'ils ne tolèrent comme sources d'enrichissement que celles qui proviennent du hasard, comme les paris de course et le loto, parce qu'elles ne traduisent aucune forme de supériorité, ou celles des activités sportives qu'ils situent dans un univers extérieur et ludique.

Les thèmes des campagnes électorales s'appuient sur ce concept égalitaire qui consiste moins à pouvoir accéder à des opportunités supérieures, comme au temps de l'Empire où chaque soldat pouvait croire qu'il portait un bâton de maréchal dans sa musette, qu'à en interdire l'accès aux autres.

Notre système fiscal est bâti sur ce même principe. Il est distrayant de voir la manière dont les journaux financiers présentent les sondages d'opinion qui expriment les préférences fiscales des Français. Leurs réponses sont pourtant limpides. A la question « Quels sont les impôts qui devraient être allégés ? », ils répondent majoritairement « les impôts indirects », puisque ce sont ceux qu'ils ont le sentiment de payer. Et lorsqu'on leur demande de classer par ordre les impôts qui devraient être réduits, ils mettent en quatrième position l'impôt sur le revenu, bien que son taux maximum soit le plus élevé de l'Union européenne, parce qu'il n'est acquitté que par une minorité de contribuables, appartenant aux milieux aisés. L'idée qu'il puisse exister une recherche objective du meilleur système d'imposition *pour l'ensemble des citoyens* ne leur traverse pas l'esprit.

« Vous ne pouvez pas réussir »

Ce rapatriement des concepts de liberté et d'égalité sur la défense des intérêts individuels est une des caractéristiques de la psychologie française d'aujourd'hui. Il constitue un handicap pour notre capacité à nous adapter à la modernité puisqu'il rend difficile toute approche collective des problèmes et toute récompense du succès individuel.

Je me souviens de la conversation que j'ai eue en 1993 avec le ministre des Affaires étrangères de Chine, qui m'avait invité à dîner dans un restaurant de Bei-Jing. Lorsque l'absorption de saké a commencé à délier les langues, il m'a déclaré, sur ce ton de confidence, ressemblant à un murmure, qu'affectionne le parler chinois :

« Nous avons étudié un par un le cas de tous les grands pays d'Europe : l'Allemagne, la Grande-Bretagne, et la France, pour voir celui avec lequel nous avions intérêt à développer nos relations. Et, dans le cas de la France, nous avons conclu que vous ne pouviez pas réussir.

— Comment êtes-vous arrivés à cette conclusion ? lui ai-je demandé.

— Nous avons examiné votre comportement, et nous avons vu que, chez vous, un Français cherchait à obtenir des satisfactions personnelles, même si c'était au détriment de l'ensemble dont il faisait partie, que ce soit son entreprise ou son administration. Nous aussi, les Chinois, nous recherchons des avantages personnels, mais nous pensons qu'ils passent par la réussite de l'ensemble auquel nous appartenons. C'est pourquoi nous travaillons d'abord au succès de cet ensemble, et nous recherchons ensuite notre avantage personnel. »

Et comme si je n'avais pas bien compris, il a insisté :

« Ce sont les raisons qui nous ont conduits à juger que vous ne pouviez pas réussir. »

Après une dernière tasse de thé, nous avons quitté notre table, protégée sur trois côtés par des rideaux de bambous, et j'ai pris congé de lui dans la nuit épaisse du printemps chinois. Sa conclusion me revenait, lancinante, à l'esprit pendant que l'auto parcourait l'immense boulevard de la « Paix éternelle » qui longe l'ancien quartier des légations, où les diplomates occidentaux ont été assiégés, il y a moins de cent ans, pendant la révolte des Boxers : « Voici les raisons qui font que vous ne pouvez pas réussir. »

La conversation que j'ai eue, deux ans plus tard, avec un religieux français qui s'était immergé dans l'immensité du peuple chinois, faisait écho à cette analyse.

« Les Chinois ont trois traits de caractère, m'a-t-il dit. Ils sont intelligents, travailleurs et soumis. Soumis parce qu'ils pensent que le bien vient d'en haut. Ils jugent que l'anarchie est pire que n'importe quel ordre établi. Ils estiment que la réussite de l'ensemble auquel on appartient est plus bénéfique que la réussite individuelle. »

Et il ajoutait : « Quand je suis venu ici il y a vingt ans, c'était le premier des pays en voie de développement. Dans cinquante ans, ce qui est la durée chinoise, il sera peut-être le leader du monde. Mais n'oubliez pas que c'est un pays qui a été humilié, et qui restera susceptible. »

Le comportement intellectuel

Dans la relation psychologique des Français avec le monde contemporain, il faut faire place, bien entendu, à leur comportement intellectuel.

Les étrangers, et notamment nos partenaires européens, nous reprochent notre attitude de suffisance et notre prétention intellectuelle. La plupart des Français l'ignorent, car personne ne les en informe, aussi se croient-ils l'objet d'une admiration et d'une envie universelles.

Ce jugement sévère du monde extérieur, qui est principalement celui des Anglo-Saxons, mais aussi de nombre de dirigeants allemands, tient au fait qu'ils nous estiment incapables d'aborder sérieusement et objectivement les problèmes qui se posent à nous. Nous en sommes empêchés, selon eux, à la fois par l'irréalisme de nos préférences idéologiques, et par la légèreté et la confusion de nos débats. De toute manière, nous n'acceptons pas de reconnaître les faits.

On peut trouver beaucoup de vrai dans ces critiques, mais elles pèchent, elles aussi, par un excès de superficialité.

Le rapatriement sur l'individu des notions de liberté et d'égalité s'est accompagné d'un développement parallèle de ce que j'appellerai, faute de mieux, l'ego intellectuel. Chacun de nous est convaincu d'avoir raison sur tous les sujets. Dans une situation de crise, qu'il s'agisse des Balkans ou de l'Algérie, il n'existe guère de Français qui ne soit prêt à présenter sa solution personnelle qui lui semble irréfutable. Quand ils débattent d'un problème à la radio avec un journaliste ou un homme politique, leurs interventions n'ont pas pour objet de recueillir des informations supplémentaires, mais de s'étonner de la distance qui sépare les vues de leur interlocuteur de la vérité qu'ils pensent détenir.

Cette conviction « d'avoir raison » a été amplifiée par deux traits de l'éducation qu'ils ont reçue.

Notre formation repose sur le développement de l'esprit critique, et sur la capacité à conduire un « raisonnement » personnel. Il n'y aurait rien à dire à cette démarche si l'esprit critique consistait en une approche analytique du problème à résoudre, et si le « raisonnement » était précédé d'une identification attentive des faits.

Ce n'est pas le cas. Notre forme particulière d'esprit critique est fortement imprégnée de négativisme. Pour les philosophes du siècle des Lumières, dont les références inspirent toujours nos manuels scolaires, le rôle de l'esprit critique était de déraciner des croyances, assimilées à des superstitions, et de renverser des institutions, jugées désuètes et tyranniques. Il fallait arracher les esprits à leurs routines de pensée, afin de détruire l'ordre antérieur et de permettre l'accès à un ordre nouveau. On ne cherchait pas à développer l'esprit critique comme un instrument d'évaluation d'un système, mais plutôt comme le moyen de se libérer d'un préjugé antérieur. C'est ce qui explique le fait que la première réaction d'un Français devant une proposition nouvelle, quelle qu'en soit le contenu, soit négative.

Cette méthode critique étant devenue une habitude de pensée, l'esprit français critique avant même d'examiner. Les références littéraires et le choix des sujets d'examen restent imprégnés de ce négativisme critique. Le résultat en est que l'esprit des Français est peu préparé à considérer l'avenir et à s'interroger à son sujet. La recherche des solutions futures, la comparaison entre les différentes évolutions possibles ne sont pas des exercices auxquels l'esprit des Français est exercé. Ils sont habiles à détecter « ce qui ne va pas », ou à mettre en question les affirmations de leurs dirigeants, mais ils ont peu d'aptitude, voire même peu d'intérêt, à imaginer les solutions possibles.

Le cas des discussions sur l'évolution future des retraites est un exemple frappant de cette disposition mentale. Les données du problème sont relativement faciles à identifier. Elles tournent autour de trois variables mathématiques, et d'une interrogation. Les trois variables sont évidemment l'âge de la retraite, le montant de cette retraite, et le taux de la cotisation payée par les actifs. Quant à l'interrogation, elle porte sur le point de savoir s'il faut introduire, ou non, dans le système, une ressource supplémentaire, sous forme d'épargne, pour atténuer les conséquences prévisibles sur le montant des retraites de l'évolution du rapport entre le nombre des actifs et celui des retraités. Il existe plusieurs combinaisons possibles de ces variables. Elles ont fait l'objet d'études méthodiques. L'attention des Français n'arrive pas à se fixer sur la construction finale qui aurait leur préférence. Elle reste attachée aux étapes antérieures du raisonnement, et elle s'emploie à critiquer la manière dont sont présentés les arguments. Le débat ne porte pas sur le meilleur système futur, mais sur la démarche qui conduit à l'imaginer.

La deuxième branche de notre formation intellectuelle est celle qui réside dans la pratique du « raisonnement ». C'est elle qui nous a valu la réputation internationale d'être cartésiens (des cartésiens impulsifs, aurait dit Jean Cocteau !). Et il est vrai que l'enseignement de la grammaire, surtout dans les langues classiques, et celui des mathématiques, enseignement dispensé avec soin dans notre cycle secondaire, développaient la pratique du raisonnement. Notre approche reste abstraite. Nous avons privilégié la manière de raisonner, par rapport à la connaissance méthodique de l'objet du raisonnement. Nous identifions peu les faits ; notre faculté d'observation est réduite. Nous agissons comme si nous étions pressés de contraindre les faits à se plier à notre raisonnement, et non comme si nous étions soucieux de rassembler le maximum de données avant d'entamer notre raisonnement.

Cette méthode prête à des critiques faciles. On peut nous reprocher à la fois une trop grande indifférence par rapport aux données objectives des problèmes, et une précipitation excessive dans la conduite du raisonnement. Cela nous permet d'impressionner, et parfois d'éblouir, nos auditoires étrangers, mais rarement de les convaincre. Nous y gagnons une réputation de manipulateurs d'idées, compensée par un manque de sérieux et d'analyse dans l'approche des questions à résoudre.

Ce comportement intellectuel fait que le réel pèse peu dans la vie collective des Français, et que leur faculté d'anticipation est extrêmement réduite. L'absence de poids du réel permet aux excès idéologiques de se développer, et nous prépare mal à affronter une époque dans laquelle les faits objectifs — données incontournables fournies par la concurrence sur les marchés, et la communication immédiate des informations économiques et sociales — prennent de plus en plus le pas sur l'approche idéologique des problèmes, condamnée à une inexorable retraite.

Il n'y a pas que des inconvénients à cette situation. La faculté de raisonnement des Français leur permet de disposer d'un recul, d'un espace de liberté et de manœuvre, par rapport à la pression des faits, qui leur permet de « voir venir ». Mais il ne faut pas s'y laisser prendre, comme le font beaucoup de nos dirigeants actuels : cet espace ne fournit pas l'occasion d'une alternative au réel ; il ne permet pas de modifier les faits, il nous donne seulement un temps de réaction, pour mieux nous adapter aux données du réel.

Je suis toujours surpris par la faculté très réduite d'anticipation dont disposent les Français. Ils ont beaucoup de mal à envisager l'avenir, et ils lui prêtent peu d'attention. Leur horizon de vue s'arrête à un horizon rapproché :

pour beaucoup d'entre eux, c'est celui des prochaines grandes vacances. Des slogans répétés à l'identique chaque année, tels que « la rentrée sociale sera chaude », contribuent à cette occultation du long terme. Pour le personnel politique, sa vision bute sur la prochaine échéance électorale, quelle qu'en soit la nature, régionale, législative, européenne ou présidentielle. Au soir de chaque élection, on peut entendre la même recommandation, dont la répétition est lassante : « Il ne faut pas attendre ! C'est dès aujourd'hui qu'il faut commencer à préparer les prochaines élections. » Les expressions courantes des dirigeants chinois — dans vingt ans, dans cinquante ans — sont dépourvues de tout sens pour les hommes politiques français. Lorsque j'ai déclaré en 1978 qu'il fallait commencer à nous préparer au prochain millénaire, je me suis attiré les quolibets du milieu politique[1]. Même les données dont la trajectoire future est acquise dès aujourd'hui, comme par exemple la démographie et la composition de la population active des trente prochaines années, ont beaucoup de difficulté à pénétrer dans l'esprit des Français.

Cette attitude d'esprit s'explique par les antécédents paysans d'une grande partie de notre population. Les agriculteurs vivent au rythme des récoltes annuelles. Une longue (et dure) expérience leur a appris à se méfier des anticipations lointaines. L'avenir doit rester palpable. Il s'y ajoute l'influence de notre système politique qui avait pris l'habitude de découper l'avenir en tranches courtes, rythmées par les crises gouvernementales ; et, sans aucun doute, l'impatience qui est un trait de notre ascendance

1. Le dossier préparé par mes collaborateurs de l'Élysée au printemps de 1978 sur « Les problèmes de l'an 2000 » est un document d'un intérêt exceptionnel. Il sera publié en annexe du tome III du *Pouvoir et la Vie*.

latine : le désir du « tout de suite », que manifeste chaque auditoire électoral.

A l'expression indignée, et à vrai dire comique, de Louis XIV s'exclamant « j'ai failli attendre ! » les Français répondent en écho : « Nous refusons d'attendre ! »

Cette incapacité à prendre en compte la dimension de l'avenir nous prive d'une marge de manœuvre importante dans la mise au point de nos projets. Le temps permet de gérer des évolutions plus souples. Le fait de vouloir contracter dans un espace de temps trop court les éléments d'une réforme risque de la rendre insupportable.

Je me souviens d'un vote de l'Assemblée nationale, dans les années 1960, à propos de la réforme de la patente. Cet impôt, datant du Premier Empire, était odieux aux petits commerçants et aux artisans, qu'il frappait lourdement, alors qu'il épargnait relativement les professions libérales, privilégiées par le XIXe siècle. Nous avons mis au point une réforme consistant à alléger massivement cet impôt pour les catégories les plus sévèrement atteintes. Comme nous étions tenus de présenter une réforme équilibrée, puisqu'il s'agissait d'une ressource affectée aux départements et aux communes, nous avions proposé d'étaler les allégements sur trois exercices, d'environ 20 % par an, et de les compenser par une hausse prudente de la patente sur les catégories jusque-là favorisées, hausse elle-même étalée sur trois ans. Lorsque le projet est venu en discussion devant l'Assemblée nationale, les députés se sont enthousiasmés : « Excellente réforme ! se sont-ils écriés. Elle n'a qu'un seul défaut. Elle est trop lente ! Il faut la réaliser tout de suite ! » J'ai eu beau m'évertuer à leur dire qu'il y avait peut-être davantage d'habileté politique à poursuivre les allégements sur trois ans, et à ne pas mettre en œuvre brutalement les contreparties, mes arguments sont tombés dans le vide. L'amendement proposant la réalisation immédiate de la réforme a été mis aux voix. Il a été adopté par la quasi-totalité des présents, à l'exception de ceux que l'heure tardive des débats avait conduit à se réfugier dans un discret assoupissement, que le procès-verbal a cru pouvoir identifier comme une volonté d'abstention. Le résultat fut que les bénéficiaires de la réforme en ont été enchantés, mais ont oublié presque aussitôt leur reconnaissance, tandis que ceux qui durent en supporter la contrepartie, concentrée sur un seul exercice, en ont gardé une rancune tenace et compréhensible vis-à-vis de leurs élus.

On pouvait espérer que l'instauration de la Ve République, en organisant la stabilité de nos institutions, remédierait à cet état de choses, et permettrait à l'action politique de se doter d'une dimension supplémentaire : celle du temps. Cette évolution a été amorcée dans l'opinion, mais elle s'impose difficilement parmi les élus, car le ressort de leur élection — du moins le croient-ils — repose sur l'annonce de satisfactions immédiates.

*

Ce faisceau d'influences a déterminé le comportement intellectuel particulier des Français : celui-ci est centré sur l'individu, la défense de ses intérêts personnels, sa conviction d'avoir raison sur tous les sujets portés à sa connaissance. Il laisse peu de place à la prise en compte des aspects collectifs des problèmes et, par là, aux formules de bon fonctionnement de la société. En recherchant des satisfactions immédiates, le Français s'interroge peu sur ce que l'avenir peut contenir de contraintes ou de chances, même si celles-ci peuvent être prévues avec exactitude.

L'attention réduite portée à l'identification des faits le

rend disponible pour une présentation idéologique des solutions. Cette absence de « gravité », c'est-à-dire de perception du poids du réel, l'entraîne à des engouements subits, où la passion, parfois inspirée par la générosité, mais une générosité privée de lucidité, fait sauter l'approche rationnelle des problèmes.

7

L'identité française et les mouvements de population

Un opinion publique informée par un débat
a moins de chance d'être victime
des idéologues et des populistes.

Kurt BIEDENKOPF, ministre-président de la Saxe.

Notre manière de raisonner, qui combine l'hypertrophie de l'ego et la perméabilité à l'idéologie, explique que la société française, toute la société française, de la droite à la gauche, ait été incapable de se doter depuis vingt ans d'une approche réaliste, mesurée et généreuse du problème de l'immigration.

Le coût de cette incapacité a été élevé. Une partie de l'électorat de droite est allée mêler ses bulletins de vote à ceux de l'extrême droite, ce qui a permis l'exploitation politique absurde selon laquelle un large segment de l'opinion française serait acquis aux thèses néo-fascistes. Le caractère excessif des arguments échangés a entretenu un climat d'intolérance et de violence. Les projets législatifs sur ce sujet ont donné lieu à des interprétations outrancières.

La main habile de François Mitterrand faisait couler de

l'huile sur ce brasier, en relançant le thème de l'octroi du droit de vote aux étrangers, dans le « programme commun de la gauche » d'avant 1981, et encore, sous une forme atténuée, dans sa *Lettre aux Français* de 1988. Il réalisait ainsi un merveilleux coup double : il repoussait une partie de l'électorat de droite vers l'extrême droite, et il mettait hors jeu politique les bulletins de vote de l'extrême droite, ainsi renforcée. Cette manœuvre de division du centre et de la droite consolidait l'emprise du parti socialiste sur le pouvoir.

Cette manœuvre a encore contribué, comme un legs posthume de François Mitterrand à la gauche, au retour au gouvernement des socialistes en juin 1997, après la néfaste décision de dissolution. Les cinquante-sept élections triangulaires, où l'extrême droite a atteint un nombre suffisant de suffrages pour pouvoir se maintenir au deuxième tour, sans aucune chance de l'emporter, ont facilité l'élection d'un certain nombre de candidats de la gauche.

La vie politique de la France a ainsi été profondément troublée, de 1981 jusqu'à nos jours, par l'absence d'une approche adéquate, juste, réfléchie, et durable, du problème de l'immigration.

Des tentatives ont pourtant été entreprises. Les assises organisées par l'opposition à Villepinte, en 1985, avaient permis une évaluation méthodique et raisonnable du problème. C'est, en fait, la seule circonstance où une discussion sérieuse du sujet a pu être conduite en vingt ans. Sur les aspects techniques de l'accession à la nationalité française, les travaux du rapport demandé à Patrick Weil par Lionel Jospin ont apporté des informations utiles. Des solutions s'élaborent, mais, dans l'esprit de nombre de Français, le problème reste conflictuel, car son approche est volontairement confuse, et n'aborde jamais de front la question essentielle qui est celle de la compatibilité, ou du moins de la relation, entre l'immigration et l'identité française.

On ne peut faire avancer la compréhension du problème qu'en sortant de l'approche binaire, où l'on ne distingue que deux groupes : les Français, les immigrés. Pour approfondir la question, il faut prendre en considération l'existence de *trois* groupes : les étrangers venus vivre en France ; les Français ayant acquis récemment la nationalité française ; et les Français de souche plus ancienne. Les deux derniers groupes, mais eux seulement, sont appelés à se fondre dans le temps par le jeu de l'intégration.

Une brève histoire de l'immigration

Il y a toujours eu des étrangers vivant en France, de même qu'il y a des Français vivant à l'étranger. Leur nombre est appelé à s'accroître sous l'effet de la mondialisation de l'économie. C'est une situation normale, qui doit être traitée de manière normale. Quitte à faire grincer les dents de quelques xénophobes, je n'hésite pas à leur dire que je suis xénophile, c'est-à-dire que j'éprouve un intérêt et de la sympathie pour les étrangers, que je les rencontre chez eux ou bien qu'ils soient de passage ou en séjour régulier dans notre pays. Je suis heureux de les connaître et de les rencontrer.

Ils nous font apprécier leur mode de vie, d'autres formes de culture, d'autres facettes de notre planète. La France, qui leur a toujours été accueillante, doit leur rester ouverte, qu'ils s'y rendent pour leurs études, les exigences de leur profession, ou comme simples visiteurs. Ils conservent leur nationalité, comme les Français vivant à l'étranger souhaitent évidemment conserver la leur. Ils doivent respecter celles de nos lois qui les concernent, ce qui est une pratique universelle sur laquelle, bien qu'on le dise peu aux Français, les autres grands pays du monde, que ce soit à l'ouest ou à l'extrême est, ne badinent guère. S'ils ne se conforment pas aux règles fixées pour leur séjour, ils doivent quitter le sol de notre pays.

C'est à propos du deuxième groupe, celui des Français ayant acquis récemment leur nationalité, que les notions sont plus confuses, alors qu'une clarification est possible.

L'histoire de l'immigration en France est, en effet, relativement simple. La France n'a pratiquement pas connu d'immigration jusqu'au milieu du XIXe siècle. La nationalité française résultait de la filiation, c'est-à-dire qu'on avait la nationalité de ses parents, et plus précisément celle de son père. Les premiers courants d'immigration se sont développés avec l'industrialisation. Il s'agissait de personnes venant de pays voisins, généralement d'Italie ou d'Espagne, puis, plus tard, de Pologne et du Portugal, chassés de chez eux par la misère, et qui venaient exercer leur métier en France. A l'origine leurs enfants gardaient la nationalité de leurs parents, et échappaient ainsi au service militaire. Devant les besoins des armées, à une période où les autres pays d'Europe se préparaient à la mobilisation générale, la législation a évolué à la fin du XIXe siècle pour imposer le service militaire, et donc la nationalité française, aux enfants d'étrangers nés en France, et y ayant vécu depuis leur naissance. Ce n'était pas la reconnaissance d'un droit, comme on a cherché à le faire croire récemment, mais l'obligation d'un devoir.

Au tournant du siècle, la France a accueilli les Juifs chassés de Pologne et de Russie par les pogroms organisés contre eux. Ces populations souhaitaient s'installer à demeure chez nous, et leur naturalisation a été prononcée selon les règles et les délais en vigueur, sans poser de problèmes. L'acquisition de la nationalité française résultait pour eux, comme pour les autres immigrants de cette époque, de la réunion d'une circonstance et d'une volonté. La circonstance était celle qui les avait conduits à venir s'installer durablement en France, et la volonté était l'expression de leur désir de s'intégrer à la communauté française. Pour eux, l'acquisition de la nationalité française était ressentie comme un bonheur, qu'on fêtait en famille.

L'origine géographique de cette immigration était diversifiée, et elle représentait une proportion réduite de la population de notre pays. Sa culture ou plutôt ses cultures venaient se fondre dans la nôtre, qu'elles enrichissaient de leur apport. La venue de ces étrangers provoquait quelques réactions négatives de la part de la population ouvrière, là où cette dernière était guettée par le chômage, ou dans les écrits de rares écrivains xénophobes. Au total ces réactions restaient très minoritaires. L'assimilation de ces arrivées successives s'est faite de manière complète, sans soulever de difficultés ni laisser d'autres traces que celle de leur apport positif à notre vie commune, dont elles respectaient les règles de vie et adoptaient la culture.

Les nouveaux immigrés

Cette situation a été modifiée au lendemain de la Deuxième Guerre mondiale, sous l'effet de la décolonisation et des besoins de main-d'œuvre de notre économie, alors en période de reconstruction et de sur-emploi.

S'agissant des départements algériens, et aussi de certaines colonies anciennes d'Afrique noire, telles que le Sénégal, la décolonisation créait une situation ambiguë pour ceux de leurs habitants qui avaient détenu jusque-là la citoyenneté française, par l'effet de nos lois, et qui se trouvaient devenir les citoyens d'un nouvel État indépendant. S'ils étaient installés en France, et surtout s'ils y étaient arrivés comme réfugiés du fait de l'action qu'ils avaient menée en Algérie au service de la France, il était évident qu'ils devaient pouvoir conserver, pour eux-mêmes et pour leurs descendants, la nationalité française.

Le cas des travailleurs arrivés sur les chantiers des entreprises françaises dans les années 1950 présentait des caractéristiques différentes. A l'origine beaucoup d'entre eux s'imaginaient qu'ils retourneraient un jour dans leur pays, où ils vivraient sur les économies accumulées pendant leurs années de travail. Ils ne souhaitaient pas nécessairement l'intégration. La pression des faits les a conduits à changer de point de vue. La différence croissante entre les conditions de vie et de protection sociale qu'ils connaissaient en France et celles qu'ils retrouveraient s'ils rentraient dans leur pays d'origine, le fait que leurs enfants aient commencé leur éducation en France, les ont conduits à souhaiter prolonger leur séjour et, pour beaucoup d'entre eux, à acquérir la nationalité française. Compte tenu des circonstances de leur arrivée en France, il était juste que des solutions appropriées soient recherchées.

Cette situation présentait deux caractéristiques qui la distinguaient des immigrations antérieures : elle provenait d'une seule zone géographique, et elle aspirait derrière elle un courant d'immigration clandestine, alimenté non par le souhait de s'intégrer à la communauté française, mais par le désir de fuir la pauvreté et le chômage de leur pays d'origine en allant trouver ailleurs, et, à la limite, n'importe où, des conditions de vie plus favorables.

Ce flux migratoire et celui qu'il entraînait dans son sillage posaient un problème nouveau en matière d'intégration. Jusque-là les candidats à l'immigration en France affichaient leur désir de s'intégrer, eux et leur famille, à la communauté française. Tout en conservant un attachement compréhensible à leur identité d'origine, ils étaient prêts à devenir une partie intégrante de la société dans laquelle ils entraient.

Dans le cas des nouveaux flux migratoires qui proviennent du Maghreb et de l'Afrique de l'Ouest, ceux-ci participent à une culture et à une religion, celles de l'Islam, qui affirment leurs identités propres et qui refusent toute assimilation à la culture gréco-romano-judéo-chrétienne, qui est la nôtre.

Alors que les immigrations antérieures étaient le fait de minorités, souvent persécutées dans leur pays de départ, l'opinion publique a le sentiment qu'au-delà du courant de l'immigration clandestine, se profile un réservoir inépuisable de population.

Devant cette orientation nouvelle de l'immigration et sa posture culturelle, il était naturel que les Français s'interrogent sur les conséquences qu'elles pouvaient avoir sur leur propre culture et sur l'identité de leur pays. Cette interrogation est restée contenue dans des limites raisonnables jusqu'aux années 1980. Ce résultat tenait au fait que les Gouvernements de l'époque avaient pris conscience de la dimension du problème et cherchaient à lui apporter des solutions justes et réalistes.

J'avais décidé la création, en 1976, d'un secrétariat d'État aux Travailleurs immigrés qui devait prendre en charge tous les aspects de la question.

Pour avoir une connaissance exacte des flux migratoires, et pour pouvoir éventuellement les contrôler, j'ai demandé, en 1979, à un Gouvernement, que je sentais réticent sur ce point, d'instaurer un système général de visas pour l'accès au territoire national, système qui n'existait pas encore. Jusque-là, en effet, les citoyens de la plupart des États d'Afrique et des pays européens extérieurs à la Communauté européenne entraient librement sur le sol français, ce qui rendait impossible toute politique cohérente de l'immigration. Ces visas ont été effectivement mis en place.

Pour compléter le jeu des instruments nécessaires à la gestion de l'immigration légale, le Gouvernement avait prévu de remplacer les documents trop facilement imités ou trafiqués par un titre de séjour non falsifiable et informatisé. Il est révélateur que cette mesure de bon sens ait fait l'objet d'une campagne orchestrée par certains journaux et d'une dénonciation véhémente qui rassemblait la plupart des syndicats et des partis de gauche. Elle a dû être abandonnée devant les obstacles dressés par les juristes qui défendaient ainsi l'existence de titres de séjour falsifiables !

La situation de certains travailleurs immigrés, éloignés depuis longtemps de leurs familles, familles que nous imaginions organisées selon des structures semblables aux nôtres, appelait un correctif. Celui-ci a pris la forme du regroupement familial autour du père de famille. Cette mesure, juste dans son principe, a été insuffisamment réfléchie et préparée. J'ai eu tort de ne pas en suivre d'assez près l'application, car elle a donné lieu à des détournements abusifs, soit que la notion de famille s'étende largement au-delà de nos propres concepts, soit que les membres de la famille en question n'en accompagnent pas le chef, lorsque celui-ci retournait dans son pays d'origine.

Parallèlement, le ministre des Affaires étrangères, Jean François-Poncet, ouvrait au début de l'année 1980 une négociation difficile avec son collègue algérien, Mohamed Benyahia. La partie la plus délicate concernait l'organisation en commun du retour dans leur pays des travailleurs algériens résidant en France et qui n'y avaient plus d'emploi. Leur nombre était évalué à 535 000 personnes, soit 819 000 personnes avec leurs familles. La

France offrait de leur garantir les droits sociaux acquis dans notre pays et de leur attribuer des facilités financières pour leur réinsertion professionnelle en Algérie, sous la forme d'allocations de retour et d'aides à la création de petites entreprises. De son côté l'Algérie s'engageait à accorder à ses ressortissants des exonérations douanières et fiscales, tout en coopérant avec le gouvernement français pour combattre l'immigration clandestine. Après de longs débats, l'accord fut signé le 18 septembre 1980. C'est un document remarquable, qui mettait également fin à un long contentieux franco-algérien en matière de sécurité sociale. Nos négociateurs avaient réussi à y faire inscrire un objectif de retour des travailleurs algériens dans leur pays, fixé à 35 000 personnes par an, ce qui, compte tenu des familles, représentait un flux annuel de 50 000 personnes. L'accord devait commencer à entrer en vigueur à partir du mois d'octobre 1981. Aussitôt après l'élection de François Mitterrand à la présidence de la République, la France décidait unilatéralement de renoncer à l'application de l'accord, sans en donner aucune justification.

Un élément significatif pour notre analyse consiste à observer le comportement de l'opinion française.

Bien que certaines mesures n'aient été qu'imparfaitement appliquées, et qu'elles aient été contestées violemment par des groupes d'influence, bien que, sur tel ou tel point de notre législation, des mises à jour restaient encore nécessaires, les Français ont eu le sentiment que le problème de l'immigration était abordé à l'époque d'une manière rationnelle, et faisait l'objet d'une démarche cohérente. Ils n'ont donc ouvert aucun espace politique aux partis extrémistes, qui rêvaient d'en faire un enjeu électoral. En 1974, le leader du Front national s'était présenté à l'élection présidentielle, où il avait recueilli 0,74 % des suffrages exprimés. En 1981, après sept ans de gestion rationnelle du problème de l'immigration, il a renoncé à se présenter. Le candidat de l'extrême droite qu'il se proposait de soutenir n'a été crédité dans les sondages que de 0,3 % des intentions de vote, et a été éliminé de la compétition. A cette échéance, il n'y a pas eu en France de vote xénophobe.

Le tournant

Après l'élection présidentielle de 1981, l'approche du problème a été systématiquement différente. Elle a créé de manière délibérée, dans une partie de l'opinion publique, la crainte que la politique de l'immigration n'entre en conflit avec l'identité nationale. Elle a offert à l'extrême droite, absente jusque-là du débat, l'occasion de réaliser une percée politique.

La première mesure, qui a soulevé l'inquiétude, était celle de la reconnaissance du droit de vote donné aux étrangers. Soyons clairs : il ne s'agissait pas des immigrés ayant acquis la nationalité française, pour lesquels le droit de vote est un acquis automatique, mais des étrangers résidant en France, et conservant leur nationalité d'origine. Le manifeste socialiste de Créteil, de janvier 1981, précisait que ce droit serait acquis aux étrangers, après trois années de présence en France. L'orchestration de cette proposition était reprise par le nouveau Gouvernement.

Quant à François Mitterrand, il entretenait soigneusement la braise, en écrivant dans sa *Lettre aux Français* de mars 1988, qu'il « déplorait personnellement que l'état de nos mœurs ne permette pas de reconnaître aux immigrés un droit de regard, par le vote, sur des décisions politiques locales ou nationales ».

La deuxième mesure a consisté dans la distribution

massive de titres de séjour aux étrangers qui se trouvaient en situation illégale dans notre pays, sous la forme d'une « régularisation exceptionnelle ». Cette distribution de titres de séjour permettait l'accès au marché du travail, et ouvrait un droit automatique à l'ensemble des prestations sociales. Son inconvénient le plus grave était d'établir dans l'esprit des candidats à l'immigration l'existence d'une filière, composée de trois stades dont l'enchaînement devenait visible à tous : l'entrée illégale sur le territoire français ; la régularisation automatique de la situation des intéressés ; puis l'accès à l'ensemble des prestations sociales et familiales du système français. Ainsi la mesure prise exerçait-elle, en raison de la diffusion immédiate de l'information dans les milieux intéressés, un véritable effet d'aspiration sur la future immigration illégale.

Parallèlement, le Gouvernement supprimait, le 25 novembre 1981, l'aide au retour allouée jusque-là aux travailleurs immigrés pour les inciter à rentrer dans le pays dont ils étaient citoyens.

Quels qu'aient été les arguments qui ont inspiré ces mesures — et les considérations électorales n'en ont pas été absentes ! —, le tort principal qu'elles ont fait à notre pays a été d'aborder de biais, par des mesures brutales, une question sensible, qu'on laissait sans réflexion ni réponse, celle de la relation entre la politique d'immigration et le maintien de l'identité d'un pays comme la France, avec sa population de dimension moyenne, et sa culture, dont chacun sait qu'elle est devenue vulnérable.

Certains cercles de pensée, et des responsables religieux, ont ajouté à la confusion en déclarant que la société française devait devenir une société multiculturelle, c'est-à-dire qu'elle devrait renoncer à avoir une culture commune pour être constituée d'une juxtaposition de cultures. Cet objectif aurait fait frémir d'indignation les instituteurs des écoles de Jules Ferry qui, depuis 1880 jusqu'à 1914, s'étaient efforcés d'inculquer à la première génération des petits Français scolarisés la conviction qu'ils partageaient une histoire commune (« nos ancêtres les Gaulois »), et qu'ils se retrouvaient unis dans un même sentiment national. Et cet objectif avait l'inconvénient supplémentaire de vider de son sens la politique d'intégration, puisque la société française était invitée à éclater en grumeaux fortement différenciés.

Nous nous éloignions de la démarche émouvante des immigrés polonais ou italiens du début du siècle qui racontent dans leurs souvenirs leur souhait ardent de s'intégrer à la vie de la société française, perçue comme un ensemble unique, chaleureux, et tolérant. Enfin cette orientation n'était nullement soumise à l'approbation du peuple français. Contrairement à la règle démocratique, personne ne paraissait désireux de connaître l'opinion de ce peuple, seul détenteur du pouvoir, selon la Constitution de 1958, sur cette orientation fondamentale pour son avenir. Les médias, une grande partie des intellectuels, les Églises, se sentaient parfaitement à l'aise pour décider à sa place, d'autant plus qu'ils se sentaient portés par la formidable vague de la pensée unique et de la mondialisation, dont ils attendaient qu'elle finisse par submerger les frêles structures identitaires subsistantes.

L'absence de distinction précise entre les immigrants et les étrangers séjournant en France rendait impossible une perception juste du problème. Une générosité mal éclairée tendait à culpabiliser les Français vis-à-vis de la misère économique qui ravage de larges parties du monde, notamment en Afrique, en ignorant le fait qu'avec 1 % de la population mondiale, nos marges d'action sont évidemment limitées ! Toute mesure visant à réduire l'immigration clandestine était présentée comme un refus inhumain de prendre notre part dans le combat global contre la misère.

La relance du débat en décembre 1999 par le groupe communiste, suivi par le groupe socialiste qui a déposé une « proposition de loi constitutionnelle pour permettre de déterminer les conditions de vote aux élections municipales des étrangers », accroît l'ambiguïté sur la notion de citoyenneté. Citoyenneté et droit de vote sont intimement liés. C'est parce que apparaît désormais une forme nouvelle de citoyenneté dans l'Union européenne, fondée sur le droit d'établissement et la libre circulation des personnes, que nous avons pu décider d'ouvrir aux citoyens de l'Union européenne un droit de vote aux élections locales en 2001, tenant compte de la durée de leur installation, et exclusif de leur vote dans un autre pays. En visant les « étrangers », c'est-à-dire les non-Européens, dont le cas est réglé, la proposition socialiste gomme les droits du citoyen, pour s'engager sur la voie d'une mondialisation du vote.

Cette démarche est d'autant plus étrange qu'elle contredit des aspirations de sens contraire. C'est ainsi qu'un débat s'est instauré au sein des protagonistes de la motion « autonomiste-corsiste », adoptée par la minorité du conseil général de Corse au début de l'an 2000. A la question de savoir quels électeurs seraient appelés à se prononcer sur le statut futur de l'île, il a été répondu que ce devrait être les Corses, à l'exclusion des Français du continent, travaillant dans l'île. Ainsi les étrangers non européens pourraient voter en France, mais les Français continentaux ne pourraient pas voter en Corse ! On sombre dans la confusion, une confusion qui déroute et alarme les citoyens, chaque fois qu'on tente de dissocier, au nom d'idéologies autonomistes ou mondialistes, la citoyenneté et le droit de vote. L'hôtel Matignon s'est prudemment dégagé du débat par une pirouette :

« Soyons réalistes ! Demandons l'impossible ! » Mais la demande elle-même est perverse, car elle ne prend pas en compte un besoin dominant, qui va cheminer dans notre pays pendant tout le XXIe siècle, le besoin d'identité.

L'abandon d'une démarche rationnelle au profit d'attitudes idéologiques, voire même démagogiques, a fait dérailler le processus. On a vu se développer des thèmes de haine et d'exclusion, et progresser les votes en faveur de l'extrême droite. La démarche d'intégration des Français issus de l'immigration récente n'a pas connu l'amélioration qu'on pouvait espérer. Les populations venues de l'immigration musulmane ou africaine ont eu tendance à se regrouper dans des zones réputées « difficiles », où la scolarisation rencontre des difficultés quotidiennes, et où le chômage des jeunes connaît des taux élevés. L'immigration illégale, souvent organisée par des circuits de trafiquants professionnels qui rappellent les anciens esclavagistes et qui engrangent les mêmes profits, est venue accroître les tensions.

Enfermée dans les contradictions de leur pensée politique, la tactique défensive des dirigeants en place a consisté à jeter l'opprobre sur la xénophobie présumée des Français, tenue pour responsable de l'échec. C'était oublier que cette xénophobie n'avait pas trouvé d'expression politique jusqu'en 1981 et qu'elle ne fait pas partie de notre culture ; c'était aussi négliger l'effort extraordinaire accompli par de nombreux Français pour accueillir, à partir de 1975, les réfugiés du Viêt-nam et du Cambodge, puis du Chili, dont le nombre nous situait au deuxième rang mondial, derrière les États-Unis.

On peut observer que chaque fois que l'action gouvernementale se rapproche sur ce sujet d'une démarche rationnelle, l'opinion publique revient à un jugement plus serein et plus objectif sur le problème de l'immigration.

Quelles en sont en effet les données essentielles ?

La première de toutes tient au changement fondamental des données démographiques.

Les nouvelles données démographiques

Dans les années 1950, la population du continent européen représentait l'équivalent des populations d'Afrique et d'Amérique (du Nord et du Sud) réunies. Par rapport à l'Afrique seule, la population de l'Europe atteignait deux fois et demie celle de l'Afrique. Quand on s'interrogeait alors sur l'immigration, celle-ci constituait une relation entre les moins nombreux et les plus nombreux, les faibles et les forts.

Cette situation s'est déjà inversée. En 2000, la population de chacun des deux continents, l'Amérique et l'Afrique, a dépassé celle de l'Europe : 780 millions d'Africains pour 720 millions d'Européens. Et cette tendance est destinée à s'accentuer dans les cinquante prochaines années où, selon l'hypothèse moyenne des Nations unies, l'Amérique comptera deux fois plus d'habitants que l'Europe, et l'Afrique trois fois plus. Face à une population du continent européen *en baisse* au niveau de 628 millions d'habitants, le continent africain explosera à hauteur de 1 milliard 766 millions de personnes[1].

1. Ce chiffre est susceptible d'être modifié par le développement de l'épidémie de Sida qui ravage l'Afrique. Le Bureau international du travail estime qu'en 2015 la population de 27 États africains situés au sud du Sahara atteindra 698 millions d'habitants, soit 61 millions de moins qu'il n'était prévu en l'absence de la maladie. On peut espérer que la solidarité internationale se manifestera enfin, à une échelle suffisante, pour traiter et contenir l'épidémie. Même si celle-ci ralentit la tendance démographique, elle n'est pas de nature à l'inverser.

L'immigration se déroule désormais du plus nombreux vers le moins nombreux, et du démographiquement fort vers le démographiquement faible. L'opinion publique en a pris confusément conscience. Elle n'examine pas dans leur détail les statistiques démographiques, mais elle perçoit ou ressent certaines de leurs données en son sein. Elle assiste à la chute de ses propres naissances : alors qu'en 1950 12 millions d'enfants naissaient annuellement en Europe, il n'en naît plus que 8 millions aujourd'hui. Le pourcentage de la population âgée de plus de soixante ans est passé de 15 % à 20 % et chemine vers 35 %, en l'an 2050. Chacun peut l'observer autour de soi. Parallèlement, l'immigration, au lieu de se diluer, ce qui est le mouvement naturel lorsqu'il s'agit du flux des moins nombreux vers les plus nombreux, tend à se concentrer sur certains territoires, et à chercher à conserver ses caractères et sa culture d'origine, ce qui est la démarche inverse de l'intégration.

Ces données démographiques expliquent le fait que la réaction de la population des pays d'accueil, comme la France, soit devenue une réaction de crainte, crainte instinctive et souvent inavouée.

Lorsque les hommes politiques traitent des problèmes de l'immigration et du racisme — problèmes distincts et qu'il faut éviter de confondre — ils ont recours à une approche que leur dicte la facilité : celle de comparer le racisme et la xénophobie de l'Allemagne hitlérienne et les réactions contemporaines vis-à-vis de l'immigration. Cette analogie est inexacte, et conduit à des recommandations qui n'ont pas de chances de guérir le mal.

Le racisme hitlérien partait d'un sentiment de supériorité. Il fallait débarrasser, purifier si l'on ose dire, l'espace allemand des races inférieures qui étaient venues l'altérer : Juifs, Tziganes, et, pour la partie prussienne de l'Allemagne, Polonais. Sa logique hideuse était celle de l'extermination, plus encore que celle de l'expulsion. Les nazis ne ressentaient aucune crainte. Ils voulaient éliminer ceux pour lesquels ils n'éprouvaient que haine et mépris. Ils se sentaient en position de force pour le faire.

La réaction contemporaine vis-à-vis de l'immigration est d'une autre nature. Elle est essentiellement alimentée par la crainte diffuse de voir le flux migratoire venir modifier ses conditions de vie, son habitat ou son environnement social, et remettre en question sa culture identitaire. Elle s'accroît à la perception des données démographiques que j'ai évoquées. Cette crainte génère sans doute, ici ou là, des sentiments de mépris, voire de haine, mais, sans chercher à les excuser, ils n'ont pas d'origine commune avec le mépris nazi, né d'une exaltation de la supériorité. Ils s'apparentent davantage à ce que Alphonse Daudet appelait la colère des faibles.

Cette fausse analogie ne peut pas conduire aux remèdes appropriés. On ne fait pas reculer la crainte par la condamnation ou par l'exorcisme. Ceux-ci auraient plutôt tendance à la renforcer, en accentuant le sentiment d'isolement des intéressés, et en les invitant à s'enfermer dans une posture défensive. On a pu le vérifier en France, tout au long des années 1980 et 1990.

Pour apaiser la crainte, il faut être capable de rassurer, c'est-à-dire de prendre en compte les données objectives du problème, et de leur apporter des solutions rationnelles.

Le président du Land de Saxe, M. Biedenkopf, déclarait récemment : « Si vous voulez créer une attitude d'acceptabilité dans l'opinion vis-à-vis d'une évolution, vous avez besoin d'ouvrir un débat. Les personnes qui connaissent la réalité ont moins de chance d'être les victimes des idéologues et des populistes, qui leur disent que nous allons au désastre. C'est le rôle des dirigeants responsables d'exposer les problèmes devant l'opinion. »

A cet égard, la position mono-conceptuelle[1] du milieu politique et médiatique français, qui consiste à faire du problème de l'immigration un sujet tabou, dont le nom ne peut même pas être prononcé sans déclencher une réaction dont la véhémence stoppe net tout débat, est contre-productive, en ce sens qu'elle ne fait pas avancer la prise de conscience de la vraie nature du problème et des solutions qu'il appelle.

Si les réactions d'une communauté influente et sensible, la communauté juive, condamnée à l'extermination par la shoah, et victime de l'expression la plus brutale du racisme qui ait jamais été formulée, sont à la fois émouvantes et atrocement justifiées, elles n'ont pas de relation directe avec le problème de l'immigration tel qu'il se présente aujourd'hui, dans un monde différent, et à partir de données d'une autre nature.

Je comprends parfaitement la réaction instinctive de certains membres de cette communauté, qui redoutent qu'un débat sur les problèmes de l'immigration ne réveille les attitudes de discrimination et n'ouvre une faille dans laquelle pourraient s'engouffrer les comportements qui lui ont été si odieux dans le passé. Je ne pense pas pourtant que cette crainte soit justifiée. Les problèmes de l'immigration actuelle et future concernent en termes identiques tous les ensembles qui sont réunis aujourd'hui dans la nation française comme les communautés antillaise, libanaise et arménienne, parmi d'autres, et qui en partagent la nationalité et l'identité. Il n'y a aucun motif de se sentir singularisés par l'examen d'une question qui se pose en termes identiques pour l'ensemble de ceux qui forment notre nation.

D'ailleurs, dans d'autres pays de structure comparable, tels que les États-Unis et la Grande-Bretagne, le débat sur

1. Expression pédante pour qualifier la pensée unique !

la politique d'immigration n'est muré par aucun tabou et fait, périodiquement, l'objet de comptes rendus et d'évaluations dans la presse, sans y prendre un tour polémique. On sait que, depuis l'origine, les États-Unis ont pratiqué une politique « quantifiée » de l'immigration, fondée sur la fixation du nombre d'immigrants en provenance tantôt de chaque zone géographique, tantôt de chaque pays qui pouvaient être accueillis aux États-Unis. Ces quotas ont été modifiés à plusieurs reprises, en plus ou en moins, selon une politique publiquement discutée, et vis-à-vis de laquelle chacun pèse, dans un esprit de mesure, le pour et le contre des solutions retenues.

Si j'insiste sur l'importance qu'il y a à traiter rationnellement ce sujet et à mettre en place une politique « quantifiée » de l'immigration, en liaison avec nos partenaires de l'Union européenne, c'est que je redoute les conséquences possibles d'une attitude d'indifférence ou de refus persistant de discussion. Les postures personnelles sont faciles à adopter, et elles sont gratifiées d'une large récompense médiatique, mais elles ne guériront pas la crainte, et elles ne suffiront pas à écarter, en France et dans le reste de l'Europe, les réactions imprévisibles de peuples qui se sentent menacés par leur déclin démographique et identitaire.

Un des hommes d'État les plus respectables de l'Europe contemporaine, l'ancien chancelier Helmut Schmidt, me faisait récemment cette sombre prophétie : « Si nos gouvernements ne sont pas capables de mettre en œuvre une politique juste et rationnelle de l'immigration, nous risquons de voir arriver au pouvoir presque partout, je ne dis pas dans vingt ans, mais dans cinquante ans, des gouvernements issus de la droite autoritaire, et l'Union européenne éclatera. »

Le problème crucial de l'intégration

La France doit conserver sa tradition de pays ouvert, dans la limite compatible avec le maintien de son identité nationale. Cette ouverture doit rester diversifiée, et non concentrée sur une origine unique, pour permettre aux apports de l'immigration de venir enrichir et faire évoluer de l'intérieur la culture française, comme ils ont réussi à le faire dans le passé, et non de constituer en son sein une culture de substitution. L'évolution de la culture française repose en effet sur sa capacité d'intégrer des apports culturels, venus de l'extérieur, et non dans la solution consistant à éclater dans une diversité multiculturelle.

Cela suppose la mise en place d'une politique d'immigration « quantifiée », fondée sur la fixation de quotas annuels d'immigration à partir des différents pays d'origine, et aussi des vocations professionnelles des intéressés. Ces quotas seraient révisés périodiquement sur la base des résultats observés en matière d'intégration. Cette politique devra être concertée avec nos partenaires européens mais, en ce qui concerne la délivrance de titres de séjour permanents et de cartes de travail, elle devra demeurer de la compétence nationale.

La tâche essentielle, celle qui devrait avoir un contenu affectif et politique intense, est de réussir l'intégration des Français ayant acquis récemment notre nationalité, et surtout celle de leurs enfants. Il faut reconnaître que les résultats obtenus jusqu'ici ne peuvent pas nous satisfaire, même si chacun de nous connaît des exemples brillants, masculins et féminins, de réussite individuelle. C'est une tâche dont le succès requiert sans doute une génération, car elle exige un cycle de formation complet. On ne peut espérer la réussir qu'à condition d'interrompre le flux de l'immigration clandestine qui fait reculer le processus d'intégration des immigrants légaux en ravivant les tensions culturelles et sociales. Les travaux de recherche ont montré qu'à partir d'un certain niveau de flux d'une population immigrant au sein d'une autre population, le désir d'intégration s'affaiblit, puis s'inverse, lorsqu'un certain seuil est franchi. Les arrivants cherchent alors à se regrouper, à se replier sur eux-mêmes et à protéger leur identité sous la forme du maintien de leur langue, de leur culture et de leurs habitudes de vie. Dès lors le processus d'intégration s'interrompt. Pour éviter ce risque, il est inévitable de mettre en œuvre, quoi qu'en pense notre sensibilité, la reconduite dans leur pays des immigrés clandestins. La France a tous les moyens d'organiser ce retour dans des conditions respectueuses de la personne humaine, mais sans céder à la défaillance, qui relance automatiquement le cycle de l'immigration illégale.

Si l'immigration illégale était effectivement interrompue, l'intégration des Français de citoyenneté récente pourrait devenir enfin une grande cause nationale, à laquelle le système éducatif, les collectivités territoriales et les associations culturelles et sportives devraient apporter une contribution chaleureuse et consacrer les ressources appropriées. Il existe sans nul doute dans cette nouvelle catégorie de Français, hommes et femmes, beaucoup de talents qui peuvent être mis au service de notre vie collective, non seulement dans le sport, comme nous en avons eu la brillante démonstration avec l'attachante et discrète personnalité de Zinedine Zidane, et de son père, mais dans beaucoup d'autres secteurs de notre vie économique et sociale. Les femmes en particulier apportent leur propre contribution, faite de sagesse, d'affectivité et du soin qu'elles apportent à préparer l'avenir de leurs enfants.

Encore faut-il que la rationalité reprenne le dessus, qu'elle achève la déroute des extrémismes, qu'elle souligne avec force la différence entre la nécessité de l'intégration et le laxisme de l'immigration clandestine, et qu'elle affirme aux yeux des Français de toutes conditions et de toutes origines la priorité donnée au XXIe siècle au maintien de l'identité française.

*

Cela me conduit à évoquer le problème de l'identité française.

C'est un problème qui nous a pris par surprise, car notre histoire ne nous l'avait jamais posé ! Le territoire français n'a connu aucune invasion étrangère depuis le XVIe siècle, jusqu'à l'incursion rapide des armées alliées après les défaites napoléoniennes et l'arrivée des forces prussiennes en 1870, suivie de leur retrait, un an plus tard. La supériorité démographique de la France en Europe est restée incontestée jusqu'au XIXe siècle. Et la culture française, faite à la fois de l'usage prépondérant de notre langue et du rayonnement de notre créativité artistique et littéraire, a conservé sa position dominante dans le monde jusqu'à la Première Guerre mondiale. Les Français n'avaient aucune raison de s'inquiéter des empiétements que d'autres pays, ou d'autres cultures, pouvaient tenter, à la marge, sur l'identité française.

Cette situation, chacun le sent, s'est modifiée, et parfois même de façon perceptible, sous nos propres yeux. Je n'en prendrai qu'un seul exemple, celui-là vécu : au début de l'existence de la Communauté européenne, tous les débats entre les ministres se déroulaient en français. En 1989, lorsque le président du Parlement européen, Enrique Baron Crespo, réunissait à déjeuner, le lundi ouvrant la session du Parlement à Strasbourg, les présidents des groupes politiques au nombre de neuf, la discussion avait encore lieu en français, à la seule exception du président du groupe du PPE qui avait recours à une interprète franco-allemande. A l'heure actuelle, dix ans plus tard, la plupart de ces discussions ont lieu en anglais.

Si l'on cherche à déchiffrer les « tags » qui ornent les murs de nos villes, comme d'ailleurs des autres villes d'Europe, de Venise à Berlin en passant par Prague, on n'y relève guère de trace de l'écriture latine...

L'identité française n'est plus nourrie par la certitude confortable qui a longtemps été la sienne. Elle se sent plus fragile, et menacée.

Cette menace s'alimente à deux sources : notre déclin démographique, comme on l'a vu, mais aussi la pression idéologique de la mondialisation. Cette pression vise à balayer tous les obstacles à l'uniformisation du monde : les obstacles commerciaux, ce qui est pratiquement réalisé, les obstacles culturels grâce à la diffusion d'un langage et d'une musique uniques, et maintenant les obstacles identitaires. Il ne s'agit pas d'un complot, dont il serait vain de rechercher la main invisible, mais de l'influence exercée par les deux forces prépondérantes de notre temps que sont la recherche du profit et la facilité de la communication. Il serait étrange que ceux qui s'alarment des effets niveleurs de la mondialisation prêtent leur concours à l'éradication des identités nationales, qui s'inscrit au nombre de leurs objectifs.

Cette identité française, quelle est-elle ? Comment peut-on la définir ?

Elle est celle d'un peuple, vivant sur un territoire, ou plutôt dans un paysage. Les relations entre ce peuple et ce paysage sont complexes, mais étroites. L'un a façonné l'autre, et réciproquement. Il ne suffit pas d'habiter ce paysage pour se ressentir français. La France ne se réduit pas à être une adresse. C'est un lieu de vie qui se caractérise par une certaine manière d'exister. Celle-ci est respectueuse de l'individu, tolérante, chaleureuse et courtoise (bien que le raffinement de notre politesse paraisse avoir sombré au XXe siècle !). Cette manière de vivre reste sans doute unique au monde. On ne peut pas se contenter de définir l'identité de la France par le fait de pouvoir vivre sur son territoire. Cette identité suppose que l'on ressente le désir de partager son mode de vie, parfois désordonné, souvent contradictoire, presque toujours tolérant, mais aussi actif et laborieux, et dans lequel les éléments communs, venus d'apports successifs, ceux qui façonnent l'identité, pèsent en définitive beaucoup plus lourd que les différences.

L'identité française résulte d'une addition, d'une accumulation de cultures qui sont venues enrichir le rameau initial et dont il est aisé de retrouver la trace, et non d'une juxtaposition de cultures qui auraient conservé chacune leur enracinement extérieur, et dont le seul élément fédérateur serait leur présence simultanée sur le même territoire.

Un accord possible sur une politique rationnelle de l'immigration passe par une attitude commune sur la perception de l'identité française et les moyens de l'affirmer. L'Unesco recense les monuments du patrimoine mondial à protéger. Il existe aussi des patrimoines culturels, patiemment accumulés, que nous devons réussir à maintenir. Cette attitude se manifeste au travers de questions aussi dissemblables que l'affirmation de l'« exception culturelle », l'usage de pratiques alimentaires, la fierté sportive, la défense de la langue française. Il faut encore les lier entre elles par un sentiment fort et unanimement partagé d'appartenance à ce peuple français venu de divers horizons et qui s'est installé à demeure dans le plus merveilleux et le plus humanisé paysage du monde.

8

Les nouveaux centres de la vitalité française

J'ai examiné la manière dont la psychologie et les traits de caractère des Français contribuent au déclin politique de notre pays. Mais ce tableau gris-noir ne rend pas entièrement compte de la réalité. Dans une société aussi diversifiée, il existe heureusement des groupes porteurs de valeurs d'avenir. C'est du développement de leur influence qu'on peut attendre l'inversion du mouvement et la reprise du progrès de la France.

Deux de ces groupes sont constitués par les responsables économiques et par les femmes. Et, plus loin, on commence à apercevoir l'avant-garde de la génération du renouvellement politique.

Au commencement était la politique

Nous assistons tous les jours à une migration de talents qui quittent la politique pour se diriger vers l'économie. Cette migration s'est accélérée depuis vingt ans. Elle explique, en particulier, les performances actuelles de nos entreprises.

En France, comme aurait dit la Genèse, au commencement était la politique. Le pouvoir politique était placé au-dessus de tout. C'était lui qui fascinait les ambitions et qui aimantait les carrières. Cette situation résultait d'une longue tradition de pouvoir absolu, monarchique et impérial, relayé par le centralisme jacobin et napoléonien. Ce pouvoir politique était exercé par une administration — l'administration centrale — fortement hiérarchisée, et sûre de sa compétence.

Pour accéder au pouvoir, on avait le choix entre deux échelles : l'échelle politique, dont les barreaux étaient constitués par les mandats électoraux, échelle qui vous permettait d'accéder au Parlement et, pour quelques-uns enivrés par cette béatification, au Gouvernement. L'autre échelle était celle de la haute administration : on commençait à s'y élever par la voie de concours, ceux des grands corps administratifs tels que le Conseil d'État, l'Inspection des Finances et la Cour des comptes, puis, à partir de 1946, le concours de l'École nationale d'administration. L'ascension se poursuivait par une oscillation savante entre les barreaux des cabinets ministériels et ceux des promotions administratives, jusqu'à ce qu'on atteigne les plus hautes fonctions de direction à la tête des grandes administrations, des établissements financiers de l'État ou des services publics. Parfois, on sautait d'une échelle à l'autre, généralement en quittant l'échelle administrative pour l'échelle politique, où l'on pouvait rêver d'accéder au pouvoir suprême.

Ces types de carrière n'étaient pas inspirés par des considérations financières. On en attendait l'aisance, mais pas la fortune. L'honnêteté y était la règle, ou plutôt, mieux que la règle, une habitude que chacun tenait pour normale. Jamais, jusqu'aux années 1980, un membre du cabinet d'un ministre des Finances n'avait fait l'objet d'une procédure judiciaire.

Le ressort du comportement était celui du service de

la collectivité. Il était baptisé différemment selon la tradition des administrations : le service de la France, lorsqu'il s'agissait de l'armée et de la diplomatie ; le service de l'État, pour les administrations financières et préfectorales ; le service de la République, dans le cas du système éducatif. Mais, de toute manière, l'objectif annoncé était de servir.

La haute administration était, dans son ensemble, remarquablement compétente. Cette situation tenait à l'origine de son recrutement, car les meilleurs élèves issus de l'enseignement secondaire se préparaient à ses concours d'entrée, particulièrement sélectifs et rigoureusement objectifs. L'influence et le passe-droit n'affectaient pas leurs résultats. Cela tenait aussi à ses règles de nomination aux emplois élevés. Celles-ci étaient fondées sur la reconnaissance des capacités personnelles. Il était rare de voir un directeur d'administration centrale dépourvu de talent, à l'exception de quelques nominations dues à la faveur politique, dont les commodités fournies par l'instabilité gouvernementale permettaient de se débarrasser à la première occasion.

Ce système avait tous les avantages et tous les inconvénients du mandarinat. Il assurait un bon fonctionnement de l'administration classique, mais était mal adapté, en raison de sa rigidité, de la lenteur de ses décisions et de son manque d'expérience concrète, aux interventions dans la vie de l'économie. Du point de vue financier, il s'est contenté pendant longtemps d'assurer les rentrées fiscales et de payer les dépenses publiques.

Ce mandarinat administratif et politique attirait et absorbait l'élite du pays, ou plutôt, pour éviter un vocabulaire controversé, aspirait la plupart des talents des générations successives. Du haut de cet Olympe, on regardait avec une légère condescendance ceux qui n'avaient pas su en réussir l'ascension et qui se salissaient les mains dans la vie quotidienne des entreprises.

Le vocabulaire employé rendait compte de cette distinction. Ceux de nos camarades qui, à la sortie de l'École polytechnique, n'entraient pas dans les grands corps de l'État et choisissaient l'économie privée étaient réputés « pantoufler ».

Les « nouveaux » Français

L'évolution des dernières décennies a bouleversé cette situation. L'effacement progressif des grandes tâches politiques — la défense des frontières et la transformation interne de la société —, le transfert vers l'Union européenne de la plupart des compétences économiques, telles que la concurrence et le commerce extérieur, la mondialisation des marchés devenus insensible aux interventions nationales, et, plus récemment, l'européanisation de la politique monétaire, bref, tout cet ensemble d'évolution a vidé d'une grande partie de son contenu ce qui faisait traditionnellement l'intérêt des fonctions de la haute administration. Aux yeux des jeunes Français, des « nouveaux Français » — qui sont souvent de « nouvelles Françaises » —, l'intérêt s'est déplacé du politique vers l'économique. Ce déplacement d'intérêt a déclenché une migration parallèle des talents, qui ont désormais tendance à déserter la politique et la haute administration pour se diriger, dès l'achèvement de leurs études, vers les entreprises.

Il n'y a pas lieu de regretter cette évolution. Il est souhaitable que les talents se concentrent là où l'avenir de la société en a le plus besoin : par exemple, en cas de menaces extérieures, dans les forces de défense. A cet égard, on ne peut qu'être admiratif devant la qualité des ingénieurs de l'armement qui ont permis à la France, dans la période de la guerre froide, de se doter entre 1960 et 1980 des avions, des sous-marins et des matériels nucléaires les plus performants.

Aujourd'hui, où le sort de la France va se jouer, de plus en plus, sur sa capacité à l'emporter dans la compétition internationale, il est rassurant de voir les jeunes talents se précipiter en rangs serrés vers les entreprises.

En quelques années la France s'est dotée d'un faisceau remarquable de dirigeants d'entreprise. Je crois, sans forcer la note, que le groupe des dirigeants des grandes entreprises françaises, issus de formations variées, même si les ingénieurs continuent d'en constituer la majorité, est à l'heure actuelle le meilleur d'Europe. Des exemples récents montrent qu'il soutient la comparaison, souvent à son avantage, avec le groupe des dirigeants d'entreprise allemand.

Cette migration des talents est bénéfique pour l'économie. Il peut se faire qu'elle le soit également pour la politique en préparant, par le vide, un nouveau vivier d'où émergeront les futurs dirigeants français.

Nous aurons l'occasion de nous interroger sur l'essoufflement du recrutement des dirigeants politiques de notre pays, dû à l'usure de la filière traditionnelle et à la conception dépassée selon laquelle on peut espérer faire une « carrière » en politique.

Il est rassurant de penser qu'une ressource humaine de remplacement est en cours de formation, cette fois dans le monde de l'économie. Il est évident que ces jeunes talents n'entreront pas dans le jeu politique aussi longtemps que les règles n'en auront pas été changées. Mais ils constituent une réserve à laquelle, le moment venu, il deviendra possible de faire appel.

Il me semble qu'une initiative pourrait être prise pour accélérer ce mouvement. La composition de l'Assemblée nationale fait peu de place aux forces vives de l'économie : sur les 576 députés qui la composent, les fonctionnaires et les enseignants sont au nombre de 232, les professions libérales de 113, alors que le monde de ceux qui travaillent dans les entreprises (chefs d'entreprise, cadres, employés et ouvriers) ne compte que 146 élus, soit 25 % du total. La raison tient au fait qu'il est difficile pour une personne qui occupe un emploi dans une entreprise d'y renoncer pour exercer un mandat parlementaire, car, à la différence des fonctionnaires, elle n'a aucune garantie sur sa situation future, à l'expiration de son mandat. D'où la sous-représentation des problèmes de l'économie et de l'entreprise dans les débats parlementaires.

On pourrait y remédier en instaurant, à l'initiative de la loi, ou, mieux, des partenaires sociaux, un « congé de représentation démocratique », qui garantirait à l'élu le retour automatique dans son entreprise, pour une durée minimum, et la prise en compte, pour son ancienneté dans son entreprise, de la durée d'exercice de son mandat (limité à un ou deux mandats).

Les Françaises : une chance pour la France

L'autre groupe humain qui pourra inverser la tendance au déclin politique est celui des femmes.

Les femmes françaises sont parfaites. Je l'écris sans hésiter. Elles sont généreuses, actives, naturelles. Elles savent prendre soin de leurs enfants. Elles respectent les personnes âgées et les aident à traverser leurs fins de vie. Elles ne souffrent pas de la même enflure de vanité que les hommes. Elles sont gaies, volontiers soignées, pleines de charme. Je ne leur connais pas de défaut autre que la difficulté qu'elles éprouvent parfois à travailler les unes avec les autres, difficulté que j'ai expérimentée au Gouvernement.

Comme d'autres pays latins, la France est un pays où les femmes sont supérieures aux hommes, mais tout le système juridique, économique, social et politique les a enfermées dans les tâches effectuées à la maison, les travaux appelés, selon l'étymologie romaine, domestiques. Dans la société traditionnelle, ces tâches étaient essentielles. Elles déterminaient la survie des enfants, l'état de santé de la famille, l'aménité de la vie quotidienne. Mais elles représentaient un sous-emploi de la capacité féminine.

L'ouverture aux femmes des fonctions et des carrières est un des grands progrès des temps modernes. C'est en 1944 seulement qu'elles ont acquis en France, sur la proposition du général de Gaulle, le droit de vote. Les grandes écoles militaires leur ont été ouvertes dans les années 1960. Et c'est dans la décennie suivante qu'elles ont été appelées, à mon initiative, à exercer des fonctions gouvernementales importantes.

Cette évolution a été facilitée par une coïncidence : les dons naturels des femmes correspondent assez exactement aux nouveaux besoins de notre société. Elles abordent les problèmes d'une manière pratique et réaliste. Elles se méfient des démarches conceptuelles. Elles disposent d'une grande facilité d'adaptation. Elles se sentent à l'aise dans l'utilisation des matériels informatiques qui éveillent chez elles une curiosité plus concrète que théorique : elles veulent savoir « comment s'en servir » plutôt que « comment cela marche-t-il ? ».

Devant l'affirmation de l'influence et du système de valeurs des femmes, les mouvements politiques, dont les dirigeants étaient exclusivement masculins, ont cherché à monter dans le train en marche. Ils agissaient le plus souvent à contrecœur, car cela ne répondait pas à leurs convictions intimes. Ils se réfugiaient derrière des alibis usés comme du linge trop souvent lavé : quand on leur proposait une femme pour une candidature électorale, on était assuré d'entendre la même réponse qui revenait comme une rengaine, avec seulement une apparence de vraisemblance : « Pourquoi une femme ? Cela ne sert à rien, car les femmes ne voteront jamais pour elle ! » Néanmoins, la cause a avancé. Bien que la France reste en retard par rapport aux pays scandinaves et à l'Espagne, où les femmes ont fait des percées remarquables dans les élections municipales, le nombre de femmes qui occupent des postes de responsabilité augmente régulièrement.

Il est révélateur que la présidence de deux des plus grands partis politiques de l'Union européenne, le RPR en France et la CDU en Allemagne, soit assumée par des femmes.

Les derniers événements ont mis en lumière les contradictions qui subsistent au sein du milieu politique français. Au moment même où le Parlement était appelé à voter un texte garantissant un accès égal des femmes et des hommes aux responsabilités politiques, le remaniement du Gouvernement en place faisait entrer sept hommes et deux femmes dans l'équipe renouvelée !

La ressource féminine, en raison de sa qualité et de son indépendance par rapport aux jeux de la politique, constitue un réservoir de talents pour la France. Il y a beaucoup à gagner à y faire appel, car, à l'exception de quelques milieux exaltés, les femmes n'éprouvent pas la tentation de la « table rase » chère à leurs compagnons masculins. Elles ont l'instinct de la continuité de la vie, et chacune d'elles, dans son domaine, cherche à trouver le point d'équilibre entre la tradition qu'elle respecte et la modernité qui l'attire.

Le passage du relais

La génération du renouvellement politique n'est pas encore entrée en scène.

Nous vivons toujours dans le vide creusé par l'éloignement du pouvoir de ceux qui avaient connu, dans leur vie d'homme ou dans leur adolescence, les grands événements de la guerre, avec leur force brutale, leurs privations, leurs sacrifices, qui avaient forgé leurs caractères et souligné en lettres capitales la hiérarchie des valeurs personnelles et nationales — et le départ des nouveaux talents en direction des entreprises.

Cela explique qu'il soit difficile aujourd'hui de discerner, pour l'opinion publique, ceux qui ont vocation à devenir les futurs dirigeants de la France. Ils sont en train de se préparer, sans doute en dehors des formations politiques, et il faut leur laisser le temps de le faire.

Cette question du délai est fondamentale, et nous ne l'abordons pas d'une manière réaliste. Lorsque les conservateurs britanniques ont été mis en déroute par Tony Blair, personne n'a imaginé qu'ils reviendraient au pouvoir lors des élections suivantes. De même la conquête du pouvoir par le Parti Populaire espagnol, après le soutien massif dont Felipe González avait bénéficié dans l'opinion, a été le fruit d'un travail long et patient, passant par des succès aux élections municipales et un premier revers aux élections législatives.

Le renouvellement du personnel politique ne peut pas être assuré dans le court intervalle qui sépare deux élections législatives. C'est à l'occasion des élections municipales, puis régionales, que nous allons voir apparaître la nouvelle génération politique.

N'ayant pas connu les facilités de vie dont a bénéficié la génération des « trente glorieuses », qui ont exaspéré chez elle l'appétit de la réussite facile et l'obsession des parcours personnels, ces nouveaux candidats auront subi la pédagogie de la crise et de l'incertitude sur leur emploi. J'imagine qu'ils seront animés par l'envie de créer et le besoin de moderniser.

Nous pouvons attendre avec confiance, mais sans impatience excessive, le passage du relais dans les mains de ceux qui s'en saisiront lorsque la durée nécessaire au renouvellement se sera écoulée.

Mais l'Histoire a aussi ses ironies ! Il peut se faire, dans un pays où l'électorat a souvent l'habitude de voter « contre », comme il l'a fait massivement en 1993 et en 1997, que les Français souhaitent mettre fin au pouvoir des socialistes avant que la droite ne se soit mise en état de l'exercer...

*

Une question qui revient dans la plupart des discussions sur la situation politique de la France est la suivante : « Mais enfin, que proposez-vous ? » Les Français se lassent très vite de la description des faits et de l'analyse. Ils sautent tout de suite à la conclusion : « Que proposez-vous ? »

L'objet de ces « Reflections » est une recherche sur les causes du déclin politique. Cette recherche ne débouche pas directement sur la description du remède. J'espère seulement qu'une connaissance plus exacte des causes pourra aider les futurs dirigeants, et la société française elle-même, à inverser le cours de son déclin politique.

Mais pour que la peinture de la psychologie des Français ne soit pas assombrie par le clair-obscur, je voudrais évoquer, en terminant sa description, une tache lumineuse, qui est celle de la générosité française.

C'est une générosité d'un type particulier, mal connue

du monde extérieur. Elle procède d'un mélange d'hospitalité et d'enthousiasme. D'hospitalité au sens paysan du terme, c'est-à-dire qu'on ouvre sa porte, on partage sa nourriture, on part dans la nuit porter secours à celui qui s'est embourbé ou a été pris dans une congère, le tout avec simplicité, sans chichi ni manière, comme si c'était le geste le plus naturel du monde. Et d'enthousiasme, cet enthousiasme propre à la France, qui a l'inconvénient de déclencher des révolutions improvisées, mais qui constitue une sorte de salut du cœur, de pulsion authentique, adressé aux autres, à leur malheur, à la dureté de leur vie, comme, dans d'autres circonstances, à la gloire des armes ou au triomphe sportif. Cet enthousiasme fait connaître aux Français leurs rares moments de bonheur collectif, et il leur apporte une plénitude dont ils se souviennent longtemps plus tard.

Ils savent discerner les figures emblématiques de la générosité, comme l'abbé Pierre, que j'avais reçu à l'Élysée pour le décorer au titre de la première promotion de la Légion d'honneur que j'avais instituée en référence aux Droits de l'homme, et qui y était venu tout menu, dans son vêtement religieux, taché de gris, avec sa barbe aux poils rudes et ses yeux perçants, et sœur Emmanuelle, dont l'opinion ne connaît presque rien sauf qu'elle a vécu dans l'océan de misère des déchetteries du Caire où elle essayait de restituer à leurs malheureux habitants les rudiments de leur dignité humaine.

Le mérite des initiatives humanitaires leur revient souvent, comme cela a été le cas pour les « Médecins sans frontières » de Bernard Kouchner, de Claude Malhuret et du docteur Emmanuelli, et aussi pour les « Pharmaciens sans frontières ». Quant aux congrégations religieuses, elles accomplissent sans bruit et sans recherche d'effets extérieurs un travail admirable d'assistance, d'éducation et de santé dans les parties les plus déshéritées de l'Afrique et du Moyen-Orient.

C'est le mélange de cette générosité particulière des Français — sans doute venue de leur ascendance franque — et de leur intelligence raisonnable — produit de leur filiation gallo-romaine — qui pourra servir de ressort au redressement politique des Français, le jour où leurs dirigeants cesseront de jouer sur leurs défauts comme ils l'ont fait de manière délibérée, avec une savante habileté destructrice pendant la décennie 1980, pour faire appel — enfin ! — à leurs qualités.

9

Les institutions tourmentées

Les Français tourmentent leurs institutions, comme un enfant cruel tourmente les animaux. Ils ne leur laissent pas de repos. Ils les manipulent au gré de leurs changements d'humeur. Ils les tournent souvent en dérision. Et, lorsqu'ils pensent qu'elles ne peuvent plus leur rendre service, ou les protéger, ils les abandonnent brusquement et passent à d'autres.

L'histoire constitutionnelle de la France depuis deux cents ans est, au sens propre du terme, invraisemblable. Elle constitue en elle-même une curiosité. Entre 1780 et 1980, nous avons connu quatre monarchies, dont deux absolues et deux constitutionnelles, cinq républiques, deux empires, et trois régimes particuliers, le Directoire, le Consulat et le régime de Vichy. Au total seize régimes différents. Seules la IIIe et la Ve République ont duré plus de vingt ans. Cette tourmente institutionnelle, sans équivalent ailleurs, traduit la difficulté avec laquelle la France, après une longue période féodale, a cherché à s'accoutumer à un fonctionnement équilibré du pouvoir démocratique. Les deux expériences de l'empire, qui n'ont été interrompues que par des défaites militaires, indiquent les directions vers lesquelles la majorité des Français de l'époque portaient leurs préférences : un pouvoir fort, assorti d'un sentiment d'égalité, fondé sur la suppression des privilèges. Les premières tentatives républicaines étaient affaiblies par leur coloration de table rase qui les livraient très vite aux excès des extrêmes, comme en 1848, puis lors de la douloureuse aventure de la Commune de Paris, en 1871, dont la répression féroce a déclenché l'exil politique intérieur de la classe ouvrière et provoqué dans le reste du pays — hors Paris — un raz de marée de rejet. Tout cela a été minutieusement analysé par Tocqueville dans ses souvenirs sur le déroulement de la révolution de 1848, pastiche petit-bourgeois de la « grande révolution » de 1789.

L'interprétation de François Furet, dans l'ouvrage de référence qu'il a consacré à la Révolution française en 1988[1], est que la France a traversé une période révolutionnaire continue — une « transition révolutionnaire » — depuis la disgrâce de Turgot en mai 1776, qui consacrait la dernière chance manquée d'évolution de l'Ancien Régime, jusqu'à l'installation définitive de la République en 1880, due aux influences conjointes de Gambetta et de Jules Ferry. Ceux-ci retrouvent alors l'inspiration des principes de 1789, tout en écartant les références aux excès de 1793 et en répondant aux deux aspirations profondes des Français : « ... la passion de l'égalité, et la peur des révolutions[2]... »

Sans vouloir rivaliser avec les analyses pénétrantes de François Furet, je serais tenté d'élargir la durée de sa transition entre l'ère féodale, associée à la monarchie absolue, et l'acceptation définitive d'un régime démocratique reconnu par l'ensemble des citoyens.

Sur la date de départ, c'est-à-dire l'ouverture de la crise

1. François Furet, *La Révolution française*, Hachette, 1988.
2. *Ibid.*

qui a culminé avec la Révolution de 1789, il me semble qu'il faut la faire remonter à l'agitation des Parlements qui s'est manifestée à partir des années 1755 et qui a fini par prendre la forme d'un rejet formel de l'autorité royale et d'une remise en question des principes sur lesquels elle était établie.

La légitimité du pouvoir monarchique, telle que la concevaient les derniers Bourbons, a été publiquement contestée dans les arrêts des parlements de Rouen, de Grenoble, de Toulouse, de Bretagne, et finalement de Paris, de 1763 à 1766. Et le président du parlement de Toulouse, le président de Bastard, avait eu un pressentiment lucide lorsqu'il avait déclaré en janvier 1763 : « Vous venez de donner, Messieurs, un exemple funeste : celui des suppressions ; vous serez supprimés à votre tour ! »

Louis XV, qui voyait bien s'ouvrir la brèche dans le fondement de son autorité, mais qui n'allait pas, en dépit de sa brillante intelligence, jusqu'à réaliser que ce fondement (le pouvoir absolu, héréditaire et de droit divin) était devenu incompatible avec les réalités socioculturelles de son époque, a tenté par deux fois une « contre-révolution ». D'abord en venant lire au Parlement de Paris, le lundi 3 mars 1766, son fameux « discours de la flagellation » qui commençait par ces mots : « Messieurs, je suis venu pour répondre moi-même à toutes vos remontrances », discours dans lequel il affirmait le caractère absolu et sans partage de son pouvoir. Devant l'insuccès de ses ordonnances et la reprise, par certains parlements provinciaux, du refus d'enregistrer ses édits, il prit la décision en 1770 de destituer et d'exiler en province les membres des parlements parisiens. Avec l'aide du chancelier Maupeou, il installa à la place de ces chambres, dont les fonctions étaient des charges « achetées », des institutions judiciaires nommées, c'est-à-dire « professionnelles ». On sait que, dès son installation sur le trône en 1774, Louis XVI décida de rappeler, dans un geste qui cherchait l'apaisement, les anciens Parlements contestataires. Plutôt que la disgrâce de Turgot, c'est bien le bouillonnement parlementaire des années 1760 qui, en raison de la nature de sa démarche — la contestation de l'autorité royale engagée par un groupe de privilégiés —, me paraît constituer le point de départ de la « transition » révolutionnaire.

Quant à l'autre extrémité, celle de l'installation définitive du régime républicain dans les années 1880, François Furet me semble optimiste. S'il est exact qu'à partir de cette époque l'existence d'une forme alternative de pouvoir, comme, par exemple, le retour à la monarchie, a perdu progressivement de sa vraisemblance, la querelle autour de la république, c'est-à-dire le débat sur le régime que chacun jugeait le meilleur pour la France, ne s'est pas éteinte pour autant.

Dans la diligence qui conduisait dans l'hiver de 1870 la jeune prostituée rouennaise surnommée « Boule de suif » de Rouen à Dieppe pour échapper à l'occupation prussienne, sur les dix voyageurs que la voiture contenait, deux étaient royalistes légitimistes, deux orléanistes, deux appartenaient à l'opposition libérale du Second Empire, et les deux religieuses, repliées sur leurs prières, condamnaient la laïcité. Boule de suif était ardemment bonapartiste. Et seul le dernier, le dixième, Cornudet, était un « démoc », comme on disait alors, c'est-à-dire un républicain.

Il est vrai que la France s'est progressivement accoutumée à la république, jusqu'à la guerre de 1914. Mais les nouvelles tensions sociales, engendrées par une industrialisation dont les conséquences humaines ont été sous-évaluées et mal traitées en France, tensions aggravées par la crise et le chômage des années 1930, ont rouvert le dossier de la contestation du régime. L'ancienne coupure entre les partisans de la table rase et les tenants de l'ordre établi a été pratiquement reproduite, en suivant le même tracé, par la division née de la lutte des classes. Dans l'intervalle, la révolution russe de 1917 avait fait apparaître une alternative nouvelle qui se situait cette fois à l'extrême gauche. Les manifestations de rue des Ligues de droite, culminant sur les Champs-Élysées le 6 février 1934, l'exaltation qui a suivi le succès électoral du Front populaire, démontraient bien la permanence d'un non-ralliement à un consensus républicain reconnu en commun.

Le régime de Vichy, avec sa mise en accusation implicite — et parfois explicite — des références républicaines, les haines et les exclusions qu'il a engendrées et subies, a fait remonter à la surface, comme des démons réveillés, la plupart des vieux antagonismes. La justice sommaire et l'intolérance ont fait suppurer des cicatrices qu'on croyait refermées. Le débat politique des années 1950 s'est encore déroulé dans un climat de violence et d'outrance qui nous paraîtrait difficile à admettre aujourd'hui. Le général de Gaulle a rétabli, à partir de 1958, le bon fonctionnement du pays, mais son comportement, et je reviendrai sur ce point, conduisait à exclure du jeu politique tous ceux qui ne partageaient pas ses objectifs ou n'approuvaient pas ses méthodes. La France, selon lui, n'avait pas d'autre choix que l'ordre gaulliste ou le « chaos ». D'où des soubresauts inattendus, comme le défoulement contestataire de 1968.

Le dernier épisode de la « transition » révolutionnaire aura sans doute été l'adoption du Programme commun de gouvernement dans les années 1970, par la coalition qui regroupait les socialistes, les communistes et certains radicaux, et l'annonce du « changement de société » qui devait suivre l'élection présidentielle de 1981. Lorsqu'on relit les textes de cette époque, ou qu'on se remémore les événements, on éprouve un sentiment étrange, comme celui d'une certaine irréalité. Le ton des déclarations, le contenu des mesures annoncées, la notion même de « changement de société » feraient croire à un soubresaut révolutionnaire, mais celui-ci est comme enveloppé, étouffé, par le scepticisme de l'opinion publique qui acceptait le confort séduisant de se laisser prendre à ces grandes annonces, mais qui en détectait intuitivement l'irréalisme. De même que la révolution de 1848 ressemblait, aux yeux de Tocqueville, à une pâle imitation de la révolution de 1789 dans laquelle les acteurs tentaient de se hisser au niveau de leurs anciens, en reprenant leur vocabulaire et en copiant leurs postures, de même le dernier changement de société de 1981 semble occuper une place ultime dans ce dégradé. On y retrouve quelques analogies, mais en quelque sorte expirantes. Lorsque l'ineffable Premier ministre de l'époque évoque « la fin du gouvernement des châteaux », il se transporte en rêve dans l'Assemblée constituante de 1790[1].

Je mentionnerai également l'épisode caractéristique de la mise en place, en 1981, à l'initiative de François Mitterrand, de la commission chargée d'évaluer, contre tous les usages républicains, la gestion de son prédécesseur. La présidence en a été confiée à François Bloch-Lainé, jadis écarté de la Direction du Trésor par le président Pinay. Ceux des hauts fonctionnaires — diplomates, financiers et administratifs — qui ont été convoqués devant cette Commission m'ont raconté qu'ils avaient eu le sentiment, en raison de l'âpreté des questions, d'être interrogés par un comité d'épuration. La Commission a délibéré sur le point de savoir si elle devait m'entendre. Peine perdue,

1. On connaît l'expression de Karl Marx selon laquelle « l'histoire se répète elle-même, d'abord dans la tragédie, puis dans la farce ».

car je n'aurais pas répondu à cette extravagante injonction, me sentant responsable devant le peuple français et non devant des commissaires nommés par le pouvoir. Après plusieurs mois de travaux et la publication d'un pâle rapport, cette péripétie révélatrice s'est terminée en queue de poisson !

Je ne sais pas s'il vous est arrivé d'entendre le roulement des tambours qui, à la fin d'une cérémonie, s'éloignent sous des voûtes. Au grondement impressionnant dont leurs battements ont rempli l'air succède un bruit plus étouffé, mais encore distinctement martelé, comme en 1848 après 1789. Et ensuite une rumeur, qui s'assourdit dans le lointain, et que rapportent quelques rares sautes de vent, comme en 1981.

La longue transition révolutionnaire de la France ne s'est achevée qu'avec l'échec du changement de société de 1981, c'est-à-dire cent ans plus tard que ne le pensait François Furet. J'aurais aimé pouvoir y mettre un terme définitif moi-même. C'était le sens de mon appel à la décrispation, de ma démarche en direction de deux Français sur trois, c'est-à-dire de tous les Français à l'exception des extrémistes de droite et de gauche de l'époque, et de ma reconnaissance publique de la possibilité d'une alternance au pouvoir, succédant à la théorie du chaos. Si j'avais gagné l'élection de 1981, je pense que le dernier élan, bien factice et suranné, en direction d'un « changement de société » se serait vite découragé et dispersé, faute de perspectives de succès, et que nous aurions mis fin à la longue transition historique par un geste d'ouverture, plutôt que par la constatation de l'échec de la dernière expérience pour la prolonger.

La phrase singulière du Premier ministre Lionel Jospin, prononcée à l'automne de 1999, et qui est passée presque inaperçue, cette phrase où il affirmait « Notre objectif n'est plus de changer la société », a été pour moi le signal qu'une époque était révolue, celle où la société française continuait de chercher sa voie, selon le concept de la « table rase ». Ce changement d'attitude n'était pas sans relation avec l'effondrement idéologique du dernier projet socio-révolutionnaire, celui du communisme, dans les années 1990. Et, de l'autre côté du Rhin, le chancelier social-démocrate Gerhard Schröder reprenait en écho : « Je ne pense plus souhaitable une société sans inégalités[1]. »

Ainsi, c'est à la fin du XXe siècle, et non, me semble-t-il, du XIXe, que s'est achevée la longue transition démocratique de la France.

*

La durée de ces deux cents ans d'instabilité républicaine, caractérisés par le rejet de l'Ancien Régime et un désaccord persistant sur le régime politique qui devait le remplacer, a empêché les Français de concentrer leur attention sur les questions qu'il leur fallait trancher pour construire leur pouvoir démocratique sur des fondements durables.

La démocratie qu'ils voulaient installer devait-elle être une démocratie directe, où le peuple est associé aussi étroitement que possible à la direction des affaires publiques, ou une démocratie représentative, où le pouvoir du peuple consiste à choisir ceux auxquels il délègue la conduite des affaires, et qui constituent, en quelque sorte, les tuteurs de l'opinion publique ?

Quant à la république, s'agissait-il d'une république révolutionnaire dont le rôle est de modifier en permanence les structures de la société pour les rendre conformes à un schéma doctrinal, ou d'une république

1. *Le Monde*, 20 novembre 1999.

modérée, ou bourgeoise, dont on attend qu'elle gère sagement le bien commun ?

Commençons par répondre à la seconde interrogation. Si l'on s'en tient au vocabulaire, à l'attachement toujours vivace à la mémoire entretenue de personnalités comme celles de Robespierre ou Saint-Just, voire de Couthon, la République française resterait d'inspiration révolutionnaire. Ceci serait d'ailleurs conforme aux options historiques des deux premières républiques. Mais si l'on examine la manière dont la république s'est réellement installée et acclimatée en France, à partir de 1880, dans la ligne que lui ont tracée Gambetta et Jules Ferry, on constate qu'il s'agit d'une république modérée et bourgeoise, et même plutôt petite-bourgeoise. Les hommes d'État qui ont enraciné ses structures, Waldeck-Rousseau avec le droit d'association, Joseph Caillaux avec la fiscalité directe, Aristide Briand, et même Léon Blum, avec les avancées sociales de 1936, étaient de culture et de goûts bourgeois. Les rares dynasties républicaines que la France ait fondées, et dont on doit regretter qu'à la différence des États-Unis elles n'aient pas été plus nombreuses, comme celle des Carnot, des Casimir-Perier, et celle, trop tôt interrompue, des Ferry, ces dynasties étaient issues de la bourgeoisie modérée. Cela explique les raisons pour lesquelles, en dépit de ses apparences, la république s'est fortifiée au centre de la vie politique du pays. Le parti politique qui s'est le plus identifié à la culture républicaine, le parti radical, était fondamentalement un parti du centre, positionné à gauche par certaines de ses orientations politiques, mais fermement ancré à droite par ses choix économiques et sociaux. Il n'est pas surprenant, dans ces conditions, que la république ait toujours eu affaire à deux oppositions, l'une sur sa droite, et l'autre à l'extrême gauche.

On peut dire que la référence républicaine avait

conservé chez nous ses gènes révolutionnaires, mais que l'implantation de la république s'est faite dans un terreau modéré et bourgeois, sur lequel les préfectures et le Sénat veillaient du haut de leurs solides bastilles.

Démocratie directe, ou représentative ?

La première interrogation est fondamentale : la démocratie française doit-elle être directe ou déléguée ? Le peuple participe-t-il vraiment à la prise des décisions, ou celles-ci sont-elles arrêtées en son nom par les représentants qu'il désigne et qui agissent ensuite sous leur propre responsabilité ?

Si l'on interroge des Français sur le point de savoir quelle est la nature exacte du système démocratique dans lequel ils vivent, y compris ceux dont le rôle est de dispenser l'enseignement civique, je crains que leurs réponses soient confuses, comme d'ailleurs dans leurs cerveaux eux-mêmes ces notions doivent être brouillées. L'idée générale serait plutôt qu'il appartient aux citoyens de décider, mais que le pouvoir a été peu à peu accaparé par les élus, par les « politiques » qui l'exercent en circuit fermé, sans se préoccuper des intérêts véritables des citoyens. Ce serait en quelque sorte une démocratie directe détournée.

Le texte de la Constitution de 1958 entretient l'ambiguïté. Il proclame, dans son titre I qui traite de la souveraineté, que « le principe de la République française est le gouvernement du peuple, par le peuple, et pour le peuple », ce qui est une référence proche de la démocratie directe, et qui soulèverait l'indignation d'Edmund Burke pour lequel la légitimité du pouvoir populaire ne peut s'exercer que dans le respect du passé et des droits historiquement acquis, dont le canevas serré protège l'exercice de la liberté réelle.

L'article suivant confirme cette orientation, en établissant que « la souveraineté du peuple s'exerce par ses représentants et par la voie du référendum », c'est-à-dire par le vote direct des citoyens.

Ce parfum de démocratie directe s'inscrit bien dans la culture politique de la France. L'Assemblée nationale et, avant elle, la Chambre des députés, ne vivent des moments d'exaltation que lorsqu'elles éprouvent, ou se donnent, le sentiment d'être constituées de citoyens au pouvoir. Les heures les plus authentiques de parlementarisme à la française sont celles, venues en ligne directe de la Convention de 1792, où de grands orateurs, comme Lamartine en 1848, tracent en termes exaltés les projets d'avenir de la République.

Dans ces « grands moments », tout devient possible. La même Assemblée nationale qui conspuait, en juin 1958, les jeunes députés qui avaient osé évoquer un recours possible au général de Gaulle, et qui demandait au président de séance de les expulser de l'hémicycle, écoutait trois semaines plus tard, flattée et docile, le général de Gaulle, vêtu d'un costume croisé gris anthracite, et assis au « banc des ministres », venir lui décrire la procédure par laquelle il se proposait de modifier la Constitution.

Cette nouvelle Constitution, la nôtre, solidement charpentée par Michel Debré, faisait une large place à la démocratie directe et réduisait sèchement les pouvoirs de l'Assemblée nationale, accusée d'avoir accaparé le pouvoir et de s'être montrée incapable de l'exercer, en multipliant les crises gouvernementales. Elle était, en quelque sorte, renvoyée dans les filets des seules tâches législatives.

Le général de Gaulle lui-même se sentait proche de la conception d'une république référendaire où le peuple serait appelé, chaque fois que cela serait nécessaire, à exprimer directement son point de vue. Cette attitude s'alimentait chez lui à deux considérations : celle que le peuple, moins englué dans les arrangements et les « combines », est le mieux à même de discerner le véritable intérêt national ; et celle qu'on ne peut attendre des élus que des solutions de « sortie de crise », fondées sur un commun dénominateur d'intérêts et sur la prudente limitation de leurs risques personnels.

Ce qu'il appelait la majorité n'était pas la majorité parlementaire, mais la majorité du peuple français. Ayant observé de près ses réactions, je pense que le sentiment de sa légitimité, après celle de la période de 1940-1944 où il estimait la détenir du fait qu'il était seul à proclamer, contre vents et marées, la voix de l'indépendance et de la dignité de la France, ce sentiment de légitimité lui venait d'une sorte d'acclamation populaire, à la manière des premiers Capétiens. D'où l'importance qu'il attachait à ses déplacements en province et l'extraordinaire conscience professionnelle avec laquelle il s'adressait aux groupes de citoyens rassemblés dans les plus petites bourgades.

La nature profonde du régime qu'il incarnait était celle d'un despotisme éclairé, limité dans le temps par le fait qu'il devrait obligatoirement s'interrompre le jour où la majorité du peuple lui retirerait son soutien. Il acceptait, certes, que l'exercice quotidien de sa fonction soit contenu dans les limites que lui traçait la Constitution, encore que celles-ci l'irritassent parfois. Mais il n'imaginait pas un seul instant qu'il avait reçu sa légitimité, et même celle de son pouvoir, d'un quelconque enchaînement de mécanismes constitutionnels.

Il a eu recours à la démocratie directe pour mettre fin à la guerre d'Algérie, en multipliant les référendums. Et, dès 1962, quatre ans après son arrivée au pouvoir, il a proposé de modifier la Constitution pour faire élire le président de la République au suffrage universel, c'est-à-dire par l'acclamation des citoyens.

Il a choisi de faire réaliser cette réforme par référendum, bien que cette méthode fût manifestement contraire au texte de la Constitution. Les auteurs de la Constitution avaient consacré en effet un article, l'Article 89, à la question de la révision constitutionnelle. Cet article précisait les deux voies qui pouvaient être utilisées pour la modifier : le référendum ou le Congrès du Parlement. Un référendum ne pouvait être organisé, sur la proposition du Gouvernement, qu'après que le texte de la réforme eut été adopté, en termes identiques, par l'Assemblée nationale et par le Sénat, ce qui n'était évidemment pas le cas en 1962.

L'école servile

Je voudrais ici ouvrir une parenthèse sur un sujet qui me tient à cœur. Un des malheurs politiques de la France est d'avoir toujours compté, parmi ses juristes de droit public, des représentants de ce que j'appellerai l'école servile, disposés en toutes circonstances à approuver, au prix de contorsions juridiques, les actes du pouvoir. Alors qu'il était évident que le recours au référendum direct, sans passage devant le Parlement, était contraire à l'Article 89 de la Constitution, dès lors qu'il s'agissait de réviser la Constitution, ce que le général de Gaulle reconnaissait d'ailleurs en tête à tête, les juristes de l'école servile se sont ingéniés, dans des déclarations sentencieuses ou des tribunes « libres », à démontrer que cette procédure était régulière.

Bien que je ne sois pas juriste, la lecture de la Constitution, aussi brève que le souhaitait l'abbé Sieyès, mais parfaitement limpide, avait suffi à m'éclairer. Avant le référendum de 1962, j'ai décidé d'aller faire part de mes scrupules au général de Gaulle dont j'étais le ministre des Finances.

Après que le général de Gaulle eut écouté ma petite démonstration sans m'interrompre, ce que son extrême courtoisie ne le conduisait jamais à faire, même vis-à-vis d'un interlocuteur modeste, et sans qu'il exprime d'irritation par un des tics habituels de son visage, il m'a répondu :

« Peut-être avez-vous raison. » Un silence. « Je crois même que vous avez raison ! Ce n'est sans doute pas conforme à la lettre de la Constitution, mais, voyez-vous, je n'ai pas le moyen de faire autrement, car jamais le Parlement, jamais, ne votera cette réforme ! Or elle est nécessaire pour le pays. »

Et il s'est lancé dans l'argumentation selon laquelle l'élection du président de la République au suffrage universel était le seul moyen de placer à la tête du pays un personnage de stature nationale.

« Dans le système actuel, le suffrage restreint des notables qui sont aisément manipulables aboutira dans la plupart des cas à l'élection d'un médiocre. Ce qui arrangera d'ailleurs beaucoup de monde », ajoutait-il avec cette gouaille réaliste qui était une des facettes de son humour.

En l'écoutant, je me suis dit qu'il avait sans doute raison sur le fond, mais le légiste, en moi, restait perturbé par la méthode choisie.

Nous avons été les témoins récemment d'une autre manifestation de ce comportement de l'école servile. Lorsque le président du Conseil constitutionnel, Roland Dumas, a été mis en examen par les juges chargés de l'instruction d'une affaire de corruption financière, il était évident qu'il devait quitter sa fonction. Parmi ses attributions, le président du Conseil constitutionnel doit veiller à la régularité de l'élection présidentielle, et c'est lui qui en proclame le résultat. Pouvait-on imaginer, en cas d'accident, l'élection d'un président de la République annoncée à l'opinion par un président mis en examen devant la justice ? Même le Directoire aurait reculé devant un tel excès ! C'est le président de la République qui nomme le président du Conseil constitutionnel, sans que la Constitution ne fixe de durée à sa fonction, alors que la durée de leur mandat est précisée pour les autres membres du Conseil. Il revenait au président de la République de mettre fin à sa fonction et de nommer un nouveau président, choisi parmi les membres du Conseil. Tout serait alors rentré dans l'ordre. Roland Dumas aurait conservé sa position de membre du Conseil constitutionnel en pouvant exercer le droit de se défendre jusqu'à un éventuel renvoi devant les tribunaux. Cette décision aurait épargné à la France l'image détestable qui a été la sienne pendant un an devant l'opinion judiciaire internationale. Le président de la République, pour des raisons qui lui appartiennent, n'a pas voulu prendre cette décision. Et l'école servile s'est portée à son secours, en affirmant qu'il n'aurait pas eu le droit de le faire. La lecture minutieuse de l'Article 56 de la Constitution — seule référence opposable au président de la République, car aucune loi organique ne peut aller au-delà de la lettre de ce texte — démontre que rien ne le privait de cette possibilité d'agir, et qu'il aurait ainsi « assuré par son arbitrage le bon fonctionnement des pouvoirs publics ». La désignation finalement prononcée d'un « président du Conseil constitutionnel par intérim », alors que le président nommé conservait formellement son titre, ne correspondait à aucune disposition constitutionnelle.

Sourions un instant. Le « président du Conseil constitutionnel par intérim », rassuré sur la pérennité de sa fonction, s'était fait graver un papier à lettres sous cet étrange intitulé. J'ai eu l'étonnement de le découvrir lorsqu'il m'a adressé une correspondance comme membre à vie du Conseil constitutionnel. Respectueux de la précision des textes, je lui ai répondu en adressant ma prose à « Monsieur le membre du Conseil constitutionnel ». Notre correspondance en est restée là.

*

L'inclination vers la démocratie directe a accompagné le général de Gaulle jusqu'à la fin de son mandat. C'est sur un projet de loi soumis à référendum, cette fois selon la procédure régulière de l'Article 11 de la Constitution, qu'il a décidé de jouer son sort, en avril 1969. Le projet ayant été rejeté, de Gaulle a quitté le pouvoir le lendemain même, selon la logique de son système politique. S'il agissait en despote éclairé, il n'avait en rien le comportement d'un usurpateur, en dépit des diatribes véhémentes de François Mitterrand dans son livre *Le Coup d'État permanent*[1]. L'exécutif dominant de la Ve République, c'est-à-dire la présidence de la République, tirait sa légitimité de l'existence d'une majorité populaire. Si celle-ci lui était retirée, il disparaissait avec elle. De Gaulle l'a fait, avec une admirable dignité.

Le raisonnement que j'ai conduit moi-même en janvier 1978, à propos des élections législatives prévues pour le mois de mars, était apparemment différent, mais la logique était la même. Il faut se souvenir des circonstances. Nous vivions encore au temps de la guerre froide. Les missiles soviétiques étaient pointés vers l'Occident, et le commandement soviétique mettait en place de nouveaux lanceurs à moyenne portée — les fameux SS 20 —

1. Plon, 1964.

dont l'objectif avoué était de « découpler » la défense européenne de celle des États-Unis en rendant ainsi l'Europe plus vulnérable à une invasion soviétique. Le « Programme commun de gouvernement », proposé par la gauche, était revêtu de la signature des dirigeants communistes, à côté de celle des socialistes et de certains radicaux. Les sondages électoraux de janvier 1978 annonçaient la victoire probable — souhaitée d'ailleurs par la plupart des médias — de la coalition de gauche. En cas de succès, les dirigeants socialistes, François Mitterrand en tête, annonçaient comme inévitable la participation de ministres communistes au gouvernement.

Quelle devait être dans ce cas mon attitude ? Placé devant une circonstance semblable, en mars 1973, où sa majorité risquait de perdre l'élection, le président Georges Pompidou m'avait fait part de son intention, sans doute mûrie avec son conseiller Pierre Juillet : « Je démissionnerai de la Présidence, m'a-t-il déclaré. Je ne resterai pas à l'Élysée. Il serait trop facile aux dirigeants socialistes de me mettre dans une situation intenable et de me ridiculiser. Ils laisseraient organiser des manifestations populaires avenue de Marigny, et je ne trouverais personne à qui donner des ordres pour protéger l'Élysée. On peut aussi limiter les moyens matériels et financiers de la Présidence et réduire sa liberté de mouvement, en chipotant sur tous les détails. Je ne leur en fournirai pas l'occasion. Devant une telle situation, la dignité de la fonction et celle de l'homme imposent de partir. » Je pense qu'il l'aurait fait.

Le raisonnement qu'avait conduit Georges Pompidou était sans doute exact. J'étais prêt à le reprendre à mon compte, bien que les comportements de 1978 fussent déjà différents de ceux de 1973, mais j'aboutissais personnellement à une autre conclusion. Il était évident que l'exercice de la fonction normale du président de la

République, qui consiste à définir les grandes orientations de la politique du pays, deviendrait impossible en cas de victoire de la gauche. Je ne chercherais pas à en donner l'illusion par des faux-semblants, et je marquerais par des gestes symboliques forts le caractère nouveau donné à l'exercice de la fonction : la limitation de mon activité politique à la présidence formelle des réunions du Conseil des ministres et du Conseil supérieur de la magistrature, prescrites par la Constitution, mon installation matérielle à Rambouillet pour rendre apparente la distance prise vis-à-vis des activités gouvernementales.

Le fait de conserver mon mandat aurait eu pour seul objet, pour but unique, de permettre aux Françaises et aux Français, si l'évolution des événements nationaux ou internationaux les conduisait à s'alarmer des conséquences de leur choix, d'avoir la possibilité de revenir à une orientation différente. J'avais noté que le droit de dissolution de l'Assemblée nationale, prévu à l'Article 12 de la Constitution, dans le titre consacré au président de la République, est un droit strict du Président qui n'est soumis à aucun contreseing. J'aurais conservé ma fonction, dans cette hypothèse, comme gardien de la clé de la porte, pour permettre aux Français, le moment venu, et si j'avais senti qu'ils le souhaitaient, de disposer du moyen de reprendre un chemin différent.

*

Cet équilibre singulier entre la démocratie directe, qui prolongeait l'impulsion républicaine initiale et répondait, bien que sur un registre différent, à l'inclination personnelle du général de Gaulle, et la démocratie représentative que la France pratiquait depuis près d'un siècle, cet équilibre était affecté par le comportement des élus qui penchaient évidemment pour la démocratie représentative, tout en flattant, quand cela leur paraissait inévitable, la préférence populaire pour la démocratie directe.

Le recrutement des élus nationaux en France, qui sont les députés et les sénateurs, est un recrutement local. Ils ont débuté leur carrière comme élus du terrain. On les trouve d'abord maires, souvent de communes rurales, puis conseillers généraux, c'est-à-dire élus départementaux (notre vocabulaire politique, véritablement ubuesque, conduit à élire dans chaque canton un conseiller général qui siège à l'assemblée départementale, elle-même nommée conseil général, bien que ses attributions soient limitées). Pour tous ceux qui ont l'intention de faire une carrière nationale, chaque fonction, comme on l'a vu, n'est que le tremplin de la suivante.

Le groupe des dirigeants politiques français est ainsi constitué à partir d'une représentation d'élus locaux. Cette pratique comporte des avantages — ils ont une bonne connaissance du terrain, notamment du terrain rural —, mais aussi des inconvénients, tels qu'une méconnaissance quasi complète de la réalité internationale et une faible familiarité avec les mécanismes globaux de l'économie. La plupart d'entre eux proviennent de la fonction publique, notamment de l'Éducation nationale. Une proportion infime s'est frottée aux rouages de l'économie. Ils raisonnent d'instinct en termes de dépenses publiques et de subventions, mesures qu'ils ont eux-mêmes l'habitude de gérer, et non de gestion d'entreprise ou de lois de marché. La politique monétaire et la technique fiscale, en dehors de la fiscalité locale qui leur est familière, leur restent étrangères.

Ce recrutement a été modifié par deux appoints successifs : les élus gaullistes, puis les élus socialistes. Les uns et les autres ont été portés par des vagues d'opinion à prépondérance urbaine. Le préalable du mandat local devenait moins nécessaire. Les états-majors parisiens des partis politiques ont délégué dans les circonscriptions provinciales des candidats issus des cabinets ministériels, souvent des anciens élèves de l'École nationale d'administration.

Lorsque ceux-ci ont été élus, ils ont cherché à se couler dans le moule antérieur pour assurer leur réélection. C'est pourquoi on les retrouve maires, ou conseillers généraux. Mais si on gratte un peu la surface, on découvre qu'ils éprouvent généralement peu d'attrait pour la fonction municipale ou départementale, considérée comme une corvée difficilement évitable, et ils ne l'assument que pour pouvoir consolider leur territoire électoral.

Cela nous conduit aux deux grandes règles qui animent le milieu politique français : *pour un député, le ressort unique de la vie politique est la réélection ; pour un parlementaire, le bonheur suprême est de devenir ministre.* Aucune considération, politique ou morale, ne peut faire obstacle à cette aspiration.

Ainsi formulées, ces règles peuvent paraître sévères, ou cyniques. A les regarder de plus près, elles sont finalement assez naturelles, en ce sens qu'elles s'inscrivent dans la logique des carrières telles qu'elles se déroulent au sein du milieu politique français.

Le métier parlementaire

C'est André Tardieu qui a énoncé la première règle dans son livre, *La Profession parlementaire*[1]. Je l'avais emprunté aux rayonnages de la bibliothèque de mon grand-père qui était son ami. Cet homme au talent excep-

1. Flammarion, 1936-1937.

tionnel, issu de l'Ecole normale, auquel on reprochait une certaine légèreté dans sa démarche politique car il se permettait d'innover, appartenait au courant de la droite libérale. Il avait réussi l'exploit de devenir président du Conseil en 1929, en pleine tourmente de la crise mondiale. Pour en arracher la France, il avait proposé une loi en faveur du « développement de l'outillage national », c'est-à-dire en réalité de l'investissement, par une remarquable intuition prékeynésienne. Décontenancée par cette innovation, la Chambre des députés s'était hâtée de le renverser. Découragé et aigri, il s'était retiré à Menton où l'opposition de l'époque l'avait accusé de s'être enfoui « sous les masques et les mimosas ». C'est alors qu'il avait disséqué le fonctionnement du métier parlementaire et qu'il avait abouti à sa conclusion : le ressort unique de la vie parlementaire est la réélection.

Celle-ci n'est pas surprenante, si on pense que l'élection parlementaire achève la trajectoire d'un élu local, mais aussi modifie les données de son existence personnelle. Elle l'oblige à s'installer, au moins partiellement, dans la capitale. Elle lui fournit une rémunération qui, sans être opulente, assure son train de vie. Et, surtout, elle lui donne un statut social en l'installant au premier rang des manifestations dans sa circonscription et en lui ouvrant l'accès des palais nationaux. On peut comprendre que ce soit pour lui un drame personnel d'être dépouillé de ces avantages au hasard de caprices du corps électoral, dont on sait qu'il est infidèle et changeant, et qu'il fasse tout son possible pour les conserver. Le souci de la réélection est bien le principal ressort de la vie politique pour un parlementaire. J'écris intentionnellement « le principal », et non pas le seul, à la différence d'André Tardieu, car la plupart des députés disposent aussi d'un faisceau de convictions qui dictent leurs conduites et leurs votes, aussi longtemps que leur réélection n'est pas en cause.

Cette solidarité vis-à-vis de l'échéance électorale soude le milieu politique et lui donne une sorte d'unité défensive, comparable à celle des travailleurs menacés de licenciement. Ils y découvrent le fait d'appartenir à un groupe qui vit selon ses règles propres, et doit affronter les mêmes menaces. Ce groupe se définit peu à peu, et s'affirme, comme étant le milieu parlementaire.

On s'éloigne ainsi de la démocratie directe pour rejoindre une forme de démocratie déléguée. Certes, l'obsession de la réélection impose toujours de revenir vers ce qu'on imagine être les attentes des électeurs. Mais le jeu, comme élu, consiste à agir pour son propre compte à l'intérieur du milieu, tout en s'efforçant de présenter de la manière la plus favorable possible à ses électeurs son action politique. Cet équilibre difficile écartèle la vie des élus entre la partie de la semaine où ils siègent au Parlement, pendant laquelle ce sont les règles du milieu politique qui s'appliquent, y compris la pratique bon enfant du tutoiement, et les jours où ils reviennent dans leur circonscription où il s'agit de retenir la faveur de leurs électeurs en dénonçant les fautes de leurs adversaires.

Les portes du Palais-Bourbon se referment peu à peu sur le monde extérieur. La partie qui se joue dans l'hémicycle répond à des règles pratiquées par les seuls initiés.

Pour rétablir un courant d'échanges entre l'opinion publique et le contenu des débats parlementaires, j'ai recommandé, dans le premier message que j'ai adressé au Parlement après mon élection, en juin 1974, d'instaurer une pratique de questions directes des députés aux ministres, portant sur les sujets d'actualité. Les députés seraient libres de choisir leurs questions, et les membres du Gouvernement devraient obligatoirement être présents à la séance pour leur répondre personnellement. Cette procédure s'inspirait de celle que j'avais vu fonctionner en Grande-Bretagne, à la Chambre des communes. Elle a donné des résultats positifs en suscitant un intérêt parmi les citoyens qui peuvent désormais suivre les débats en direct, à la télévision. Les Gouvernements successifs, notamment l'actuel Gouvernement de Lionel Jospin, ont respecté la règle du jeu.

Si le souci de la réélection est la préoccupation commune de tous les députés, un grand nombre d'entre eux vivent une autre obsession, celle de devenir ministres. Un jeune élu qui a pris l'option de la carrière politique n'imagine pas que deux législatures puissent s'écouler sans qu'il ne soit appelé à siéger au Gouvernement, comme secrétaire d'État, puis comme ministre.

Cet extraordinaire appétit de la fonction ministérielle et la révérence qu'elle inspire sont propres aux pays latins. Ils n'existent pas aux États-Unis, où le Président choisit un par un ses secrétaires d'État, à partir d'une recherche conduite en dehors du milieu parlementaire, et ils présentent un caractère différent en Grande-Bretagne, où le Premier ministre puise librement dans le pool des talents de son parti. En France il s'agit plutôt d'une pression collective, d'une sorte de ruée qui se déclenche aussitôt que la succession du Gouvernement est ouverte et où chacun est prêt à enjamber sans retenue le corps de son voisin.

Cette course aux portefeuilles, telle qu'elle s'est accélérée depuis vingt ans, ne fait même plus référence aux compétences. On assiste à des situations plaisantes, qui feraient sourire si l'enjeu était moins sérieux : un ministre qui passe de l'Agriculture à la Justice ; un autre qui fait mouvement de la Culture à la Défense (faites l'amour, pas la guerre !), un troisième qui échange le ministère du Logement contre le bureau de Vergennes ! Mais arrêtons là la liste.

Je me souviens de la qualité exceptionnelle du premier Gouvernement dirigé par Georges Pompidou, sous la présidence du général de Gaulle. Lorsque nous nous rendions à Bruxelles pour participer aux réunions de la Communauté européenne, Communauté encore composée de six membres, j'étais fier de comparer le niveau de notre délégation à celui de nos partenaires. Elle distançait, et de loin, la capacité des autres.

J'ai veillé personnellement, de 1974 à 1981, à ce que toutes les nominations gouvernementales procèdent d'une évaluation préalable de l'aptitude des candidats à exercer les fonctions qui leur seraient confiées. D'autres éléments pouvaient entrer en ligne de compte, tel le fait de compter un nombre suffisant de femmes parmi les membres du Gouvernement. Lorsqu'il s'est agi, par exemple, de nommer le titulaire d'un des postes les plus difficiles, celui de l'Éducation nationale, à une époque qui n'était encore éloignée que de six ans de la convulsion de 1968, j'ai fait appel à un enseignant, René Haby, qui avait débuté dans l'enseignement primaire et qui avait gravi tous les échelons jusqu'à devenir un jeune recteur d'Académie, à Clermont-Ferrand. De même, pour les universités, j'ai choisi une universitaire, Alice Saunier-Seité, épouse d'un homme respecté dans la haute hiérarchie de l'Éducation nationale, et qui était elle-même l'une des rares femmes — la seule je crois — à occuper un poste de recteur à Reims, où son autorité avait fait merveille.

Quand nous avons cherché, avec le concours de Raymond Barre, un nouveau titulaire pour amorcer l'évolution indispensable des relations entre notre système de formation professionnelle et les entreprises — rapprochement qui était dénoncé avec une véhémence incroyable (que l'on peut retrouver dans les documents d'archives !), par les dirigeants de la gauche, qui y voyaient une tentative de mise sous tutelle de notre système éducatif par les puissances financières du capitalisme —, Raymond Barre m'a suggéré un de ses amis personnels, Christian Beullac, ancien élève de Polytechnique et ingénieur humaniste, qui ne détenait aucun mandat électoral, et était alors directeur général adjoint de la Régie Renault. Il s'est révélé un remarquable ministre de l'Éducation.

Pour la Défense nationale, j'avais retenu comme premier titulaire un Compagnon de la Libération. Lorsque j'ai mesuré le trouble qui gagnait certaines unités, et qui donnait lieu à des manifestations pénibles gare de l'Est, en fin de semaine, lors du retour dans leurs unités des permissionnaires, j'ai fait appel au général Bigeard, dont j'avais distingué l'exceptionnelle personnalité en le décorant dans la Cour des Invalides. Je lui ai confié le soin de restaurer le moral ébranlé de l'armée. Yvon Bourges, dernier gouverneur de l'Afrique-Equatoriale française et excellent administrateur, rénovait la structure de notre système de défense, et veillait à le doter des moyens budgétaires nécessaires. Les ministres des Affaires étrangères, Jean Sauvagnargues, alors ambassadeur à Bonn, puis Louis de Guiringaud, qui avait prouvé sa maîtrise aux Nations unies lors de l'établissement du dialogue Nord-Sud, et Jean François-Poncet, qui jouissait d'un excellent réseau de relations internationales, étaient reconnus comme étant nos meilleurs diplomates.

J'arrête ici ce palmarès qui n'a pour objet que de souligner les critères de désignation des responsables gouvernementaux. Bien entendu, nous avons connu des déceptions, car la fonction gouvernementale ne se limite pas au seul prolongement des capacités ou des compétences antérieures. Elle impose un changement de niveau, l'aptitude à calculer les chances et les risques, et une autorité personnelle capable de s'imposer aux réticences de l'Administration et à la susceptibilité des hauts fonctionnaires. Et aussi du courage, et de la persuasion. Il est nécessaire, enfin, de se montrer capable de nouer des relations de travail avec les membres du Parlement, et leurs commissions.

Ces qualités ne sont pas démontrées, a priori, par les démarches insistantes des candidats permanents à la fonction ministérielle, c'est pourquoi leurs visites, à l'époque, ne franchissaient pas l'antichambre !

De la compétence professionnelle

Je voudrais ouvrir ici une parenthèse sur la reconnaissance — et la récompense — des compétences. Notre société française s'intéresse peu aux compétences et au professionnalisme. C'est une des explications de la différence de nos résultats par rapport aux performances de la société américaine, dominée par la recherche de la compétence. Notre système éducatif, dont je ne suis pas un détracteur car je constate souvent sur le terrain les efforts individuels des enseignants, ne récompense la compétence professionnelle ni par la rémunération, ni par l'avancement, à la seule exception des chefs d'établissement. Dans les entreprises, l'attitude a changé. Pendant longtemps des considérations de statut, telles que l'appartenance à certains corps, voire même l'origine sociale, ont joué un rôle déterminant dans la désignation des dirigeants, et surtout interdisaient pratiquement leur révocation, ressentie comme une agression contre la respectabilité des hauts responsables. Désormais la compétence devient le critère déterminant du choix. La nécessité du recours aux « chercheurs de têtes » pour détecter les compétences nécessaires à l'exercice de certains emplois, ainsi que les conséquences lourdement pénalisantes des mauvais choix, ont effectué un travail pédagogique utile. La société française recherche davantage la compétence.

La modernisation nous impose d'accélérer cette évolution et de l'inscrire dans le domaine politique, par des initiatives audacieuses. On pourrait imaginer de fixer, une fois pour toutes, dans un texte organique, la liste de ministères dont la France a besoin pour être bien administrée, et de stabiliser leur appellation, pour mettre fin à la valse des papiers à lettres. Avant d'être nommés dans leur fonction, les compétences des ministres désignés seraient soumises à l'évaluation d'une commission parlementaire ad hoc, composée à la proportionnelle. Les observations de cette commission seraient transmises oralement par son président au président de la République. Celui-ci resterait libre de sa décision finale.

*

Dans cette tenace et adroite reconquête du pouvoir par le milieu politique, qui s'en était senti écarté par la réforme gaulliste de 1958, reconquête qui s'est accentuée depuis la réélection de François Mitterrand en 1988[1], sans jamais se ralentir depuis, le débat entre la démocratie directe et la démocratie déléguée a conservé son caractère ambigu.

1. Il semble que, pendant la durée de son premier septennat, François Mitterrand se soit plu à exercer la totalité des pouvoirs qu'il avait hérités de ses prédécesseurs et qu'il se soit coulé, avec une certaine délectation, dans le moule des présidents de la Ve République. S'il montrait une habileté exceptionnelle dans le maniement du personnel politique, il ne ressentait pour lui, m'a-t-il semblé, ni sympathie ni curiosité particulière.

Des tentatives ont été faites en direction de la démocratie directe, par l'évocation du recours au référendum. François Mitterrand s'y est essayé, en envisageant un référendum sur un projet de loi réglementant l'enseignement privé. Devant la réaction populaire massive qu'a déclenchée son initiative, et qui constituait à sa manière une sorte de référendum, il y a prudemment renoncé.

Si bien que l'histoire de la Ve République, depuis l'échec du référendum de De Gaulle en avril 1969, n'a comporté que deux fois l'usage du référendum, et dans les deux cas sur des questions de politique étrangère : le traité d'adhésion de la Grande-Bretagne à l'Union européenne, à l'initiative du président Pompidou, et la ratification du traité de Maastricht instituant l'Union économique et monétaire de l'Europe, sur la proposition de François Mitterrand.

Dans ces deux exemples, les résultats ont été jugés décevants, et particulièrement serrés pour la ratification du traité de Maastricht, qui a pourtant revêtu l'aspect positif d'un grand débat national. Aussi l'instrument du référendum a-t-il été prudemment remisé aux oubliettes.

On l'a vu ressortir pendant la seconde cohabitation, celle de 1993-1995. Jacques Chirac, qui préparait alors sa future campagne présidentielle, avait annoncé son intention de consulter le pays par référendum sur « le grand problème de l'éducation ». Un tel référendum étant apparemment contraire à la Constitution, qui ne l'autorise que sur les sujets relatifs à « l'organisation des pouvoirs publics », il a pris l'initiative, aussitôt après son élection à la présidence de la République, de demander une révision de la Constitution, pour étendre le champ des matières pouvant être soumises à référendum. Outre sa proposition de référendum sur l'école, il avait soutenu la demande de ceux qui souhaitaient un référendum sur le futur traité européen. Le Parlement lui a donné satisfaction, en août 1995, en élargissant le domaine des questions pouvant être soumises à référendum. Quatre ans et demi plus tard, cette disposition, jugée alors urgente, était restée lettre morte.

Cet embarras devant le recours à la démocratie directe tient à l'habitude prise par le milieu politique de ne consulter l'opinion publique que lorsqu'il a la certitude que les électeurs répondront dans le sens souhaité par ceux qui posent la question.

Le référendum n'est jamais « interrogatif » en France, à la différence de ce qu'il peut être en Suisse. On attend de lui la ratification d'une attitude plutôt que la réponse à une question. C'est ainsi qu'on écarte par avance toute idée d'interroger l'opinion sur des sujets jugés trop passionnels pour que le milieu politique accepte de se ranger à la solution qui aurait la préférence de l'opinion. On justifie cette attitude, peu démocratique dans son principe, par le fait qu'il est indispensable de protéger les électeurs contre leurs propres pulsions, qui risqueraient d'être encouragées par de dangereux conseillers.

Un exemple caractéristique de cette méfiance des dirigeants vis-à-vis de l'opinion publique est la manière dont ceux-ci envisagent de proposer l'adhésion d'un État non européen, en l'espèce la Turquie, à l'Union européenne. Alors qu'un référendum sur l'Europe était réclamé à propos des modifications relativement limitées contenues dans le traité de Maastricht, il n'est pas proposé de soumettre au référendum le traité d'adhésion d'un pays qui pose une double question fondamentale, celle de savoir si le projet d'Union européenne est fondé, ou non, sur l'existence d'un patrimoine historique commun, et celle d'ouvrir la voie de l'adhésion à des États dont l'essentiel du territoire n'est pas situé sur le continent européen. Dans toute association, un tel agissement, entraînant une modification des statuts, serait soumis pour approbation à l'assemblée générale des membres, ou, sinon, sanctionné par les tribunaux. Dans la culture de la Ve République, qui prévoit expressément, dans son Article 11, la possibilité d'un référendum pour la ratification d'un traité international, il me paraît évident que l'adhésion à l'Union européenne d'un État non européen, appelé à devenir, par sa population, le premier État de l'Union européenne, aussi important et respectable soit-il, devrait, le moment venu, être soumis à référendum. Il serait étrange que le président Pompidou l'ait jugé nécessaire pour la Grande-Bretagne et que ses disciples l'estiment superflu pour la Turquie !

Cette réticence du milieu politique vis-à-vis de la branche de démocratie directe de la Ve République tient, on l'a vu, à la règle du jeu du milieu, dont les calculs feutrés, et soigneusement ajustés, seraient perturbés par l'irruption massive des préférences, ou des angoisses, de l'opinion publique. D'où la règle d'or consistant à éviter de réveiller le monstre assoupi par des questions provocantes. Il ne faut l'interroger que sur quoi on est sûr qu'il vous apportera une réponse accommodante.

*

Cette évolution s'est accélérée depuis une dizaine d'années sous la pression de ce qu'on appelle la pensée unique. Le terme est impropre, car il ne s'agit pas d'un faisceau de convictions qu'on chercherait à faire partager par la totalité de l'opinion, mais plutôt d'une série d'interdits qu'on oppose à toute remise en question, voire même à la simple discussion, d'affirmations posées en tabous.

Cette pensée unique n'est pas issue du milieu politique français. Ce milieu, même s'il manque souvent de tolérance, est habitué à la discussion. Il éprouve une certaine irritation devant les condamnations jugées « primaires ». L'anticommunisme était admis, mais l'anticommunisme « primaire » faisait l'objet d'un rejet.

La pensée unique n'est pas politique, elle est médiatique. Elle s'est imposée à partir du système audiovisuel et s'est développée avec la télévision. Comme cette dernière, elle accompagne l'expansion politique et culturelle nord-américaine. Je n'ai jamais été de ceux qui pratiquent un anti-américanisme primaire, d'autant plus qu'un des plus grands bonheurs de ma vie depuis 1981 est d'aller chaque année, au début de l'été, parcourir les petites bourgades du sud-ouest des États-Unis, sur la trace des aventuriers de la conquête de l'Ouest, mais je n'ai pas non plus l'intention de fermer les yeux sur l'action des grandes forces qui façonnent notre monde de demain.

Le pouvoir politique s'est déplacé, dans les deux décennies récentes, en direction des studios de la télévision. Non le pouvoir de décider, mais celui de faire élire ou, du moins, d'éliminer. Le débat qui agite la classe politique américaine sur le financement des campagnes politiques porte d'abord sur l'achat d'espaces à la télévision, car le passage à l'écran est décisif, et il coûte cher. Un instrument omniprésent, pendant plusieurs heures, dans les lieux de vie, qui dispense des images choisies pour impressionner et émouvoir, dispose d'un impact déterminant sur les préférences électorales.

Certes, comme je l'ai dit, la télévision cherche à influencer l'opinion, mais en même temps, pour des raisons d'audience, elle est obligée de la suivre, ou, en tout cas, de ne pas trop la contrarier.

L'instrument télévisuel développe une culture propre dans le domaine de l'information. Après des débuts tâtonnants où la télévision se contentait de jouer à domicile le rôle assumé par les « actualités cinématographiques » sur les écrans des salles de cinéma — période pendant laquelle on voyait de Gaulle, en tenue civile ou en uniforme, mais toujours en noir et blanc, venir articuler devant les Français, impressionnés par sa présence, un texte appris par cœur, dans un cadrage immobile —, après cette période, donc, l'information télévisée a conquis progressivement sa vie propre. Elle s'est dégagée des déclarations, des raisonnements, en abrégeant de plus en plus ses comptes rendus et en concentrant l'attention sur l'image. Cette évolution est mondiale et s'est produite, avec plus ou moins de retard, dans tous les pays. Les grandes chaînes généralistes, qui diffusent leurs nouvelles à la même heure, déterminent l'ordre de passage des images, et donc des sujets, de manière à retenir captive l'audience, en évitant qu'elle ne s'échappe vers des programmes concurrents. Chaque événement doit être évoqué en quelques dizaines de secondes, une ou deux minutes tout au plus. Le public joue le jeu, en acceptant ce rythme. En cas de crise internationale, les images de CNN imposent mondialement leur cadence, même si elles sont parfois répétitives et qu'elles reproduisent à l'écran plusieurs jours de suite, comme cela a été le cas pendant la guerre du Golfe, les illustrations du même incident.

Ce passage de l'information parlée à la présentation de l'image, de l'explication à l'affirmation, de l'analyse à l'émotion, a changé, me semble-t-il, la nature du message de l'information. Cela me fait penser à un bouleversement aussi radical que celui qui consisterait à abandonner l'écriture phonétique, la nôtre, où chaque lettre représente un son, pour l'écriture chinoise, où chaque caractère représente un mot, sans aucune référence à sa prononciation.

Cette nouvelle culture de l'information s'appuie sur le

couple émotion-simplification, débouchant sur l'affirmation. Émotion véhiculée par l'image, choisie en raison de son potentiel affectif ; simplification du raisonnement, en raison de la brièveté du temps octroyé ; et affirmation pour conclure. On peut même résumer davantage, en disant que ne subsiste, dans la plupart des cas, que le couple émotion-affirmation : on passe d'une émotion forte à une affirmation péremptoire qui se grave dans la tête. L'instrument est prêt pour la pensée unique. La pensée unique médiatique est le moyen utilisé pour faire l'économie du temps nécessaire au raisonnement, en véhiculant une sorte d'opinion réflexe, qui tiendra lieu de jugement.

Cette pensée unique s'élabore au sein de la culture des grands médias, et donc naturellement, en raison de leur puissance et de leur influence, au sein des médias américains. Il est surprenant d'observer que beaucoup de ceux qui véhiculent la pensée unique en France sont les mêmes qui dénoncent, par ailleurs, la prédominance culturelle ou alimentaire américaine. Ils ne paraissent pas discerner l'origine des thèses qu'ils défendent.

Cette pensée unique comporte des interdits, par exemple celui d'ouvrir toute discussion, même rationnelle ou réfléchie, sur la politique de l'immigration, des erreurs manifestes, comme celle d'affirmer que l'introduction de l'économie de marché et la privatisation des entreprises suffiraient à régler tous les problèmes de transition de l'ancienne Union soviétique, ou même des discriminations inacceptables lorsqu'il s'agit de veiller au respect des Droits de l'homme, où la Tchétchénie n'est pas traitée comme le Kosovo, et où l'Afrique est déclarée, comme sur les anciennes cartes, terre inconnue !

La pensée unique est pratiquement incompatible avec la démocratie directe, puisqu'elle rejette à l'avance toute conclusion qui ne soit pas la sienne. En même temps, elle tient en otage les candidats aux élections, surtout aux grandes élections nationales, qui ne peuvent pas s'offrir le luxe d'entrer en conflit avec la culture dominante de l'instrument médiatique qui va, selon toute probabilité, décider de leur sort.

Telles sont, je crois, les raisons pour lesquelles, en dépit des déclarations et des révisions constitutionnelles, on assiste au dépérissement continu de la branche de démocratie directe introduite dans les institutions de la Vᵉ République. C'est au président de la République qu'il revient de la garder vivante, faute de quoi l'élection présidentielle au suffrage universel perdrait elle-même une partie de son sens.

Dans la gestion future de la démocratie directe, nos dirigeants devront se montrer attentifs à un phénomène appelé à se développer, et qui peut devenir dominant au cours des prochaines décennies, celui du *dépérissement démocratique,* ou si l'on préfère l'appeler autrement, celui de la *désaffection démocratique.*

Ce sentiment se manifeste par la forte baisse des taux de participation aux élections, que l'on constate dans la plupart des anciennes démocraties. Cette attitude exprime une indifférence croissante vis-à-vis des enjeux des élections. Dans certains cas, cette indifférence porte sur les personnes. C'est la représentativité même de l'élu qui paraît inutile, et sans effet sur la vie quotidienne : on le vérifie lors des élections cantonales en milieu urbain, où le taux de participation s'effondre à des niveaux extraordinairement réduits. Dans d'autres cas, ce sont les enjeux du débat politique qui paraissent ne plus capter l'intérêt des électeurs : « Que ce soit la droite ou la gauche qui gagne, cela n'a pas d'importance ! Ils feront la même politique. »

Cette désaffection démocratique s'observe également dans la diminution régulière du temps d'antenne que les médias contemporains consacrent aux débats, et même maintenant aux informations politiques.

La démocratie directe, c'est-à-dire l'interrogation directe du peuple, est particulièrement vulnérable au dépérissement démocratique, qui prend alors la forme du refus pur et simple de répondre.

Dans une élection personnelle, consistant à désigner un élu, le fait que le taux de participation soit faible a des inconvénients limités. De toute manière, le candidat est élu, et son adversaire ne pourrait invoquer, pour contester son élection, qu'un soutien plus faible encore des électeurs.

Dans le cas d'un référendum, le risque est plus grand. Car il devient difficile de faire état d'un soutien populaire à la mesure proposée, si seule une minorité de citoyens consent à s'exprimer. Juridiquement, la décision sera adoptée, mais politiquement, l'édifice constitutionnel en sortira fissuré.

Ces remarques comportent un enseignement pratique : le recours à la démocratie directe ne constitue pas une fin en soi, mais représente un instrument politique dont l'usage doit être soigneusement mesuré. Pour que les citoyens acceptent de répondre à une question posée par référendum, celle-ci doit présenter deux caractères : le fait que le problème ne leur paraisse pas avoir été résolu d'avance ; et celui que la mesure proposée — réforme ou Traité — ait des conséquences perceptibles pour les électeurs, conséquences qui doivent leur être clairement présentées. C'est ce que le général de Gaulle avait entrepris de faire lors du référendum de 1962 sur l'élection du président de la République au suffrage universel, par une pédagogie qui avait pris la forme de trois interventions télévisées.

Autrement dit, la démocratie directe doit être réservée au cas où il existe un débat qui reste à trancher, et dans lequel l'opinion publique se sente concernée. Elle doit être évitée lorsqu'il s'agit d'une décision tenue pour acquise, qu'on demande de ratifier.

Et ceci nous conduit à nous interroger sur la manière dont la cohabitation modifie l'exercice de la fonction présidentielle.

La cohabitation, ou le coq à deux têtes

Ni dans la Constitution de 1958, ni dans la culture gaulliste des années 1960, l'hypothèse d'une cohabitation entre le président de la République et un gouvernement issu d'une majorité hostile à la politique présidentielle n'était envisagée. Je n'ai pas le souvenir de l'avoir entendu évoquer par quiconque.

Il est vrai que les textes ne l'excluaient pas. A partir du moment où l'élection présidentielle et les élections législatives se déroulaient suivant des calendriers différents, il pouvait arriver que les deux majorités — présidentielle et législative — ne coïncident pas. Mais le régime paraissait tellement assuré de pouvoir compter sur une majorité populaire que cette éventualité n'était pas prise au sérieux. Le concept ambiant, non formulé à l'époque, était que, dans ce cas, « le Général repartirait à Colombey ».

Vingt ans plus tard, la Ve République a expérimenté la cohabitation, et même s'y est installée. Entre le début de la première cohabitation, en 1986, et l'achèvement du septennat de Jacques Chirac en 2002, c'est-à-dire sur une durée de seize ans, la France aura vécu neuf années de cohabitation. La cohabitation est devenue la pratique majoritaire de cette période de l'histoire de la Ve République.

Nous avons connu trois cohabitations : celle de 1986-

1988, celle de 1993-1995, et celle qui se poursuit sous nos yeux. Elles sont de type différent.

Les deux premières étaient des cohabitations de transition, en ce sens qu'elles se déroulaient dans l'espace réduit qui séparait l'achèvement du mandat parlementaire de la fin du mandat présidentiel. Elles intervenaient dans une posture d'attente, dominée par l'échéance prochaine de l'élection présidentielle, constamment présente dans les esprits. Dans le cas de 1986-1988, il était vraisemblable que le président en place, François Mitterrand, se représenterait et que le Premier ministre, Jacques Chirac, serait son futur compétiteur. Cela déterminait les tensions du système et lui donnait une sorte de décor de tragédie. Cette cohabitation de transition a été gérée avec une extraordinaire habileté par François Mitterrand. Ça a été sans doute son meilleur emploi. Il a réussi à maintenir la dignité de la fonction présidentielle ; à se faire reconnaître par l'opinion comme le gardien et le protecteur des valeurs de son camp (et de ses électeurs), sans rendre impossible le déroulement régulier de l'activité gouvernementale. Il savait faire monter la pression jusqu'à un niveau suffisant pour que sa position soit clairement perçue, puis il lâchait la vapeur juste à temps pour éviter de donner l'impression qu'il bloquait la marche du convoi. Au terme de cette cohabitation, le Président sortant a été facilement réélu.

La deuxième cohabitation était, elle aussi, une formule de transition, mais elle présentait deux différences par rapport à la précédente. Son point de départ n'était pas une défaite de la majorité parlementaire, qui soutenait le Président, mais une véritable déroute provoquée par la montée du chômage et la multiplication des « affaires » : après les élections de 1993, le groupe socialiste ne comptait plus que 67 membres sur les 567 députés de l'Assemblée nationale ! Et si son point d'arrivée restait toujours la prochaine élection présidentielle, on ne connaissait pas le nom du candidat qui porterait les couleurs du camp du président sortant. Cette cohabitation a été moins tendue que la précédente. Le président Mitterrand ne paraissait guère préoccupé de préparer le terrain de la future élection présidentielle. La lassitude d'un second mandat de sept ans avait fini par le gagner et le rendait plus indifférent au déroulement du combat politique. En 1995, c'est le candidat de l'opposition qui a été élu.

Ces deux cohabitations ont eu un caractère commun : elles n'ont modifié ni le fonctionnement des institutions, ni la perception que l'opinion publique en avait. Le Président demeurait le Président. C'est lui qui restait installé à la tête de l'État. L'exercice de son pouvoir était compliqué par l'existence d'un Premier ministre hostile par principe à sa politique, mais ce dernier était perçu davantage comme un gestionnaire du quotidien, soucieux de répondre aux demandes de sa majorité parlementaire, que comme un compétiteur du Président. C'est pourquoi la fonction présidentielle a été peu entamée par la pratique de ces cohabitations.

La troisième cohabitation, celle dans laquelle nous vivons, est d'une autre nature. Elle n'a pas été imposée par les contraintes du calendrier. Elle résulte de la décision prise par le président de la République, Jacques Chirac, de dissoudre l'Assemblée nationale et du résultat de l'élection qui a suivi. Ce n'est pas mon sujet de discuter ici des motifs de cette étrange décision, intervenue à un moment où les facteurs objectifs de la situation — taux record du chômage, et impopularité du Gouvernement Juppé, soulignée par les sondages — laissaient présager un échec, mais de réfléchir à la situation qu'elle a engendrée.

Dans le commentaire qu'il en a fait le 21 avril 1997, le président de la République a justifié sa décision par sa volonté d'appeler le pays à un « nouvel élan » qu'il entendait conduire. Il déclarait en effet : « Nous avons engagé ensemble un effort considérable... Ce n'est pas le moment de marquer une pause... Il faut que l'action politique monte en puissance pendant les cinq années qui viennent... Ensemble nous devons réformer l'État afin de permettre une baisse de la dépense publique, seule façon d'alléger les impôts et les charges... C'est un choix majeur que je fais parce que c'est le choix de l'avenir ! »

Cette présentation se situait dans la fidélité à la lecture gaulliste des institutions de la Ve République, celle où le Président fixe les grandes lignes de la politique du pays. A partir du moment où la proposition dont il avait pris l'initiative était rejetée par les électeurs, la même lecture l'invitait à se retirer comme l'aurait fait, de toute évidence, dans une circonstance semblable, le général de Gaulle : le pays n'était ni menacé de l'extérieur, ni en situation de crise. Une nouvelle élection présidentielle aurait eu lieu. Il est vraisemblable que les deux majorités, parlementaire et présidentielle, auraient alors coïncidé. Les règles de fonctionnement normal de la Ve République auraient continué de s'appliquer.

Une nouvelle forme de cohabitation

Jacques Chirac a préféré rester en fonction, sans expliciter les raisons de son choix. Il a ouvert une nouvelle cohabitation, cette fois d'un type nouveau, et de longue durée puisque appelée à se poursuivre pendant cinq ans, jusqu'à la prochaine échéance des deux élections nationales, législative et présidentielle, toutes deux fixées en 2002, la première en raison de la date de la dissolution, et la seconde du fait des dispositions constitutionnelles.

La pratique de cette cohabitation a eu des effets sensibles sur la psychologie des Français et sur la perception du fonctionnement des institutions.

Les sondages ont fait état d'une approbation constante de cette situation. Les Français s'en sont montrés plutôt satisfaits. Ils ont jugé positive la manière dont les deux acteurs de la cohabitation, le président de la République et le Premier ministre, géraient celle-ci, du moins jusqu'à ce que certaines divergences apparaissent dans le domaine de la politique étrangère. Ils ont apprécié le fait qu'ils cherchaient à éviter les conflits et qu'ils présentaient, pendant les premières années, un front uni vis-à-vis de l'extérieur.

Les motifs de cette satisfaction sont complexes. Les Français redoutent les initiatives trop brusques des gouvernements, et le conservatisme foncier qui les attache à préserver l'existant les rend méfiants vis-à-vis d'un pouvoir qui serait trop libre de ses actes. Ils ont vu dans la cohabitation un système qui limite les risques d'excès du pouvoir. Ils y ont décelé aussi une manière pratique d'associer au pouvoir les deux moitiés de la France, sans que chacune d'elles renonce à son identité : la droite est représentée par le président de la République, la gauche par le Premier ministre, et ils paraissent réussir à travailler ensemble. Enfin, et surtout, cette cohabitation n'a pas eu à affronter une situation difficile. Elle a été portée par la vague de croissance économique due au retour à un taux de change favorable vis-à-vis du dollar, et par la reprise de l'expansion mondiale, entraînée par la prospérité des États-Unis et par la poussée des nouvelles technologies. Si l'on ferme les yeux et qu'on imagine le climat créé par un choc pétrolier du type de 1973, ou par une forte poussée du chômage, comme en 1991-1992, il est vraisemblable que le déroulement de la cohabitation eût été totalement différent et que les réactions de l'opinion eussent été négatives.

Ce contentement repose assez largement sur une illusion : la cohabitation ne rapproche pas les deux moitiés de la France, elle se contente de les juxtaposer. On retrouve ici un trait de la psychologie des Français qui consiste à se satisfaire de l'apparence d'une solution sans vouloir regarder plus loin, peut-être avec la crainte inavouée de ce qu'ils risqueraient de découvrir.

Dans cette forme de cohabitation, fondée sur la juxtaposition des pouvoirs, les deux moitiés du pays ne travaillent pas en groupe ! Il n'existe aucune structure de réflexion en commun ni de véritable méthode de concertation fondée sur la volonté d'aboutir. L'opposition accepte rarement les projets du Gouvernement, et le Gouvernement ne retient, parmi les amendements de l'opposition, que ceux qui portent sur la forme, sans jamais modifier le fond de ses projets. Il suffit d'assister aux séances de questions d'actualité, à l'Assemblée nationale, sans même avoir besoin d'écouter les propos échangés, pour vérifier que l'hémicycle se partage en deux attitudes, a priori, quels que soient les sujets évoqués : d'un côté les acclamations et de l'autre les vociférations, attitudes qui s'inversent automatiquement autour d'une ligne fixe, lorsque la parole est donnée à l'autre camp.

En revanche, ce type de cohabitation modifie insidieusement la pratique des institutions. Personne ne souhaite s'en apercevoir, car le décor et les rites restent intacts. Le président de la République siège à l'Élysée, le Premier ministre à l'hôtel de Matignon. Ils président ensemble des cérémonies commémoratives, largement désertées par le public, tandis que celui-ci remplit les stades du Championnat et de la Coupe d'Europe de football ! Mais, en profondeur, la structure du pouvoir, imaginée par de Gaulle et les constituants de 1958, se déplace vers un autre équilibre.

Dans l'esprit de De Gaulle et de ses successeurs, y compris le premier septennat de François Mitterrand, le président de la République était l'inspirateur de la politique du pays : il la définissait par ses interventions publiques, répondait directement à son sujet aux questions des journalistes lors des conférences de presse à l'Élysée, et veillait à ce que le Gouvernement la mette en œuvre. Il détenait à la fois le pouvoir de dire et celui de faire, ou, plus exactement de faire faire.

Quant au Gouvernement, il était jugé sur son aptitude à conduire la politique définie par le Président et à la faire accepter par l'opinion publique, voire même, par beau temps, à la faire soutenir par elle !

Le président de la République changeait de Premier ministre lorsque celui-ci s'était usé à la tâche, tel Michel Debré, ou lorsqu'il estimait qu'il avait échoué dans son action, comme Michel Rocard. Il arrivait que l'entourage du Président estimât que le Premier ministre s'écartait de la ligne présidentielle, ce qui a été le cas pour Jacques Chaban-Delmas, ou, à l'inverse, que le Premier ministre se désolidarise de la politique conduite par le président de la République, ce qui s'est produit avec Jacques Chirac. Mais dans aucune de ces situations le changement de Premier ministre ne modifiait la verticalité du pouvoir, c'est-à-dire le fait qu'il revenait au président de la République, élu au suffrage universel, de tracer la ligne politique du pays.

On peut accuser ce système de rigidité, puisqu'il confie à une même personne la responsabilité suprême du pouvoir, pendant une certaine durée. Ce choix politique, voulu par de Gaulle, et largement approuvé par les Français à l'époque, est le fruit de l'expérience de la IVe République. Celle-ci s'est littéralement effondrée devant son incapacité à résoudre la crise de l'Algérie, comme la IIIe République s'était disloquée sous le coup de la défaite de 1939, l'une et l'autre s'étant montrées incapables d'en tirer les conséquences en se réformant. La structure institutionnelle choisie pour la Ve République lui donne la capacité de traverser les crises, comme on l'a vérifié lors du soulèvement des colonels en Algérie et des mouvements étudiants de mai 1968. Elle dispose également du pouvoir de réformer, comme l'ont montré la décision d'élire le président de la République au suffrage universel, ou celle de mener à son terme la longue marche vers l'euro.

Or ce système se trouve modifié par la pratique actuelle de la cohabitation qui fractionne le pouvoir en deux : d'un côté le pouvoir de dire, exercé par le président de la République, et, de l'autre, le pouvoir de faire, assumé par le Premier ministre.

Dans un premier temps l'opinion publique ne s'en est pas aperçue. Le président de la République s'exprimait d'une manière qui sous-entendait le fait que ses propos seraient suivis d'actions concrètes, parfois même détaillées. Il estimait, par exemple, que « les réquisitions de logements vides et la taxation sur la vacance des logements sont de bonnes solutions pour faire face au problème du logement des personnes en difficulté », ce qui impliquait que ces mesures allaient être mises en œuvre rapidement. De son côté, le Premier ministre veillait à ce que ses décisions paraissent compatibles avec les orientations du Président.

Il est évident qu'un tel exercice trouve ses limites, à moins de vider la pensée politique de tout contenu ou de limiter l'action publique au plus petit dénominateur possible.

La solution pratique a consisté à séparer progressivement le dire du faire : le président de la République conserve la liberté de dire, et le Premier ministre celle de conduire la politique comme il l'entend. La seule contrainte mutuellement acceptée est d'éviter de donner un ton inutilement agressif soit aux paroles, soit aux actes.

Il n'est pas sûr que cette pédagogie soit bénéfique pour le public. L'opposition qui, selon les textes constitutionnels, conserve encore avec la présidence de la République, l'apparence du pouvoir suprême, ne dispose plus dans la pratique que de la possibilité d'interpeller. Le président du groupe RPR à l'Assemblée nationale écrivait en avril 1999 : « L'insécurité est de retour. Avec juste raison, le président de la République s'est alarmé de la situation et a interpellé le Gouvernement ! »

De son côté, en conduisant sa politique selon ses propres principes et ses convictions, tout en ménageant les formes, le Premier ministre réduit le contenu, et diminue la substance, de la fonction présidentielle.

Chacun peut avoir son opinion sur cette évolution. Personnellement, je ne crois pas qu'elle soit positive. Il est clair en tout cas qu'elle s'éloigne de la conception initiale de la Ve République, et de l'inspiration des textes qui l'ont organisée.

Si elle devait se poursuivre, et prendre un caractère permanent, cela signifierait que le pouvoir de proposer et de conduire la politique du pays est devenu désormais une prérogative du Premier ministre, appuyé sur sa majorité parlementaire, et non plus celle du président de la République, investi de sa majorité populaire. Le rôle du président de la République, outre ses fonctions protocolaires et représentatives, se limiterait à tirer les conséquences des échéances électorales en nommant le Premier ministre. A y regarder de plus près, c'est bien vers cette situation que l'actuelle cohabitation nous conduit. Et, dans ce cas, Édouard Balladur a eu raison d'écrire que l'élection législative devient l'élection dominante du pays.

Cet état de choses ne serait pas différent de celui qui existe dans d'autres pays européens, tels que la Finlande ou le Portugal, où le président de la République est également élu au suffrage universel. Le caractère essentiellement protocolaire donné à sa fonction fait que les pays concernés sont représentés au Conseil européen par leur Premier ministre, chef véritable de leur exécutif. Il est vraisemblable que la France serait appelée à adopter la même solution, pour mettre fin à l'exception française de la double présence, solution qui dépouillerait alors le président de la République d'une de ses fonctions essentielles.

Qui est appelé à trancher ce débat ? Les juristes ? Les parlementaires ? Les responsables des partis politiques ? Je ne crois pas que ce pouvoir leur revienne. Curieusement, c'est le peuple français qui va fournir la réponse, et il va le faire à l'occasion de la prochaine élection présidentielle.

Ce sera un débat singulier : on retrouvera sans doute dans la campagne, à côté d'autres candidats, les deux protagonistes de la cohabitation actuelle. Ces deux candidats seront appelés à se prononcer sur le sujet de la cohabitation — la bizarrerie du calendrier imposé par la dissolution de 1997 induit en effet que les élections législatives devraient précéder de deux mois l'élection présidentielle.

Le candidat appartenant à la majorité qui se sera dégagée dans les élections législatives n'aura pas besoin de se prononcer sur le principe de la cohabitation, puisqu'il lui suffira d'appeler les électeurs à confirmer leur choix. En revanche, il est vraisemblable qu'après son élection il revendiquera la responsabilité de conduire la politique approuvée par le pays, et qu'il reviendra de ce fait à la lecture initiale des institutions de la Ve République. Il nommera, par un mouvement naturel des choses, un Premier ministre s'inscrivant dans la ligne de sa politique, et loyal à son action. Même s'il devait prendre, comme c'est probable, la précaution oratoire d'annoncer « qu'il évitera d'intervenir, comme cela a parfois été le cas dans le passé, dans les détails de l'action du Gouvernement, et qu'il tiendra le plus grand compte des orientations exprimées par l'Assemblée nationale », il n'en reste pas moins que le système institutionnel aura été rétabli sur sa base normale, et que le président de la République retrouvera la quasi-plénitude de sa fonction.

Plus difficile sera la position du candidat appartenant au camp qui viendra de perdre les élections législatives. Il ne pourra pas éviter de prendre parti sur une nouvelle cohabitation. S'il paraît s'y résigner, et accepter les choix politiques du camp victorieux, il risquera de connaître une véritable déroute. S'il récuse l'hypothèse d'une nouvelle cohabitation, il devra annoncer qu'il dissoudra l'Assemblée nationale, aussitôt après son élection. Et la France aurait à connaître, au printemps 2002, deux élections législatives en moins de six mois, encadrant une élection présidentielle !

Mais le point important à souligner est le fait que les deux élections de l'an 2002 ont les plus grandes chances de rétablir la coïncidence entre les majorités présidentielle et parlementaire, et de restaurer la structure initiale des institutions de la Ve République. Les inconvénients de la situation contraire, avec la cascade d'élections qu'elle déclencherait, sont tels qu'ils dissuaderont les électeurs d'en prendre le risque.

Le paradoxe voudra que les électeurs choisissent leurs députés juste avant d'élire leur président. A qui penseront-ils au moment de voter ? Vraisemblablement au choix du Président, plutôt qu'à celui du député, du moins au deuxième tour de l'élection législative. Si bien que nous assisterons au spectacle inédit d'une élection présidentielle anticipée.

En même temps la cohabitation, quelle que soit son apparente popularité, sera répudiée, et condamnée. Répudiée par les perdants de l'élection législative, dont le candidat à la Présidence ne voudra pas s'attacher l'étiquette infamante de « candidat de la cohabitation », et condamnée par les vainqueurs, qui appelleront à ressouder les deux majorités, présidentielle et parlementaire, comme la dynamique de la Ve République invite à le faire.

*

Chacun mesurera, je crois, la nécessité de rétablir l'ordre et la cohérence dans un système institutionnel perturbé par la cohabitation de 1997-2002.

Il n'existe pas de solution simple, jaillie de la perfection d'un texte, car dès lors qu'on consulte deux fois les électeurs, une fois pour élire le président de la République, et une fois pour élire les députés, il n'est pas assuré qu'ils donneront la même réponse ! On renforce toutefois fortement cette probabilité en faisant coïncider les deux échéances. Et l'on tombe ici sur l'irritant problème du quinquennat.

Irritant parce que le système politique s'était ingénié jusqu'ici à rechercher toutes les contorsions possibles pour éviter de recourir à la solution la plus simple : celle de consulter les Français.

Ces contorsions consistent tantôt à différer l'échéance de la consultation, tantôt à compliquer le problème.

Je rappellerai brièvement son histoire.

Un calcul sur l'espérance de vie du comte de Chambord

Le maréchal de Mac Mahon a été élu président de la République en mai 1873, lorsqu'il a succédé à Thiers, démissionnaire. En l'absence de tout texte constitutionnel, l'Assemblée nationale de l'époque, à majorité monarchique, a décidé de l'élire pour sept ans. Ce délai était calculé de manière empirique, comme l'écrit François Furet, « de façon à laisser le temps à l'impasse constitutionnelle entre monarchistes et républicains de mûrir, ou au comte de Chambord, le prétendant au trône, de mourir ». Le septennat présidentiel est né, en partie, d'un calcul fondé sur l'espérance de vie du comte de Chambord, dont la disparition aurait permis de ressouder la coalition des légitimistes et des orléanistes.

Quand Mac Mahon fut forcé de démissionner au début de 1879, son successeur, Jules Grévy, a été élu pour la même durée, sans même que celle-ci ait fait l'objet d'un débat. Ce débat avait en effet perdu de son intérêt puisque, à la suite de l'échec de la dissolution de juin 1877, la fonction de président de la République avait changé de nature. Au lieu du Président tel qu'il avait été voulu par les orléanistes, sorte de monarque républicain, chef de l'exécutif, élu par les deux Chambres, et partageant avec elles l'initiative des lois, possédant le droit de dissolution et nommant à tous les pouvoirs, civils et militaires, la France se retrouvait avec un président de la République dépourvu dans les faits du droit de dissolution, cantonné dans une fonction cérémonielle, et sans autre choix, pour désigner le président du Conseil, que de suivre les indications données par les Assemblées. C'est cette conception du rôle du président de la République, et cette durée de son mandat, qui ont été conservées jusqu'en 1958.

La Constitution de 1958 a rétabli le concept de président de la République comme inspirateur de la politique du pays. Il est élu par un collège d'élus locaux, et non plus par les deux Chambres. A part cette différence, ses pouvoirs ressemblent étrangement à ceux du président de 1873 : droit de dissolution, droit de grâce, nomination aux emplois civils et militaires, désignation du Premier ministre. Sans doute pour ne pas paraître vouloir trop changer les habitudes, on a conservé la durée de sept ans, sans que cette question ait été longuement débattue par les auteurs de la Constitution[1].

La véritable modification est intervenue en 1962 lorsque, à l'initiative du général de Gaulle, les Français ont décidé que le président de la République serait désormais élu au suffrage universel. C'est en effet de ce moment que date la possibilité de voir surgir deux majorités politiques contradictoires : la majorité présidentielle, et la majorité parlementaire. Jusque-là, la majorité parlementaire, quelle qu'en soit la couleur, n'entrait pas en collision avec le collège tout différent qui avait désigné le président de la République. Celui-ci avait la possibilité de se replier sur l'exercice de sa fonction, et de laisser se dérouler les « péripéties » du débat politique, sans perdre pour autant sa légitimité. C'est d'ailleurs ainsi que les juristes gaullistes imaginaient l'action du président de la République, incarné par le général de Gaulle : ils le situaient au-dessus des partis et placé, en raison même de sa hauteur, à l'abri des déchirements ou des volte-face du milieu politique.

L'élection au suffrage universel a bouleversé cette situation. Alors qu'il s'agissait pour le général de Gaulle

1. Publication des travaux préparatoires de l'actuelle Constitution, décidée par le décret du 8 juin 1984, signée par le président F. Mitterrand.

d'un sacre populaire, ce qui explique son amertume lors du ballottage de 1965, pour tous ses successeurs il s'agira bien d'une véritable élection, précédée d'une campagne durant laquelle ils chercheront à s'assurer une majorité.

Le fait qu'il faille désormais dégager deux majorités à partir du même corps électoral, l'une pour élire le président de la République, et l'autre pour pouvoir gouverner, et que ces deux majorités n'aient pas la même durée, ce fait a en quelque sorte gauchi le système, et introduit la faille de la cohabitation.

Parallèlement, la légitimité du pouvoir du président de la République est devenue plus dépendante du soutien qu'il conserve, ou non, dans l'opinion publique. Selon les fluctuations de ce soutien, le Président en ressort renforcé ou affaibli. Notre époque est caractérisée par une accélération prodigieuse du temps, une sorte de contraction du temps traditionnel, jadis rythmé par le lent retour des saisons. Les déplacements sont rapides, et l'on cherche toujours à réduire leur durée. Les communications sont instantanées, et les nouvelles de plus en plus brèves. La légitimité ne peut plus se projeter sur une éternité de sept ans.

Ces deux motifs — nécessité de faire coïncider, autant que possible, les deux majorités, et besoin de ressourcer la légitimité sur une durée plus courte — militent en faveur de l'adoption du quinquennat, qui constituerait une durée identique pour le président de la République et pour les députés.

C'est l'intuition qu'a eue le président Georges Pompidou et qu'il a fait approuver par le Gouvernement, sous la forme d'un projet de réforme constitutionnelle. Le Gouvernement d'alors était dirigé par Pierre Messmer, qui a défendu le projet devant le Parlement. Jacques Chirac y siégeait comme ministre de l'Agriculture, et moi-même comme ministre de l'Économie et des Finances.

A l'automne 1973, l'Assemblée nationale adoptait le projet par 270 voix contre 211. Les groupes RPR, républicains indépendants, et les centristes du PDM votaient en faveur du texte. Les socialistes, dont François Mitterrand, et aussi, paradoxalement, les réformateurs, votaient contre. Et pourtant, le Programme commun de gouvernement préconisait, dans sa rédaction du 27 juin 1972 : « La durée du mandat du président de la République sera fixée à 5 ans. » A son tour, le Sénat votait le texte en termes identiques par 162 voix contre 112. Il pouvait alors, selon l'Article 89 de la Constitution, soit être soumis au référendum, soit être adopté par le Congrès.

Le président Pompidou penchait pour le Congrès. Il ne gardait pas un bon souvenir du référendum qu'il avait utilisé à propos de l'entrée de la Grande-Bretagne dans le Marché commun, et qui avait abouti à un résultat mitigé. Pompidou s'interrogeait sur la meilleure date de convocation du Congrès, car il n'était pas facile de réunir la majorité nécessaire en raison de la fixation psychologique de certains élus gaullistes sur l'intangibilité des institutions. Il manquait en effet 21 voix pour atteindre la majorité des trois cinquièmes, et neuf députés gaullistes avaient refusé de voter le texte à l'Assemblée nationale. Quant au recours éventuel au référendum, le président Pompidou confiait à certains de ses intimes que l'état actuel de sa santé ne lui permettait pas d'envisager sa participation à une campagne, inévitablement harassante. Il persistait cependant dans son projet, mais son décès, en avril 1974, est venu en interrompre le cours.

Cela m'amène à évoquer mon propre cas, car je sais qu'il existe dans l'opinion des personnes qui me reprochent de parler du quinquennat, sans l'avoir réalisé moi-même. Ils ont raison sur ce point, mais en voici l'explication.

J'ai toujours pensé que l'abrègement de la durée du

mandat présidentiel faisait partie de la liste des modernisations nécessaires, et j'étais décidé à y procéder, comme à traiter, le moment venu, l'épineuse question du cumul des mandats. Je l'avais d'ailleurs déclaré, dès le début de la campagne présidentielle, au cours d'un débat à Europe n° 1, le 11 avril 1974. Mais très vite j'ai senti une crispation dans la partie gaulliste de la majorité qui me soutenait. Elle s'interrogeait sur ma capacité, en raison de mon jeune âge, à assumer l'héritage du général de Gaulle. Et, à vrai dire, je me posais la même question ! J'avais beaucoup approché le général de Gaulle. Dans nos premières rencontres, il m'intimidait, et j'osais à peine m'adresser à lui. J'éprouvais à son égard un mélange de respect et d'admiration, deux sentiments qui feront sourire, car ils ont pratiquement disparu de la culture politique contemporaine. Pour rassurer ma majorité, la même que celle qui avait empêché le président Pompidou de faire aboutir son projet, et peut-être aussi pour me lier moi-même, j'ai pris, comme je l'ai souvent rappelé, un engagement : « Je laisserai intactes, ai-je déclaré, les institutions de la Ve République. A la fin de mon septennat, je restituerai ces institutions dans l'état où je les ai reçues. » Le piège s'était refermé.

Les deux engagements que j'ai souscrits, celui-là et celui de ne jamais faire saisir un organe de presse, quelle que soit la nature des attaques lancées contre le président de la République, m'ont coûté cher. Avant l'échéance présidentielle de 1981, je savais qu'une initiative forte serait nécessaire pour pouvoir l'emporter. Un référendum sur le quinquennat constituait la formule idéale. Tout indiquait qu'il serait largement approuvé par les électeurs et sèmerait la confusion dans les camps de mes concurrents prévisibles, à gauche comme à droite. Il s'y ajoutait l'avantage de lever, aux yeux de l'opinion, l'obstacle d'un renouvellement de mon mandat qui déboucherait sur une durée de présence excessive au pouvoir. Je me suis interrogé. J'ai pesé le pour et le contre, de novembre 1980 à janvier 1981. Finalement, je me suis senti lié par ma promesse de restituer les institutions dans l'état où je les avais reçues. Et j'ai décidé de reporter le référendum sur le quinquennat dans les deux mois qui suivraient ma réélection, ce qui pouvait donner un élan populaire au départ de mon nouveau mandat. Réélection qui n'a pas eu lieu...

*

Une autre manière de retarder l'échéance du quinquennat consiste à multiplier les digressions sur les conséquences que son adoption entraînerait. Il devrait s'accompagner nécessairement, affirme-t-on, de l'instauration d'un régime présidentiel à l'américaine ; il ne réglerait pas le problème de la cohabitation, puisque les électeurs pourraient toujours désigner deux majorités de sens contraire ; que se passerait-il en cas de décès du Président ? etc.

Chacune de ces questions se pose effectivement et appelle une réponse pratique, sauf la première d'entre elles ! Il n'y a pas de relation obligatoire entre la durée du mandat présidentiel et l'adoption d'un régime présidentiel. C'est un sophisme, inventé pour fuir la décision, en s'enveloppant d'un nuage protecteur. Il n'existe aucun motif pour que la simultanéité de l'élection présidentielle et de l'élection législative — ou le bref délai qui les sépare — enclenche automatiquement la mise en place d'un régime présidentiel. C'est exactement la situation qui s'est produite au début des deux septennats de François Mitterrand, lors des élections législatives de 1981 et 1988, sans que cela modifie le jeu des institutions.

Parmi les trois conceptions possibles du rôle du président de la République, dans nos démocraties occidentales, celle du régime présidentiel, celle du président protocolaire, et celle du président investi d'une responsabilité politique, sans implication directe dans l'action gouvernementale, je crois que nous devons conserver la troisième. Elle est la plus française. C'est celle que la France a cherché à tâtons, pendant tout le XIXe siècle, à l'intérieur d'un territoire bordé d'un côté par les régimes autoritaires, monarchie ou empire, et de l'autre par l'exercice direct du pouvoir par les régimes d'Assemblée, livrés aux violences révolutionnaires ou à l'impuissance démagogique. Le profil du président de la République, tel qu'il avait été imaginé par Gambetta et Jules Ferry, puis retouché par de Gaulle, répond à la fois à la culture historique des Français et à leur psychologie particulière : un chef dont l'autorité protège le pays et rassure les citoyens, sans qu'il puisse devenir ni un tyran, ni un privilégié. La seconde condition implique son élection populaire ; la première suppose qu'il n'exerce pas tout le pouvoir, mais qu'il détienne un certain nombre de responsabilités soigneusement définies. C'est le modèle français du président de la République, en régime parlementaire.

La formule américaine répond à des données très différentes. Le Président préside et gouverne, mais il est placé à la tête d'un État fédéral. Son pouvoir est borné, au-dessous de lui, par celui des États, et, horizontalement, par le Congrès qui assume la totalité du pouvoir législatif. Cet équilibre du pouvoir et des contre-pouvoirs n'est pas transposable dans la société française (pas plus d'ailleurs que dans la société chinoise), car notre pays a dû conduire un long processus d'unification qui a débouché sur une certaine centralisation du pouvoir, et il n'a pas l'usage d'un pouvoir législatif détaché de l'impulsion gouvernementale et soustrait à la toute-puissance de l'Administration.

Résumons le débat : le régime présidentiel à l'américaine est irréalisable en France. S'il a séduit certains hommes politiques, c'est soit à la suite d'une fausse analyse de son fonctionnement, soit pour se débarrasser des institutions de la Vᵉ République, sans paraître vouloir revenir au passé [1].

Nous pouvons donc refermer le dossier de ce premier argument.

*

La coïncidence des périodes, sinon des dates elles-mêmes, des élections présidentielles et législatives, ne suffit pas à garantir que les électeurs se prononceront dans le même sens et que les deux majorités seront nécessairement identiques. Tout ce que l'on peut affirmer, à la lumière des deux expériences de 1981 et de 1988, c'est que ce résultat est probable et que, dans l'hypothèse inverse, la majorité parlementaire adverse serait réduite, donc fragile, et soumise à l'usure du temps.

La meilleure analyse de cette difficulté, la plus fine et la plus pénétrante, a été conduite par Edgar Faure dans son livre *L'Âme du combat*, publié en 1970 [2]. Il constate d'abord que la coïncidence de la date des deux élections peut se produire avec un mandat de sept ans comme avec un mandat de cinq. Si le président Pompidou était allé jusqu'au terme de son mandat et que l'élection présidentielle ait eu lieu en 1976, cette coïncidence de date d'élections serait intervenue automatiquement en 1983 !

Il avance ensuite un argument typiquement faurien,

1. Doyen René Chiroux, *Annales de Clermont-Ferrand*, 1992.
2. Fayard.

c'est-à-dire d'apparence paradoxale, en relevant le risque de conflit grave entre le président de la République et l'Assemblée, désignés à des dates différentes. S'ils sont élus approximativement à la même date, la divergence apparaît comme voulue par le peuple : chacune des deux parties doit l'accepter loyalement et faire un effort pour s'en accommoder. Dans le cas contraire, l'autorité nouvellement désignée aura tendance à dénier la représentativité de la plus ancienne, et cette tendance s'accentuera avec la durée...

Enfin, Edgar Faure décèle un dernier inconvénient de la règle du septennat. Elle limite la liberté d'appréciation des électeurs et devient aliénante. L'électeur craindra d'ouvrir lui-même une situation de crise s'il choisit un président d'une tendance inverse à celle de l'Assemblée, ou vice-versa. Il redoutera de prolonger l'incertitude, soit que le Président ait à dissoudre l'Assemblée, soit que la nouvelle Assemblée invite le Président à se démettre, en renouvelant l'injonction lancée à Alexandre Millerand en 1924 : « Président, allez-vous-en ! » Or ces périodes de suspense électoral prolongé coûtent cher au pays dont la vie se trouve ralentie pendant plusieurs mois.

Cette analyse faite en 1970 s'applique avec une actualité singulière à l'échéance de 2002.

*

On pourrait s'enfoncer davantage encore dans les délices de l'argumentation. La vérité n'en deviendrait pas plus limpide. Revenons aux conclusions essentielles, celles qui déterminent l'action à conduire.

L'abrègement de la durée du mandat présidentiel constitue un élément essentiel de la modernisation de la vie politique de la France. Le fait de s'accrocher à la durée anachronique de sept ans représente une sorte de condensé des attitudes qui bloquent l'adaptation de notre pays aux nouvelles données de la modernité.

Les Français le sentent bien : interrogés par l'Institut Ipsos pour *France-Soir*, en mars 2000, sur les institutions de la Ve République, ils se prononcent à 78 % en faveur du quinquennat, contre 18 % qui y sont opposés. Par rapport à une enquête précédente, effectuée en 1991, les avis favorables progressent de trois points, et les jugements négatifs reculent du même chiffre.

Il est évidemment souhaitable de réaliser cette réforme *avant* la prochaine élection présidentielle de 2002, pour éviter de s'engluer dans le débat confus sur le point de savoir si la durée voulue par le peuple doit s'appliquer, ou non, au Président en place. Elle concernerait alors le Président que les Français s'apprêteront à élire.

Pouvait-on lancer la dynamique de cette réforme nécessaire, voulue par les Français, alors que certains grands responsables s'obstinent à ne pas les interroger ? Notre Constitution fournit la réponse : elle indique en effet, dans son Article 89, que « l'initiative de la réforme de la Constitution appartient concurremment au président de la République, sur proposition du Premier ministre, et aux membres du Parlement ». Ces derniers peuvent déposer une proposition de loi de réforme constitutionnelle. Voilà, ai-je pensé, une superbe occasion pour le Parlement d'exercer ses droits et de rehausser son prestige par une initiative bipartisane, répondant à une attente de l'opinion. Je me réjouis que cela ait été fait, en mai 2000, et que le Parlement ait pris ainsi « l'initiative de la réforme ».

C'était, en effet, une initiative bipartisane, car la proposition du quinquennat a été avancée par toutes les grandes formations politiques, depuis l'UDR de Georges Pompidou, jusqu'à la coalition du Programme commun de François Mitterrand. Elle figure dans la charte de l'UDF et bénéficie du soutien des libéraux. Alors, qui donc s'arc-boute derrière la porte pour empêcher la réforme d'entrer ? Ce même grumeau de forces, soudé par des complicités rétrogrades, par des atavismes immobilistes, qui se constitue et se reconstitue chaque fois qu'il s'agit d'empêcher la France de se moderniser. Ces forces ne se montrent jamais à visage découvert. Leur tactique est celle de la ruse et du délai. Elles font appel à une dialectique savoureuse, dans laquelle les arguments s'enlacent et se contredisent en jouant sur la lassitude de l'opinion, sans jamais offrir de prise qui permette — enfin ! — de conclure.

Le Parlement a vu s'ouvrir devant lui, à deux battants, une fenêtre d'opportunité !

La révision constitutionnelle a été finalement approuvée par le Parlement à une écrasante majorité en juin 2000, sur un texte que le Gouvernement avait préféré substituer, pour des motifs sur lesquels il est resté singulièrement discret, à la proposition parlementaire, et qui limitait le champ de la réforme. Le président de la République avait alors le choix, pour parfaire la procédure, entre l'approbation par le Congrès, où la majorité des trois cinquièmes aurait été facilement réunie, et le vote par référendum. Il a choisi le référendum. L'une ou l'autre méthode conduisait au même résultat : l'adoption d'un mandat de cinq ans pour l'élection présidentielle de 2002. C'est chose faite.

On peut imaginer d'aller plus loin. J'ai déjà souligné combien le calendrier électoral de 2002 était paradoxal : les élections législatives précédant de deux mois l'élection présidentielle. Or, c'est le Gouvernement qui détient la clé du retour à la normale. C'est lui, en effet, qui peut faire adopter par sa majorité la loi organique qui modifierait la date des élections législatives. Il pourrait faire savoir qu'à la suite de l'adoption du quinquennat, il serait prêt de son côté à prendre l'initiative d'un « pacte de modernisation institutionnel » en déplaçant la date des élections législatives, en dehors de tout calcul électoral, pour qu'elles se situent soit à la même date — solution de modernité et de commodité pour les électeurs —, soit dans les deux mois qui suivront l'élection présidentielle.

Il ne ferait que reproduire la situation qui a prévalu en 1981 et en 1988. Et la France retrouverait alors la cohérence de son dispositif constitutionnel et respecterait à nouveau la culture politique de la Ve République.

Si un tel « pacte de modernisation institutionnel » pouvait être conclu, associant le président de la République, le Premier ministre et les deux Assemblées, pour mettre en œuvre le quinquennat et rétablir l'ordre de succession souhaitable de l'élection présidentielle et des élections législatives, peut-être les Français éprouveraient-ils le sentiment de se dégager des mesquineries et des coups fourrés du débat politique pour entrer dans une période où, à nouveau, comme en 1958, la rénovation des institutions accompagne et inspire la modernisation du pays.

*

Lorsqu'on s'interroge sur les futures échéances électorales, on se pose aussi la question de la configuration politique de la France. Celle-ci doit-elle évoluer vers l'existence de deux grandes formations, représentatives l'une de la social-démocratie et l'autre du centre droit, ou avons-nous intérêt à conserver une plus grande diversité de formations où les électeurs reconnaissent plus fidèlement le miroir de leurs préférences ?

Cette question est liée, on le sait, au choix de la loi électorale. La proportionnelle favorise la multiplication des partis, à moins de retenir des seuils de représentation très élevés. Le scrutin à deux tours pousse à la double candidature au premier tour, et donc l'existence de deux formations principales dans chaque camp, dans l'espoir de « ratisser plus large ». Quant au scrutin uninominal à un tour, de type britannique ou américain, il aboutit à la constitution de deux grandes forces politiques.

Le problème ne se pose guère pour la gauche. Son organisation réputée « plurielle » n'arrive pas à dissimuler l'évidente prépondérance du parti socialiste. L'évolution en cours du parti communiste le conduit à gommer, comme partout en Europe, ses différences avec la gauche du parti socialiste, parti dans lequel il finira par se dissoudre. Quant aux Verts, que je n'appellerai pas les écologistes car ils ne représentent pas toute la sensibilité écologique, largement diffusée désormais dans le corps social français, mais plutôt « l'écologie politique », ils sont appelés à exécuter des variations à la marge du parti social-démocrate avec lequel ils sont condamnés à rester en coalition, ou à s'effacer.

Non, le problème ne se pose pas tellement pour la gauche, mais pour la droite, ou plutôt pour les droites ! Dans l'avenir politique français existe-t-il une place pour une seule droite, ou pour un ensemble différencié de formations politiques du centre droit et de droite ? Si l'on s'en tient aux traditions politiques, il existe manifestement un grand nombre de cultures de droite, qui se distinguent entre elles, s'excluent et, le plus souvent, se détestent : gaulliste, libérale, démocrate-chrétienne, nationaliste et, plus loin, bonapartiste, légitimiste, orléaniste, et girondine. Le rouleau uniformisant de la modernité fait apparaître maintenant l'émergence de deux grandes formations de droite, à l'exception de l'extrême droite, cantonnée dans son petit espace idéologique : la droite nationaliste, et le centre droit libéral et social. La frontière entre ces deux grands mouvements ne recouvre pas exactement les limites des partis politiques actuels, frontière héritée de la compétition entre le parti gaulliste dominant et ses alliés libéraux et sociaux des années 1960 et 1970. Elle se trouve redessinée par l'apparition du débat nouveau sur la souveraineté qui fait surgir deux blocs d'opinion, à défaut de partis organisés : la droite nationale et le centre droit libéral. Peuvent-ils se réunir ? Doivent-ils nouer une alliance ? Sont-ils condamnés à se combattre ?

Le succès d'une stratégie politique, dans un système façonné par des élections à deux tours, se mesure à la capacité d'obtenir le report intégral des voix dispersées au premier tour. La gauche y parvient de manière remarquable, entretenant sa culture d'un « front républicain », plus défensif qu'offensif.

La droite connaît généralement des reports difficiles, sauf dans les circonstances, comme celles de 1968, où elle s'oppose à une prise de pouvoir par la gauche, accompagnée de désordres dans la rue, ou de 1993, où elle émet un vote sanction contre l'échec de la politique de l'emploi et la montée insolente de la corruption. Elle efface alors ses différences et devient nettement majoritaire.

Si le centre droit et la droite nationale devaient s'organiser durablement sur la base de deux formations distinctes, les reports de voix seraient souvent difficiles, car ces deux tendances se distingueraient, non par des différences sur les priorités économiques et sociales de la gestion future, mais par un antagonisme idéologique : d'un côté ceux qui se positionnent comme défendant l'intérêt de la France, et de l'autre ceux qui sont soupçonnés de brader ses valeurs, au nom d'une acceptation complaisante de la mondialisation et de l'européanisation. Une sorte de redite de l'« appel de Cochin », dont on sait ce qu'il a coûté à notre pays.

Cette coupure en deux du centre droit et de la droite était sans doute inévitable lorsque le débat central portait sur une intégration poussée de la France dans une construction politique forte de l'Europe, intégration souhaitée par les uns et refusée par les autres.

Aujourd'hui où le projet européen prend une autre direction, celle de l'organisation d'un espace continental comprenant de vingt-sept à trente États membres, cette coupure perd une partie de sa raison d'être. Elle pourrait être utilement remplacée par un débat interne à une grande formation commune, sur la manière la plus avantageuse pour la France de participer à l'organisation de ce vaste espace.

La préférence pour une structure unique, ou pour deux formations, dépend, me semble-t-il, de ce qu'on imagine devoir être le débat central de la politique française à l'horizon des années 2010-2020.

Si l'on pense que ce débat portera essentiellement sur la gestion économique et sociale du pays, il n'y a guère d'inconvénients à conserver deux formations, car les reports de voix au second tour s'effectueraient facilement, face au programme économique, de couleur opposée, de la coalition de gauche.

Si l'on prévoit, au contraire, qu'un des thèmes essentiels de la vie politique portera sur la manière de préserver l'identité historique et culturelle de notre pays, et sa manière de vivre, face à la pression démographique et à la course à la mondialisation, il serait préférable de réunir le centre droit et la droite au sein d'une même formation, pour éviter que ne se reproduise, ou ne s'accentue, la dérive d'une partie de son électorat en direction de l'extrême droite.

La présence de deux formations s'opposant sur ce sujet aurait pour résultat probable de radicaliser l'une d'elles.

Pour réussir, dans cette hypothèse, le rassemblement du centre droit et de la droite au sein d'une même formation, il faudrait accepter d'aller jusqu'au fond du sujet pour débattre du tracé de la ligne juste entre les compétences qui peuvent faire l'objet d'une gestion commune européenne, et celles qui doivent être conservées pour préserver l'identité et « les intérêts vitaux » de notre pays. Il faudrait aussi ouvrir une discussion, exempte de résignation et de fanatisme, sur la stratégie politique à suivre pour préserver l'identité de la France face aux pressions qui vont l'assaillir et aux insuffisances qui la minent.

Cette thématique permettrait de réunir les deux aspirations du centre droit et de la droite : celle venue du général de Gaulle, qui porte sur le maintien de l'identité et de la dignité de la France, et celle du centre droit, que je me suis efforcé d'animer, qui vise à faire entrer notre pays dans la modernité, sans rompre avec sa continuité historique.

Le choix de cette stratégie ne peut être effectué qu'au niveau d'un président de la République. Les manœuvres des dirigeants des partis se situent inévitablement dans un autre contexte qui vise, comme chacun peut l'entendre, à assurer des succès électoraux et à préparer des candidatures personnelles. Tout cela est légitime mais ne prend en compte ni les aspirations du plus grand nombre, ni celles des citoyens qui ne portent pas sur ce type de sujet, ni les interrogations venues des incertitudes de l'avenir.

Le général de Gaulle a apporté sa propre réponse en fondant le grand parti gaulliste qui était destiné à déborder les clivages traditionnels et qui y a largement réussi. Je me suis attaché de mon côté, avec un succès initial puis des déceptions ultérieures, à réunir l'ensemble des familles du centre droit, c'est-à-dire des cultures issues du libéralisme républicain, du christianisme social, et du centre de gouvernement, tel le parti radical. Je souhaitais que ma tentative finisse par s'étendre jusqu'au parti gaulliste afin de l'inclure dans ce grand ensemble. Il y aurait fallu davantage de durée...

Ce débat restera ouvert en attendant qu'il soit tranché par le succès, ou l'échec, d'un président de la République qui se sera forgé une conviction à ce sujet, et qui la proposera aux citoyens. Il me semble que, tout compte fait, en raison du caractère des problèmes prioritaires que la France va rencontrer sur sa trajectoire, il y aurait intérêt désormais pour le centre droit et la droite française à se rassembler dans une grande formation unique, à la structure souple, et rapprochée du terrain, qui placerait son action sous le double signe du maintien de l'identité de la France et de son avancée dans la modernité.

Conclusions

A l'appui de mes opinions,
je ne peux guère invoquer qu'une longue habitude
de l'observation, et la recherche de l'impartialité...
Quand le vaisseau risque de pencher
parce qu'il est trop chargé sur un des bords,
je cherche à rétablir l'équilibre en portant de l'autre côté
le faible poids de mes arguments.

Edmund BURKE, conclusion de ses *Reflections.*

Il est temps de revenir à Edmund Burke, d'autant plus que j'ai eu tendance, dans ces dernières pages, à me laisser prendre aux filets empoisonnés de la politique contemporaine.

J'ai souhaité revoir Burke une dernière fois. Nous nous sommes donné rendez-vous à Paris. Je l'ai retrouvé dans un café, quelque part entre le génie de la Bastille et le cimetière de Picpus. Le propriétaire, à en juger par son accent, était originaire d'Auvergne, ou plutôt du Nord-Aveyron. Comme il faisait beau, nous nous sommes installés sur la terrasse, le dos au mur, protégés par l'auvent. Sur le calicot, on pouvait lire à l'envers le nom de l'établissement. Edmund Burke a demandé de la bière brune, j'ai commandé un café crème.

Les passants qui longeaient le trottoir nous dévisageaient. La tenue de Burke ne paraissait pas les surprendre. La longueur de ses cheveux, ou de sa perruque, je ne sais, ne se distinguait guère de la coupe contemporaine. Et sa redingote de coton était suffisamment chiffonnée pour se fondre dans la fripe à la mode. Seuls ses bas blancs et les boucles de ses souliers auraient pu étonner. Heureusement, ils étaient dissimulés aux regards par la table.

D'autres promeneurs concentraient sur moi leur attention. Ils plissaient leurs paupières pour accroître leur intensité visuelle. Après quelques pas, lorsque le cliché avait été identifié dans leur cerveau, ils se retournaient pour vérifier son exactitude. Et après s'être rassurés sur leur erreur, ils reprenaient leur marche, comme soulagés. Une jeune femme, accrochée au bras d'un homme qu'elle tenait à deux mains, entre le coude et l'épaule, s'est haussée au niveau de son oreille pour lui murmurer : « C'est drôle, comme il a la tête de Giscard ! » Les plus sûrs d'eux-mêmes, les plus sceptiques, se contentaient d'un haussement d'épaules, après un vif regard jeté de côté sur nous deux.

Une jeune fille, une étudiante — en lettres, je présume —, s'est arrêtée, puis est venue se planter devant moi. Elle portait des jeans et avait des taches de rousseur des deux côtés du nez. Elle s'est exclamée :

« Mais vous êtes Monsieur Edmund Burke !

— Non, lui ai-je répondu, ce n'est pas moi, c'est l'autre !

— Est-ce que vous croyez que je peux lui demander un autographe ?

— Bien sûr ! »

Elle s'est approchée de Burke. Celui-ci, qui pense

décidément à tout, avec sa longue habitude de l'observation, a tiré de son gilet une plume d'oie. Il l'a plongée dans ma tasse de café et a dessiné sa signature sur la serviette en papier qui portait, comme le calicot, en lettres noires, le nom du café-tabac de la Révolution. L'encre de sa signature était plutôt pâle, à cause de la crème.

Edmund Burke s'est tourné vers moi et m'a demandé, d'un ton irrité :

« *Do you think we could speak, at last ?* » (Pensez-vous que nous puissions enfin parler ?)

Il insistait sur le mot « enfin » avec une sorte d'accent tonique psychologique.

« *Of course ! Of course !* » (Bien sûr ! Bien sûr !) lui ai-je répondu.

Je n'ai pas ajouté un troisième « *of course !* », car je crois que cette manie répétitive n'a gagné la Grande-Bretagne qu'au cours du XIXe siècle !

« *You are an historian, aren't you ?* m'interroge-t-il.

— Pas vraiment, répondis-je. Plutôt un homme de gouvernement. Mais je m'intéresse à l'Histoire.

— Si vous vous intéressez à l'Histoire, poursuit Burke, vous pourriez peut-être vous consacrer à écrire l'"autre Histoire".

— Qu'appelez-vous l'"autre Histoire" ? lui demandai-je.

— Ce n'est pas très difficile à comprendre. C'est même visible, n'est-il pas vrai ? Nous croyons tous que l'Histoire est unique, qu'il n'aurait pas pu en arriver une autre ! Mais c'est une terrible simplification. Il aurait pu y avoir beaucoup d'autres enchaînements d'événements. Prenez votre cas. *Take the case of France* ! »

Il me dévisage maintenant avec un certain dédain, en me jetant le regard d'un enseignant sur un élève attardé. Il boit une longue gorgée de bière et essuie ses lèvres avec sa manchette pour en enlever la mousse blanche.

« Supposez que votre Assemblée nationale se soit montrée raisonnable, ou que Mirabeau ne soit pas mort prématurément, et que Louis XVI l'ait nommé Premier ministre. Supposez aussi que Louis XVI ait compris qu'il était temps de renoncer à son absurde théorie du pouvoir de droit divin, peut-être que les événements auraient pris un cours différent. Cela pourrait être intéressant pour vous de composer cette "autre Histoire" ! »

Et il se met à rire, ou plutôt à émettre ce hoquet satisfait que les Britanniques raffinés appellent le rire.

« Sans doute, lui dis-je, sans doute ! »

J'ai failli ajouter un troisième « sans doute », tant la contagion me gagnait. Mais je me disais en moi-même : il eût fallu que tout soit différent, le caractère des Français, l'état de leurs passions dominantes de liberté et d'égalité, l'influence des grands philosophes, et puis cet air du temps que respirait Diderot et qui annonçait de grands changements ! Ce que Burke appelle l'« autre Histoire », ce n'est pas une branche différente de la vie, mais un miroitement des feuilles agitées par le vent.

Voici ce que j'ai retenu de notre échange de conversations.

*

Burke a commencé par reprendre sa diatribe contre l'œuvre de l'Assemblée législative, sa funeste réforme judiciaire fondée sur la suppression des Parlements, les désordres et l'indiscipline qui s'étendent dans l'armée sans appeler de réaction, l'appauvrissement à venir du peuple, engendré par l'introduction de la monnaie papier. A tous ces maux, un seul remède : transposer à la France les bienfaits de la Constitution britannique, décrite comme un trésor inestimable.

Je ne l'écoute que d'une oreille distraite. L'arrivée de l'heure de midi, au printemps, provoque toujours chez moi une légère torpeur que l'absorption de mon café, dilué par la plume, ne suffit pas à dissiper.

Et puis ces propos sont vieux de plus de deux cents ans ! Dans l'intervalle, les guerres de l'Empire, l'industrialisation, la lutte des classes, le marxisme, la colonisation et la décolonisation, les deux conflits mondiaux, terribles et dévastateurs, les génocides sont passés par là. Les maux ne sont plus les mêmes, pas plus que les remèdes. Et pourtant...

Je garde les yeux fermés. J'entends la respiration sonore d'Edmund Burke. Il me semble qu'un mince fil conducteur traverse, pour nous autres, cette longue séquence d'événements et les relie entre eux, le fil de la manière d'être française, tissé d'un ensemble de réactions, de passions, de raisonnements, et aussi, hélas, de préjugés qui nous collent toujours à l'esprit.

C'est ce nœud psychologique et culturel que nous devons défaire pour tenter de le modifier, si nous voulons que la France réussisse de manière plus éclatante son entrée dans la modernité.

*

Il faudrait d'abord que les Français acceptent de se reconnaître comme faisant partie d'un seul peuple, assumant la globalité de son histoire.

Cette histoire a bénéficié d'apports successifs. Ses phases donnent lieu à des jugements laudatifs ou critiques. Tout cela est entendu. Mais elle est commune à tous les Français.

La recommandation que les Français se ressentent comme faisant partie d'un seul peuple, avec la fraternité et la solidarité que cela implique, peut paraître une banalité. Cette perception n'a pourtant que rarement existé : pendant la guerre de 1914-1918, sans aucun doute, durant le Premier Empire, peut-être, lorsque les Français ont assisté au spectacle de la réconciliation entre la Révolution et la société nouvelle. Jamais à d'autres moments.

La plus grande nouveauté que la France pourrait découvrir serait celle de la reconnaissance mutuelle des Français.

Le jour où ils auront acquis la perception d'appartenir au même ensemble humain, formé et travaillé par une histoire commune, et de constituer un îlot démographique et culturel fragile dans l'immense océan qui monte autour d'eux, ils auront bien davantage de force pour trouver les évolutions nécessaires à leur adaptation.

Un seul peuple ; une même histoire ; et renoncer à considérer l'affrontement comme le ressort privilégié du progrès.

La gestion de notre système politique doit être conduite comme celle d'un système unitaire, arbitrant des différences et des préférences, et non comme la confrontation permanente de deux sociétés antagonistes.

La disparition contemporaine du mythe de la table rase permet d'adopter enfin la méthode du progrès évolutif. C'est une méthode totalement nouvelle pour nous ; il nous reste à en acquérir le savoir-faire.

Un tournant serait marqué, comme souvent en France, par une initiative novatrice dans le fonctionnement de nos institutions. Lorsque ces initiatives sont prises, elles aident chaque fois les Français à mieux respirer. Leurs poumons chassent alors le doute, les rancœurs, et les rancunes. Je crois une telle initiative possible cette année, l'année emblématique de l'an 2000. Je lui souhaite de réussir.

*

Il faudrait ensuite que les Français, ainsi retrouvés, basculent du passéisme vers la découverte de la modernité.

Ce point doit être précisé : il ne s'agit nullement de rompre avec le passé ou de chercher à l'effacer. Je suis un partisan déterminé du maintien du lien historique comme facteur identitaire le plus puissant pour un peuple.

Mais je pense à la direction vers laquelle tourner nos regards. Aujourd'hui, ils sont tournés vers l'existant, vers la situation que nous avons acquise, collectivement et individuellement, et dont nous craignons que l'évolution du monde ne la menace. Nous n'attendons pas de grands bienfaits de la modernité. Nous lui préférerions une amélioration continue et douce de l'état de choses antérieur.

Cette attitude est parfaitement justifiée pour notre mode de vie. Mais nous ne conserverons notre mode de vie que si nous devenons aussi les gagnants de la modernité. Le déclin ne constitue pas une protection, c'est une pente constamment glissante.

La France a beaucoup à attendre de la modernité. Elle dispose des dons nécessaires pour la réussir, et elle y connaît déjà certains succès. Il n'y a qu'à voir l'atmosphère alerte, créative, qui accompagne le développement des entreprises de la nouvelle technologie.

Nos débats, qu'ils soient publics, contractuels ou médiatiques, gagneraient en intérêt s'ils portaient sur notre adaptation à la modernité. De quel système éducatif, de quelle pédagogie avons-nous besoin pour donner ses chances à la génération de 2020 ? Ce système doit-il rester centralisé, comme en 1890, ou doit-il se rapprocher des demandes et des évolutions du terrain ? Quels seront les besoins en effectifs et en niveau de compétences des grandes administrations dans vingt ans, et quel cheminement pourrait nous y conduire ? Comment concilier la sécurité de la retraite, pour les femmes comme pour les hommes, avec la probabilité qu'ils exerceront deux ou trois tâches différentes dans le courant de leur vie active ? Bref, s'interroger sur *notre* manière de gérer le monde qui vient, plutôt que de s'accrocher désespérément au canot de sauvetage du monde qui s'en va.

Et j'ajoute que sur le terreau d'une nouvelle prospérité accompagnant les nouvelles technologies, il est vraisemblable que nous verrons fleurir une nouvelle culture. Cela s'est produit chaque fois que nous avons fait un bond en avant économique, au XVIe siècle, au XVIIIe et au XIXe siècle, en accompagnement remarquable de la première révolution industrielle.

Quant au milieu politique, largement mais injustement discrédité, en raison des fautes de certains de ses membres, et déserté par ses militants qui ont pris conscience qu'on les appelait à servir de piétaille dans des compétitions de personnes, ce monde politique doit se repositionner à la tête de l'évolution du pays. Il doit se dépouiller des vieilles images et du vocabulaire répétitif et lassant de la « descente dans la rue », et de la « colère », dont on ne sait pas à qui elle s'adresse, pour s'enrichir du vocabulaire de la fraternité retrouvée et des propositions qui feront avancer le pays : non plus l'impossible réforme globale, congelée dans les raideurs du siècle qui finit, mais des propositions d'évolution et d'adaptation qui jalonneront les étapes — déjà prévisibles — du siècle à venir.

La France attend une dynamique de la modernité. Elle ne la trouve guère dans les discours actuels, mais elle serait, je crois, prête à l'entendre et à la soutenir.

Puisse le milieu politique lui ouvrir la voie par des propositions fortes qui renouvellent les données du débat. Puisse-t-il en être, de 2000 à 2002, le grand déclencheur...

*

« Mais vous dormez ! »

C'est l'étudiante qui me parle. Oui, je dors, je sommeille ou je rêve, je n'en sais rien. Je sens le barreau de la chaise me crisper le dos. J'ouvre les yeux.

Edmund Burke n'est plus assis à côté de moi. Il vient de partir, sans me saluer, irrité sans doute par mon sommeil qu'il a pris pour de la désinvolture. En le regardant s'éloigner, il me paraît moins grand, plus frêle, plus voûté que je ne l'avais pensé. Mais c'est l'effet de l'âge.

L'étudiante — en lettres, je présume — s'est emparée de la chaise laissée vide par Burke. Elle tient des deux mains, serrée contre sa poitrine, la serviette en papier qui porte le pâle graffiti de la signature d'Edmund Burke. Pour peu qu'elle continue de l'appuyer encore, celui-ci va finir par lui traverser le corps et aller se graver sur le mur, derrière elle.

Elle s'adresse à moi sur un ton exalté, indifférent en ce qui me concerne :

« J'ai été très heureuse de le connaître, de le rencontrer. Il m'a beaucoup appris ! »

J'ai peine à en croire mes yeux ! Il me semble qu'elle porte à ses pieds les souliers noirs à boucles d'argent d'Edmund Burke ; ou, en tout cas, ceux-ci leur ressemblent singulièrement. Les lui a-t-il laissés en souvenir ? Les avait-il abandonnés sous la table ? Il est déjà trop loin, brouillé par la foule, pour que je puisse songer à le lui demander.

« Je suis si heureuse de le connaître, de l'avoir rencontré, répète-t-elle, les yeux enfiévrés.

— Moi aussi », lui dis-je.

Table

Cet ouvrage a été composé par
Nord Compo (Villeneuve-d'Ascq)
et imprimé sur presse Cameron
par **Bussière Camedan Imprimeries**
à Saint-Amand-Montrond (Cher)
pour le compte de la Librairie Plon

Achevé d'imprimer en octobre 2000.

N° d'édition : 13282. — N° d'impression : 004470/1.
Dépôt légal : septembre 2000.

Imprimé en France